本书系北京教育学院2021年科研重点关注课题“提升中学语文教师
作业设计与实施能力的实践研究”(ZDGZ2021-09)研究成果

大夏书系 | 语文之道

基于学习任务群的单元整体作业创意设计

初中语文

张　静　李怀源——主编

华东师范大学出版社

编　委

主　编　张　静　李怀源

编　委　宋淑英　杜甫权　李玉兰

参　编（排名不分先后）

李　云　张　贺　王　琢　王然林　荀　静

杜海鹰　范　爽　边海红　高梦伟　韩文英

目 录

前　言

近些年，国家层面发布的教育文件几乎每年都提到“作业”。特别是2021年7月，中共中央办公厅、国务院办公厅印发的《关于进一步减轻义务教育阶段学生作业负担和校外培训负担的意见》，对作业提出了提质增效的更高要求。“双减”政策下，如何提高作业质量，让作业不再成为学生沉重的负担，真正起到作业应有的积极作用，需要教师深入研究。

2022年4月，《义务教育课程方案（2022年版）》及各学科义务教育课程标准正式颁布。新课程方案和新课标（以下简称“双新”）确立了素养导向的“树人”目标体系，这标志着我国的基础教育全面进入核心素养时代。新的素养型课程目标下，课程内容、教学组织形式和学习方式必然也会发生变化。如何在“双新”背景下设计和组织有效的教学，也是教师不可回避的问题。

当作业这样的热点话题遇到新课标的新要求，如何进行“双减”+“双新”下的作业设计是一线教师要考虑的实际问题，这也是本书编写的现实出发点。语文学科在素养型的课程目标下，学习任务群成为课程内容的组织形态。因此，书中所呈现的作业案例，均为落实“双减”+“双新”背景政策，立足于语文核心素养的培养，基于学习任务群而设计的单元整体作业。

本书共六章，从统编版语文七至九年级的六本教材中，各选取两个自然单元，并在每个年级选取一本整本书阅读，形成15个作业设计案例。在教材单元和整本书书目的选择上，主要秉承“突出重点”“类型多样”等原则：七年级以人文主题为主要选择依据，八年级、九年级选择不同的文体单元，同时各选择一个“活动·探究”单元；整本书阅读选择散文集、科普作品、古典小说三种不同的类型。案例单元选择力争覆盖面广，类型多样。

15个单元作业设计以“单元”教学为基础，强调知识的整合和运用，以一个贴近学生学习、生活的情景化、创意性任务统领整个单元，以吸引学生兴趣，解决实际问题，力争体现单元作业系统性、递进性、多样性、实践性的特点。每个案例内容均由“作业呈现”“作业说明”两部分组成。“作业呈现”把该单元整体作业设计直接呈现出来，即开门见山地呈现出学生在学习完该单元后应该形成的“产品”。“作业说明”则是这个“产品”的“说明书”，由“为什么设计这个作业”“怎样完成这个作业”“如何评价这个作业”三个问题串起来，分别从作业设计依据、作业完成步骤、作业设计亮点等方面比较细致地阐述作业的设计意图和具体实施。不论是单元整体作业设计还是课时作业设计，都包含了对应的作业目标、内容和评价三个要素。

使用时，老师们可以直接把“作业呈现”中的“单元整体作业设计”作为单元任务单使用，具体课段及课时的作业设计可以参考“作业说明”部分。虽然本书的内容呈现希望是老师们“拿来就能用”的作业设计，但案例中的某些资源或情境设计具有个别性，老师们可以根据实际情况进行改编或完善。

希望这15个基于学习任务群的单元整体作业创意设计能给老师们带来作业设计上的一点启发以及使用上的一些便利。也期待您的批评指正。

张　静

2024年1月

第一章

思亲人师长，
记成长之路

第一节

剖析镜头读导写，透视亲情结与解

——七年级上册第二单元“创作电视散文”整体作业设计

第一部分 作业呈现

一、单元内容简介

本单元的人文主题聚焦于亘古不变的“亲情”话题，选篇从不同的角度抒写了亲人之间真挚动人的情感。学习本单元，不仅要重视朗读训练，而且要整体感知文章的内容，“从字里行间细细品味”“体会作者的思想情感”。单元写作内容为“学会记事”，要求学生写清楚、有条理、传感情、炼语言。基于此，本单元选定四篇现代散文作品，旨在调动学生的直接经验与间接经验，走近亲情，感受亲情，思考亲情，书写亲情。阅读提炼“结—解”式叙事结构，获得个性化的审美体验，提升审美能力和审美品位；同时以读导写，运用该结构使学生在叙事中融入情感，真正培养学生的语言运用与创意表达能力。

二、单元整体作业设计

（一）作业目标

1. 掌握镜头语言，品味特写镜头（细节描写）和空镜头（景物描写）的表达效果，体悟作者复杂的情感，感受文章的多重意蕴，提高学生的审美鉴赏能力。

2. 创作电视散文文案，借鉴“结—解”式叙事结构，再现个人生活中的挚爱亲情，提高学生的语言表达与审美创造能力。

3. 综合运用文字、镜头、画面、音乐等要素，完成挚爱亲情电视散文创作，培养学生综合运用多学科知识解决问题的能力，激发学生理解亲情、珍爱亲情。

（二）作业内容

“父兮生我，母兮鞠我。”挚爱亲情从《诗经》吟唱到今日，是古今中外亘古不变的话题。每一个生命，从脆弱柔软到健康挺立，从蹒跚学步到肆意奔跑，从牙牙学语到青葱少年，都离不开父母的哺育。父母不仅养育了我们，还在塑造着我们。我们不能只享受这份无私的爱，更应当珍视亲情、感恩父母。学习本单元时，请你以“挚爱亲情”为主题，基于作品内容（名家作品、个人习作均可），综合运用多种叙事镜头，创作一部电视散文。

作业提示：请按照电视散文的构成要素，制订拍摄计划。主要项目分为文稿撰写、镜头脚本、朗诵配音、背景音乐四大项。

学习支架

什么是电视散文

电视散文是运用特殊的电视艺术手段和屏幕造型手法，来营造浓郁的文学氛围，传递作者情感、思维信息的散文文本。其既具有文学性，包含浓郁的情感、深邃的思想、广阔的社会生活时空等，又具有电视性，由画面、音乐、字幕等元素构成直观的审美。

（三）作业评价

完成单元学习后，整理并上传本组电视散文作品。对照电视散文作品评价标准（见下表），评选“年度优质电视散文”“最佳叙事奖”“最佳拍摄奖”“最美声音”等，并邀请家长、教师、学生等以点赞的形式公开投票，以评论回复的形式发表作品观感及评论。

要求：

（1）参照电视散文作品评价标准，评选各大奖项。

（2）邀请家长观看并参与评价，为最喜欢的电视散文作品点赞。

文稿撰写	镜头拍摄	朗诵配音	背景音乐	协作意识	评价等级
选材不当，事件不具体、无细节，情感假大空。	镜头拍摄模糊。	朗读不通畅。	无背景音乐。	从不协作。	待提高
选材基本符合要求，事件较具体，语言基本通顺，有一处细节描写。	运用单一镜头。	朗读流畅。	有背景音乐。	偶尔协作。	合格
选材较恰当；事件较具体，能表达作者的情感；语言较流畅，有一定的细节描写。	运用多种镜头。	有一定的情感表现。	有较恰当的背景音乐。	大部分时间协作。	良好
选材恰当，思路清晰；事件具体，情感真挚；语言流畅，有恰当的细节描写。	巧妙运用多种镜头。	声情并茂，有表现力。	选用恰当的背景音乐。	协作贯穿始终。	优秀

第二部分 作业说明

一、为什么设计这个作业

（一）设计依据

本单元属于“文学阅读与创意表达”学习任务群。《义务教育语文课程标准（2022年版）》指出，在散文阅读过程中要“能把握主要内容”“能理清行文思路”“能多角度揣摩、品味经典作品中的重要词句和富有表现力的语言”“能从作品中找出值得借鉴的地方”。因此，本单元作业内容从整体感知到文本细读，从探究写法到学生创作，依次实现单元内容层面、思想层面、技法层面的学业质量要求，旨在调动学生的阅读经验和生活体验，感悟身边的至爱亲情。本单元重点培养学生的审美创造能力：加深对亲情的感受和理解，丰富自己的情感体验——这是体验美；从字里行间品味文章的内蕴——这是鉴赏美；借鉴单元篇章写法，完成写作任务——这是表现美与创造美。

（二）教学内容分析

综观本单元四篇现代文，相似之处主要有：第一，作品都反映了作者真切动人的至爱亲情，不论是母爱赞歌还是和谐温情的家庭生活，都能够激活学生的生活经验和情感体验。第二，作品都以“结—解”的叙事方式组织行文，叙事曲折有变化，为学生“学会记事”的习作提供了范例，有利于学生的情感表达。第三，单元作品都是记叙类文本，其抒情方式的选择与作者的情感表达相互呼应：情感复杂而沉郁，则文字深沉含蓄；情绪明朗欢快，则表达显豁直露。

利用这些相似之处，本单元以“亲情”为主题切入，以细节描写和“结—解”式叙事结构为语言要素的落脚点，引导学生咀嚼篇章文字，体会作者情感，总结阅读方法，迁移运用作文。

（三）学情分析

七年级的学生对亲情主题并不陌生，有一定的阅读经验，基本能够读懂文章内容，快速理解父母对子女的无私关爱。但是，学生很难自主地感悟到作者复杂的情感，如愧疚与悔恨；也难以发现文章的多重意蕴，如生命与责任。从学情调研中可知，多半学生因为赌气、习惯、一时的不理解等，与家长产生过矛盾，故可通过本单元的学习，唤醒学生的生活体验，让学生真正理解亲情。

此外，七年级的学生以形象思维为主，概括能力欠佳，需辅助提炼“结—解”式的叙事结构，鼓励其自我表达。本单元选文中有多处语言、动作等细节描写，可调动学生丰富的身体认知经验，但部分学生对语言赏析与品读尚存在畏难情绪，缺乏分析方法，因此应注重文章语言赏析的方法引领，循序渐进，逐步深入。

二、怎样完成这个作业

（一）整体框架说明

本单元主题为“剖析镜头读导写，透视亲情结与解”，通过探究“结—解”式叙事结构的情感表达，研读文本中的细节描写，体悟作者的复杂情感，感受文章的丰厚意蕴。本单元基本问题定为“如何运用‘结—解’式结构和细节描写表达作者的情思？”，旨在调动学生的直接经验与间接经验，走近亲情，感受亲情，思考亲情，书写亲情。

本单元教学分为“唤醒与触摸”“细读与还原”“探究与反思”“迁移与创作”四个阶段，以“挚爱亲情”为主题，运用多种叙事镜头，综合影视、音乐等内容，创作一部电视散文，表达个人的真情实感。

以下为本单元整体教学的框架图（见下页）。

剖析镜头读导写，透视亲情结与解
——探究叙事散文“结一解”式结构的情感表达

基本问题	如何运用“结一解”式结构和细节描写表达作者的情思？					
项目进程	发布项目，明确任务 ⇨	推进项目，完成子任务 ⇨			完善项目，展示评价	
学习课段	唤醒与触摸（共 1 课时）	细读与还原（共 2 课时）		探究与反思（共 1 课时）	迁移与创作（共 2 课时）	
课时名称	回顾亲子相处，发现亲子之结	剖析特写镜头，聚焦动人细节	悟读空镜头，品味景物描写	透视亲子之解，探寻和解之由	记事实践抒真情	小组展播共分享
学习任务	1. 回顾亲子相处旧事，唤醒学生生活体验。 2. 通读文章整体感知，梳理行文主要事件。 3. 了解电视散文要素，明确项目学习任务。	《秋天的怀念》 1. 读图导入，引发思考。 2. 生活之痛：发现亲子之结。 3. 谁之过：理解亲子之结。 4. 永久的诀别：触动亲子之结。 5. 生命力量：找到亲子之解。	《散步》 1. 转换视角，复述故事。 2. 聚焦分歧，梳理矛盾。 3. 诗意寻踪，解锁空镜，触发生命、轮回联想。 4. 悟读文章，多重意蕴。	群文阅读 1. 整体感知，回顾亲子矛盾。 2. 读文品句，探究和解原因（至爱、理解、反思、生命）。 3. 补写诗歌，抒发学后感悟。 4. 成长突围，与父母达成和解。	以读导写 1. 拓展阅读找灵感。 2. 概括结构结与解。 3. 迁移运用列提纲，关注结构与细节。 4. 实践记事抒真情。	1. 依据评标，组内交流。 2. 自主修改，班级评议。 3. 小组展播，留言畅谈。
学习评价	1. 掌握电视散文拍摄要素。 2. 重视朗读把握情感基调。 3. 概括梳理文章主要事件。	1. 能够品味文中的动人细节，理解作者的复杂情感。 2. 发挥想象，写写“妹妹推我看花”时，“我”想对母亲说的话。	1. 提炼出“结一解”式叙事结构。 2. 借助意象，融情于景，散文改诗。	1. 借助支架，能够探究出亲子和解的多重原因。 2. 以诗歌形式抒发本单元学后感悟。	明确结构要求，添加细节描写，融入个人情感，拟定写作提纲。	1. 依据评价量表展开生生互评。 2. 添加背景音乐，完善电视散文。
作业设计	1. 字词积累，准确读写；积累字词与喜欢的语段。 2. 布置单元任务，小组合作分工，展开电视散文拍摄策划。	1. 改写《大话西游》经典台词，深悟怀念，感悟悔恨。 2. 聚焦特写镜头，把握细节。阅读其他三篇文章，完成电视散文拍摄镜头脚本设计。	1. 读完《散步》，请以“生命是……”开头，写写你对生命的感悟。 2. 品读景物描写，解读空镜头。阅读其他文章，找出空镜头，体会其表达作用。	1. 预习作业：表格梳理四篇文章的“亲子之结 / 解”。 2.（1）补写但丁名言，表达对亲子之爱的理解。（2）思辨表达：本单元文章之所以感人，在于父母深情，还是儿女情思？（选做，二选一）	1. 拓展阅读《我的母亲》等文，填写阅读任务单。 2. 完善提纲，完成电视散文文案写作，书写“挚爱亲情”。	1. 前置作业：完成电视散文拍摄，课堂汇报展演。 2. 弹幕评论，留下收获或感想。
单元任务	以亲情为主题，基于作品内容，综合运用多种叙事镜头，创作一部电视散文。					

（二）作业实施说明

过程分解	第 1 课段	第 2 课段	第 3 课段
课堂完成	欣赏电视散文，整体感知单元文章。	涵泳文字，品味细节，提炼“结—解”式结构。	群文读亲情，提纲初写作。
课后完成	了解电视散文要素，小组完成拍摄计划。	聚焦细节、景物描写，完成拍摄镜头脚本。	完成电视散文文稿撰写与拍摄。

本作业设计聚焦课后作业，着眼于本节课的内容巩固与延伸，为单元作业的落地提供支架，使任务驱动不再是一句空谈。

单元作业包括基础性的积累作业、基于文章情感与主旨理解的深化作业、同主题群文阅读的拓展作业等，可根据各班的学情自主选择、改编，以达到最佳作业效果。此外，本单元与学生生活联系密切，作业展示时，建议邀请家长共同欣赏、评价；有条件的情况下，可提议家长给孩子写一封信，达成亲情的双向表达，最大程度上实现本单元的教学价值。

本作业设计应使用过程性评价，同时注重多主体评价，如自我评价、组内互评、教师评价等。此外，单元学习时，应从难度、数量、助读材料及评价方式等方面，提供作业分层，使学生真正学有所获、做有所得。

（三）课时作业分解

第 1 课段　唤醒与触摸（共 1 课时）

第 1 课时　回顾亲子相处，发现亲子之结

课时作业目标

1. 查阅工具书，完成字词识记任务，积累形近字、多音字、成语等，提高学生正确理解祖国语言文字的能力。

2. 总览亲情故事，朗读最打动自己的片段，设计朗读脚本，把握文章的情感基调，养成良好的语感。

3. 组内分工，完成电视散文拍摄计划，明确责任，培养学生合作探究

的能力。

课时作业内容

1. 积累作业：字词识记与积累。

同学们，请你借助工具书，完成以下字词积累任务。

（1）给下列加点字注音。

侍弄（　　）　憔悴（　　）　仿膳（　　）　鲜血（　　）

分歧（　　）　一霎（　　）　拆散（　　）　并蒂（　　）

桔梗（　　）　匿笑（　　）　姊妹（　　）　徘徊（　　）

菡萏（　　）　敧斜（　　）　膝盖（　　）　乘凉（　　）

（2）根据拼音写汉字。

tān huàn　chuí dǎ　yāng qiú　xù dao　jué bié　dàn yǎ

（　　）（　　）（　　）（　　）（　　）（　　）

làn màn　xìn fú　qǔ jué　áo guò　nèn yá　mù yù

（　　）（　　）（　　）（　　）（　　）（　　）

dǎo gào　yīn bì　fān lái fù qù

（　　）（　　）（　　）

（3）结合“学习支架”，写出正确的词语。再从课文中积累一些你容易混淆的形声字、多音字，抄写下来。

学习支架

形声字，是汉字的一种造字方式。它由表示意义范畴的意符（形旁）和表示声音类别的声符（声旁）组成。根据形声字的形旁和声旁不同，我们可以对它们的字音和字义进行辨析。

多音字，是指一个字有两个或两个以上的读音，不同的读音表义不同，用法不同，词性也往往不同。读音有区别词性、词义和适用情境的作用。

血{鲜血（ ）
血淋淋（ ）}

宿{宿舍（ ）
整宿（ ）
星宿（ ）}

学习支架

“诀”和“决”均为形声字，声旁相同，但形旁不同。“冫”一般与冷、冰相关，“讠”一般与说话有关。

____别　____窍　____断　犹豫不____

我的字词积累：

2. 朗读训练：学习本单元，要重视朗读，把握文章的感情基调，注意语气、节奏的变化。第 2 课段的语文课上，老师会邀请同学们朗读分享文章最打动你的语段。请先设计朗读脚本，并开始练习吧！

示例：

语段积累：

双腿瘫痪后，我的脾气变得暴怒无常。望着望着天上北归的雁阵，我会突然把面前的玻璃砸碎；听着听着李谷一甜美的歌声，我会猛地把手边的东西摔向四周的墙壁。

朗读脚本： 首句用低沉的声音进入，重音落在“暴怒无常”上，因为瘫痪对于正常人来说都是一个不小的打击。第二句的两个分句，前面读得缓慢，展现“北归雁阵”“甜美歌声”的美好，后面读得急促，凸显“突然”“猛地”没来由地发脾气。加重“砸碎”“摔向”等动词，表达作者内心的躁动不安。

语段积累：____

____。

朗读脚本：____

____。

3. 项目作业：父母不仅养育了我们，还在塑造着我们；亲情不仅温暖着我们，还是一份责任与担当。学习本单元时，请以“挚爱亲情”为主题，基于作品内容（名家作品、个人习作均可），综合运用多种叙事镜头，创作一部电视散文。

在实践创作前，我们先来分工与策划吧！

项　目	负责人	计划与准备
文稿撰写		
镜头脚本		
朗诵配音		
背景音乐		

课时作业评价

本课时共三项作业，其中作业 3 为长周期作业的一部分，提示学生保留作业，单元学习结束后再做评价。

作业 1：积累作业评价标准见下表。

评价标准	评价等级
未提交；内容上有半数以上的大量错误；字迹不清，书写混乱；无自读积累。	☆
未按时提交；内容上有半数以上的大量错误；字迹不清，书写混乱；无自读积累。	☆☆
能按时提交；内容上有一处以上的少量错误；书写混乱，卷面不洁；有自读积累。	☆☆☆
能按时提交；内容上有一处错误；书写工整；能按要求自读积累。	☆☆☆☆
能按时提交；内容上准确无误；书写工整；能按要求自读积累，有思考，有特色。	☆☆☆☆☆

作业 2：朗读训练自评维度如下。

1. 是否认真阅读了文章，并找到了最打动人心的语段，积累下来？
2. 是否注意到语气、节奏的变化，并完成朗读脚本设计？
3. 是否在完成设计后，尝试朗读，用声音表达对文章的理解？

第 2 课段　细读与还原，探究与反思（共 3 课时）

第 2 课时　剖析特写镜头，聚焦动人细节

课时作业目标

1. 改写经典台词，体悟作者的复杂情感，提高学生的审美创造与表达能力。

2. 编写特写镜头脚本，体会细节描写的表达效果，提高学生的审美鉴赏能力。

课时作业内容

1. 深化理解：深悟怀念，感受悔恨。

假如你是“在最狂妄的年纪”断了双腿的史铁生，请根据文章内容，发挥

联想和想象，改写《大话西游》的经典台词，填入你对母亲的承诺，表达你内心深处的情感。

曾经有一份真诚的爱情放在我面前，我没有珍惜，等我失去的时候，我才后悔莫及。人世间最痛苦的事莫过于此…… ——《大话西游》	曾经有一段真挚的付出放在我面前，我没有珍惜，等我失去的时候，我才后悔莫及。人世间最痛苦的事莫过于此。 如果上天能够给我一个再来一次的机会，我一定会________________；如果要做出一个承诺，我定然________________。

示例：

曾经有一段真挚的付出放在我面前，我没有珍惜，等我失去的时候，我才后悔莫及。人世间最痛苦的事莫过于此。

如果上天能够给我一个再来一次的机会，我一定会陪您去北海看菊，去仿膳吃豌豆黄，和您一起侍弄那些花儿；如果要做出一个承诺，我定然会好好儿活，哪怕生活一地鸡毛，我也会和妹妹在踉跄中找到自我，尽情开放，生得绚烂！

2. 项目作业：聚焦特写镜头，把握细节。

作家池莉曾说："我偏爱生活的细节。我觉得人类发展了这么多年，大的故事怎么也逃不出兴衰存亡，生老病死，只有细节是崭新的"。作为电视散文导演的你，在阅读本单元其他三篇文章时，请关注场景转化，体会动人细节，完成拍摄镜头脚本设计。

原文摘录	拍摄镜头脚本
选择篇目:《金色花》。 摘录：当你吃过午饭，坐在窗前读《罗摩衍那》，那棵树的阴影落在你的头发与膝上时，我便要投我的小小的影子在你的书页上，正投在你所读的地方。	镜头语言：运用特写镜头，将书页上的小小金色花的影子放大，来回摇晃，引起母亲的注意；再将镜头拉远，展现午后阅读的美好。 设计意图：这又是一次淘气的金色花与母亲的互动。孩子的调皮进一步发展，变成用影子对母亲阅读的干扰、捣乱。但这种干扰无疑是一种美好的互动，展现了母子之间的亲密无间。
选择篇目:____________ 摘录:	镜头语言: 设计意图:

课时作业评价

1. 创意表达评价。

作业 1 为课堂延伸作业，评价时应针对不同层次的学生，给出肯定性、鼓励性的评价，激发学生的情感体验，鼓励学生的创意表达。

评价要点如下。

1. 是否理解文章内容，符合文章的情感表达?

2. 是否符合此阶段儿子（女儿）的身份与口吻，并充分表达了他（她）的思想情感?

3. 是否做到文从字顺，表达流畅自然?

2. 最佳镜头脚本推荐。

推荐条件:

（1）能够抓住典型细节，品味富有表现力的词句，把握情感和意蕴。

（2）能够联系文章内容或生活经验，用镜头表达自己的理解或独特感受。

（3）可以多角度、有创意地采用镜头语言，拓展思维空间。（非必要条件）

第 3 课时　悟读空镜头，品味景物描写

课时作业目标

1. 结合课文与链接材料，以规定内容开头写一段话，表达对文章主旨的理解和对生命真谛的感悟。

2. 找出景物描写，解读空镜头的表达效果，在项目作业中尝试运用。

课时作业内容

1. 深化理解。

作者莫怀戚在《二十年后说〈散步〉》中写道："其实我骨子里是想写生命。"读完《散步》，你对生命有了怎样的感悟？请以"生命是……"开头，结合下面材料，写一段话，说说你的理解。

> 我说写生命，不是故作高深。先说说这篇文章的写作背景吧。文章写于 1985 年。我父亲刚去世，照料他多年的母亲似乎一下子给抽掉了生活目标，身体情况变得很复杂。我有个弟弟是医生，私下说，母亲处在丧偶综合征中，这是一个微妙的阶段，必须谨慎度过，最不能缺的就是子女的陪伴。那次散步，就是一次陪伴。
>
> ——莫怀戚《二十年后说〈散步〉》

2. 项目作业：品读景物描写，解读空镜头。

阅读本单元文章，找找文字中的空镜头，仿照示例摘抄并品味其艺术效果与作用。

学习支架

什么是空镜头

空镜头（scenery shot）又称"景物镜头"，常用以介绍环境背景、交代时间空间、抒发人物情绪、推进故事情节、表达作者态度，具有说明、暗示、

象征、隐喻等功能。

空镜头有写景与写物之分。前者通称风景镜头，往往用全景或远景表现；后者又称细节描写，一般采用近景或特写。空镜头的运用是拍摄者将抒情手法与叙事手法相结合，加强影片艺术表现力的重要手段。

示例：

《秋天的怀念》空镜头：

黄色的花淡雅，白色的花高洁，紫红色的花热烈而深沉，泼泼洒洒，秋风中正开得烂漫。

艺术效果：这一句与前面两次看菊花相照应，对菊花的描写更是对母亲深深的怀念。采用空镜头的方式，则能够展现菊花蓬勃的生命力，渲染出悲壮、深沉的氛围，突出了史铁生内心从痛苦、无望转向明朗、坚强的变化，表现了作者懂得了母亲的嘱托和“好好儿活”的决心。

课时作业评价

作业1的评价要注意分层，各层次学生在自己现有水平的基础上，能够用“生命是……”开头，写出一段对生命的理解与感悟即可。倘若做到文从字顺、语言优美则更佳。在组内交流各自的补写内容，推荐优秀作品在班级作业栏中展出。

作业2是电视散文拍摄中的空镜头学习与设计。大部分学生能找到，《散步》一文以叙事为主，中间穿插了景物描写，对于其表达效果则从内容、主旨与写法三个方面来回答。本作业为五星评价：先关注学生所找语句是否为景物描写，此处记1颗星；回答表达效果时，每答出一个方面就记1颗星，三个角度均达到则记3颗星；回答的语言自然晓畅，且有条理，再记1颗星。

第 4 课时　透视亲子之解，探寻和解之由

课时作业目标

1. 梳理单元文章的亲子之“结”与亲子之“解”，探究和解的深层原因，提升学生的认知水平。

2. 展开父母意与儿女情谁更动人的思辨表达，发展学生的思维能力。

课时作业内容

1. 预习作业。回顾本单元文章，按要求填写表格。

篇　目	亲子之“结”（矛盾之所在）	解结之关键（领悟的契机）	亲子之“解”（回馈的方式）
《秋天的怀念》			
《散步》			
《金色花》			
《荷叶·母亲》			

2. 选做作业：补写名言，思辨阅读。（二选一）

（1）但丁曾经说过：“世界上有一种美丽的声音，那便是母亲的呼唤。”其实这句话还有后半句，请根据你对亲子之爱的理解，补写名言。

世界上有一种美丽的声音，那便是母亲的呼唤；
世界上有一种美丽的回音，那是________________。

（2）学完这个专题，有的同学说：“亲情的文章之所以感人，是因为里面总有一位深切地爱着我们的亲人。”有的同学说：“熟悉的地方，其实也有美好的风景，这些文章的动人之处在于启发我们睁开眼睛，发现身边的美好。”也有同学说：“文章其实是作者情感的出口，文章中的儿女情思引发了我们的共鸣，读来就备受感动了。”亲情主题为何亘古不变？文章内容何以动人心弦？你怎么看待这个问题？请根据文章内容，写一则简要的评论。

课时作业评价

作业 1 紧扣本单元主题，涉及单元所有文章，综合性较强。综观单元课文，都涉及母爱亲情，都在某种程度上存在不解或分歧，而且领悟的契机与回馈的方式也不尽相同。下表为本课时预习作业的评价标准，课堂上将由此进入单元再感知与深度探究。

评价标准	评价等级
未按时提交，内容不全面，表达欠准确，未发现共性。	☆☆
按时提交，内容全面，表达欠准确，未发现共性。	☆☆☆
按时提交，内容全面，表达准确，在提示下能发现共性。	☆☆☆☆
按时提交，内容全面，表达准确，发现结构共性。	☆☆☆☆☆

作业 2 为开放性问题，锻炼学生的批判性思维。针对不同层次的学生，可提供不同的助读材料，并适当调整评价标准，真正实现分层教学。

A 层次学生：清晰地表达观点，结合文章内容及生活经验，充分说明理由。

B 层次学生：能够说出个人观点，在支架辅助下勾连文章，说明理由；或能够为他人的观点提供支撑材料。

C 层次学生：可借助他人观点及思考，尝试提出个人观点。

第 3 课段　迁移与创作（共 2 课时）

第 5 课时　记事实践抒真情

课时作业目标

1. 以“亲情”为主题，拓展阅读文章，并进行相应积累，激发学生的情感体验。

2. 完善作文提纲，运用“结—解”式叙事结构和细节描写，提高学生审美创造能力。

课时作业内容

1. 拓展阅读。

亲情是古今中外亘古不变的话题。阅读一组记事抒情的文章，理解文章内容，感悟作者情感，完成以下任务。

推荐文章：老舍《我的母亲》、汪曾祺《多年父子成兄弟》、梁晓声《慈母情深》、里柯克《我们是怎样过母亲节的》。

要求：

（1）至少阅读三篇推荐文章，理解文章内容，把握作者情感。

（2）回答问题时，要涉及多篇文章内容，并阐明选择原因。

（3）小组讨论，推选一份进行课堂讲解与展示。

阅读任务单

在拓展文章中，

最触动我心的一个事件：________________。

最让人揪心的一处波折：________________。

最令我感动的一个细节：________________。

最印象深刻的情感表达：________________。

最值得玩味的主旨意蕴：________________。

2. 项目作业：完善提纲，完成写作。

完善下面的写作提纲，以“挚爱亲情”为主题写一篇记叙文。要有重点地展开叙述，把事件写清楚，突出事件中触动你情感的部分，恰如其分地抒发你对亲人的真挚情感。不少于 500 字。

项　目	记事抒情文方法总结	写作构思与迁移
记事要素	选文的记事要素有什么？ 记事顺序如何安排的？	我的记事要素：__________； 我打算按__________顺序记事。

续　表

项　目	记事抒情文方法总结	写作构思与迁移
行文结构	选文“结”与“解”是什么时候出现的？如何展开的？	我的文章之“结”：__________； 我的文章之“解”：__________。
描写内容	选文有什么描写？ 哪些属于细节描写？ 在什么情况下用的细节描写？	我选择__________描写，我打算在__________情况下运用。
抒情方式	选文的情感基调是什么？ 运用了怎样的抒情方式？	我的文章情感基调：__________； 我想运用__________的抒情方式。

课时作业评价

作业 1 需学生独自完成，可以在小组内彼此传阅，讨论交流，分享四篇文章的内容和阅读感悟。小组推选一份阅读任务单，补充完善，作为小组代表在班内分享展示。

作业 2 完成后，组内互评，参考记叙文写作评价量表（见下表），从记事要素、行文结构、写作手法、情感抒发、书写卷面等方面，提出修改建议。注意：未按时提交、未完成写作的学生仅得 1 颗星。要求：至少找三位同学为自己的作品提出修改意见，自己至少给三位同学的作品提出修改建议。

评价标准	作文等级
无具体事件或场景，叙述不完整，无描写，对亲人的情感表达不够明确。	☆☆
能够选择事件或场景，叙述比较完整，有一处细节描写，基本能表达出自己对亲人的情感。	☆☆☆
能够选择较恰当的事件或场景，叙述完整，运用“结—解”式结构，合理运用一到两处细节描写，表达出自己对亲人的真挚情感。	☆☆☆☆
能够选择不同角度的典型事件或场景，巧妙运用“结—解”式结构，叙述清晰有条理，灵活运用两处以上的细节描写，恰当地表达自己对亲人的真挚情感。	☆☆☆☆☆

第 6 课时　小组展播共分享

课时作业目标

1. 小组合作，完成电视散文的拍摄及制作，提高学生跨学科学习的能力。

2. 展播电视散文，在留言区写评论，书写个人单元学习的收获与困惑，激发学生珍爱亲情、理解亲情，树立正确的价值观。

课时作业内容

1. 前置作业：完成电视散文拍摄，课堂汇报展演。

回顾本单元所学，结合单元伊始的拍摄计划，以小组为单位完成电视散文的拍摄，在第二天的语文课上进行展播。要求如下：

（1）文案可选择名家名篇，也可采用个人习作，标明作者，杜绝抄袭；

（2）综合运用多种镜头进行拍摄，保障画面清晰稳定，横向拍摄，有条件的可添加字幕；

（3）朗读情感充沛，匹配恰当的背景音乐，达到相互交融的艺术效果。

（4）选择一帧最能表达情感的画面作为视频封面。

2. 项目作业：弹幕评论。

邀请家长观看，在留言区书写评论，留下本单元学习或任务完成过程中的心得、收获或感悟。开放投票机制，邀请家长、老师、同学等为喜欢的作品点赞，并评选出“年度优质电视散文”“最佳叙事奖”“最佳拍摄奖”“最美声音”等奖项。

要求：每人均需观看小组电视散文作品，至少选择三个作品留下自己的感悟与评论；参照评价标准评选各大奖项。

课时作业评价

电视散文单元任务评价量表参见“单元整体作业设计”中的“作业评价”。其中：

“年度优质电视散文”为公开点赞数量前两位的作品；

“最佳叙事奖”评选要满足文稿行文结构明确、有细节描写、情感表达充沛等要求，达到文稿五星标准；

“最佳拍摄奖”评选要满足拍摄镜头与文稿相呼应，综合运用多种镜头拍摄方法，整体效果好；

“最美声音”评选要满足朗诵配音与背景音乐相协调，注重语气和轻重缓急，能够用声音传递情感，富有表现力。

还可以根据班级单元作业的具体情况，设置其他奖项，如“最佳拍档”“最美讲述人”“最直击人心的故事”“最佳配乐”“最优画面”等，针对电视散文作品拍摄的过程或某一要素，进行评价与评选。

留言与评论是学生展现个性化解读和总结归纳的地方，鼓励百花齐放，百家争鸣。

三、如何评价这个作业[①]

本单元教学设计重在引导学生进行言语实践活动，落实“文学阅读与创意表达”学习任务群，具有系列性、多样化、跨学科等特点。

系列性表现在单元目标与课时目标、作业目标、评价目标的序列关系上。单元任务拍摄“‘挚爱亲情’电视散文”为长期任务，而每课时的学习中均包括部分项目子任务，由简到繁，由易到难。从镜头脚本编写，到文案创作，再到添加音乐等，实现了由表及里、由具象到抽象的思维过程。

多样化表现在单元的任务设计与学习资源上。本单元教学将单篇精读与群文阅读相结合，情境教学与合作探究相结合，包括对比探究、散文改诗、创意表达等多种形式；学习资源涉及课内外文本、影像资料等多种资源；作业呈现形式有简答、表格、图画、诗歌等，富有新意，吸引学生。

跨学科表现在利用多学科知识搭建支架和设计任务上。本单元教学设计综合运用多学科知识，为学生解决单元基本问题搭建支架，如利用电影学镜头知识，认识并把握细节描写的作用；通过选择配乐、增添背景色等学习任务，拓宽语文学习与运用领域，提高跨学科解决问题的能力。

---

① 点评教师：宋淑英。

此外，在课堂实施环节的设计中，小组合作时应细化分工，让每位学生有事可做。“挚爱亲情”主题的习作是为了抒发自我情感，可以借鉴“结—解”式行文结构，但绝不局限于此，但凡有利于表达个人情感、能够感染他人的叙事结构，都应该被肯定。最后，关于朗读，不应只停留在朗读知识与技巧的训练，更应从读中入手，揣摩文中人物的语气、语调，引导学生走进人物的内心世界。

北京市第八中学永定实验学校　李　云

第二节

圈点勾画理脉络，围绕主旨定思路

——七年级上册第四单元“寻找人生中重要的那个他（她）”整体作业设计

第一部分 作业呈现

一、单元内容简介

本单元的人文主题为“人生之舟”。四篇课文从不同角度诠释人生，有的是对美好人生的礼赞，有的是对人生的憧憬和感悟，有的是对人生经验的总结和回顾。语文要素要求“在整体把握文意的基础上，学会通过划分段落层次、抓关键语句等方法，理清作者思路”。

结合单元写作要求，在语言的建构和运用基础上，引导学生在“理清思路，理解、分析主要内容”的基础上，通过“体味和推敲重要词句”，初步领悟作品的内涵，获得对自然、社会、人生的有益启示。围绕主人公不同的人生选择，思考、讨论人生的意义和价值，从而获得思维的发展与提升。

二、单元整体作业设计

（一）作业目标

1. 能根据表达的主旨，选择合理的叙事视角，加入精彩的描写和恰当的议论抒情，完成一篇习作，提高学生语言建构与运用的能力。

2. 能展现人物的精神风貌，表达对人生的思考与感悟，提高学生语言建构与运用及审美创造能力。

（二）作业内容

拥有美好而充实的人生，是我们共同的心愿。在本单元中，我们将感受白求恩同志高尚的共产主义精神，看到让·乔诺笔下植树的牧羊人——艾力泽·布菲，听到美国作家、心理学家莫顿·亨特爬悬崖的故事，重新认识拥有拳拳慈父心的诸葛亮。也许你会思考生命的意义和价值，也许你会尝试规划自己的人生，那么请把眼光拉近一些，看看你身边的“风景”，寻找那个在你人生中指导和引领你的人。自拟题目，完成一篇不少于500字的记叙文，写出你的触动与思考。

选做：

（1）在班级群上传一首对你有触动的歌曲，写出推荐的理由。

（2）推荐一本对你人生有影响的书或一部电影，以短视频的形式发布在指定平台上。推荐语以字幕形式出现，不少于100字。建议采用多种形式，如照片、绘画、手账、配乐、截取电影片段等（小组合作完成）。

（三）作业评价

单元学习后，完成单元必做作业。对照作文评价标准（见下表），评选优秀作品。可采用生生互评、小组推荐、教师点评等形式，在作文纸或电子稿上做批注。

要求：

（1）用“○”画出错别字。

（2）用“______”画出病句。

（3）用“～～～”画出生动的描写和精彩的议论句。

（4）在相应的地方做旁批或批注。

描　述	书　写	评价等级
1. 符合题意，有明确的中心； 2. 选材恰当，内容紧扣主题； 3. 叙述清晰有条理，详略安排得当； 4. 能依据中心确定描写重点，描写方法多样； 5. 能综合运用多种表达方式，尤其是抒情和议论； 6. 充分体现人物的精神风貌，写出真情实感。	书写工整，标点正确，错别字较少，格式规范。（4分）	一类文 （34～40分）
1. 比较符合题意，有明确的中心； 2. 选材恰当，内容体现主题； 3. 叙述完整，详略安排合理； 4. 能依据中心确定描写重点，运用两种人物描写方法； 5. 合理使用两种及以上表达方式； 6. 能体现人物的精神风貌，有真情实感。	书写工整，标点大体正确，错别字3～4个，格式规范。（3分）	二类文 （29～33分）
1. 基本符合题意，有中心； 2. 选材贴近主题； 3. 叙述比较完整，有详有略； 4. 能运用至少一种人物描写方法，能使用两种表达方式； 5. 基本体现人物的精神风貌，写出自己的感悟。	字迹不够清楚，标点错误较多，错别字5～7个，格式大体规范。（2分）	三类文 （24～28分）
1. 不符合题意； 2. 选材不能体现主题； 3. 叙述不完整，没有详略安排； 4. 没有人物描写，只有记叙； 5. 不能体现人物的精神风貌，自己的感悟表达不明确。	字迹潦草，难以辨认，标点错误很多，错别字8个以上，格式不规范。（0～1分）	四类文 （0～23分）

选做作业评价标准见下表：

评价等级	☆☆☆☆☆	☆☆☆☆	☆☆☆	☆☆
选做 1	1. 能在班级群中上传自己推荐的音乐。 2. 能结合歌词准确、生动地说明自己推荐的理由，并阐明自己对生活的思考。	1. 能在班级群中上传自己推荐的音乐。 2. 能结合歌词说明自己推荐的理由以及歌曲对自己的影响。	1. 能在班级群中上传自己推荐的音乐。 2. 能结合歌词说明自己推荐的理由。	能在班级群中上传自己推荐的音乐。
选做 2	1. 能准确概括出所推荐电影或书的内容。 2. 能准确、生动地阐述这部电影或这本书对自己的影响。	1. 能准确概括出所推荐电影或书的内容。 2. 能写明这部电影或这本书对自己的影响。	1. 能概括出所推荐电影或书的内容。 2. 能写明这部电影或这本书对自己的影响。	能概括出所推荐电影或书的内容。

第二部分 作业说明

一、为什么设计这个作业

（一）设计依据

本单元属于“文学阅读与创意表达”和“思辨性阅读与表达”学习任务群。《义务教育语文课程标准（2022 年版）》指出，要引导学生“观察、感受自然与社会，表达自己独特的体验与思考”“理解作者的立场、观点与方法”。第四学段还要求“阅读表现人与自然的优秀文学作品”“借鉴其中的写作手法，表达自己对自然的观察和思考”。因而培养学生观察、比较、辨析能力是本单元阅读教学的重点；从叙事视角的选择、细节描写的主次、议论抒情的方式上，揣摩关键词句，理解作者的意图，感悟生活，思考人生的意义和价值，则是本单元写作教学的重点。

（二）教学内容分析

综观本单元的文章，《纪念白求恩》以议论为主，兼有叙述和抒情；《植树的牧羊人》和《走一步，再走一步》虽然是小说，但是侧重叙事；《诫子书》既是家书的节选，又是一篇文言议论文。四篇文章虽然体裁多样，表达方式不一，但都从不同角度诠释人生的意义和价值，引发我们对人生的思考。

教学中，教师应引导学生从两个维度梳理行文思路。一是站在下位，把握文章内容，理解人物精神，通过圈点勾画梳理作者的行文思路，解决“思路是什么”的问题。二是站在文章主旨的上位，根据主旨反推作者在叙事视角、描写重点和议论抒情上的精心设计，理解作者的安排，解决“为什么选择这条思路”的问题。同时，关注语言，涵泳词语背后作者丰富的情感和对人生的思考，从而引导学生思考人生、规划人生。

（三）学情分析

七年级的学生处于学习和成长的关键阶段，因此帮助学生养成良好的语文学习习惯，学习和运用语文学习方法，是这一阶段的主要任务。

第一、第二单元，学生赏析四季美景，感受、理解亲情，掌握了一定的朗读方法和技巧，并学习了在朗读中品析作者的情感。第三、第四、第五单元聚焦在默读上，学生在第三单元已经进行了最浅层的默读训练，达到不指读、不回看的效果，也初步建立了关注标题、开头、结尾和关键句的意识。本单元在此基础上，指导学生通过圈点勾画，理清作者思路，分析人物形象，体会作者情感，明确文章主旨。这个目标对于七年级的学生来说，有一定的难度，因此在教学过程中，教师要给学生提供学习支架和助读材料，读写结合，帮助学生完成单元目标。

二、怎样完成这个作业

（一）整体框架说明

本单元主题为“圈点勾画理脉络，围绕主旨定思路”，通过不同时代、不同国籍、不同年龄的主人公的人生抉择，感受人物身上的精神与品格，探寻人生的意义和价值。

本单元教学分为“感知内容解词义”“圈点勾画理思路”“围绕主旨定思路”“触摸人生写感悟”四大课段，以寻找身边动人的“风景”为任务，将生活、阅读、写作融为一体，采用多种形式展现学生对人生的感悟和思考。

以下为本单元整体教学的框架图（见下页）。

圈点勾画理脉络，围绕主旨定思路

——七年级上册第四单元整体作业设计

项目进程	发布作业，明确任务	完成子任务					核心作业完善与分享
学习课段	感知内容解词义（共 1 课时）	圈点勾画理脉络（共 2 课时）		围绕主旨定思路（共 3 课时）			触摸人生写感悟（共 1 课时）
课时名称	感知内容解词义	围绕线索理事件	支撑观点绘思路	叙事视角有讲究	细节描写有主次	议论抒情要到位	触摸人生写感悟
学习资源	《植树的牧羊人》《走一步，再走一步》《纪念白求恩》《诫子书》	《走一步，再走一步》《植树的牧羊人》《捅马蜂窝》（课外补充）	《纪念白求恩》《诫子书》	《走一步，再走一步》《植树的牧羊人》《捅马蜂窝》（课外补充）	《植树的牧羊人》《走一步，再走一步》	《植树的牧羊人》《纪念白求恩》《诫子书》	前期学习任务单，课时作业
核心任务	发布任务，整体感知，圈画字词。	围绕线索，梳理事件，理清思路；画出思路结构图。	抓住论述观点的语句，理清思路；画出思路结构图。	了解什么是叙事视角，换角度复述课文，明确不同视角的作用。	能结合文本内容分析人物形象，并能依据主旨明确描写的主次。	品析议论抒情语句，体会情感，明确主旨。完成颁奖辞的写作。	写一篇不少于 500 字的记叙文，表达人生感悟。
学习评价	能准确认读字词，能准确理解重要词语在语境中的含义并学会运用。	能准确勾画出标志层次转换的关键词句，能绘制清楚的思路结构图。	能准确勾画出标志层次转换的关键词句，能绘制清楚的思路结构图。	能根据文章思路准确复述课文内容，能变换视角复述并进行比较，从而明确作者选取叙事视角的用意。	能准确勾画出人物描写的语句，能明确描写重点取决于主旨。	能准确勾画议论抒情语句，能结合文本体会作者的情感，能用自己的语言概括文章主旨，并根据所提供的支架，完成颁奖辞的写作。	能根据主旨确定行文思路，并完成作文。
作业设计	1.（1）以“你说我猜”的方式，两两组合，识记理解单元字词和文学常识。（2）使用课后“读读写写”中的词语（至少五个）概括课文内容。 2. 阅读《诫子书》，完成文言积累表。 3. 依据单元作业要求，观察生活，积累素材。	1. 预习作业：阅读助读材料一，了解结构图的知识。 2. 课后作业：（1）阅读《捅马蜂窝》，围绕事件勾画关键词句，完成思路结构图。（2）确定征文所写对象、主要事件，初步建立写作提纲。	1. 分类归纳《诫子书》的文言词句。 2. 运用课上所学方法，绘制《纪念白求恩》的思路结构图。	1. 两人一组，一人以“牧羊人”为叙事视角复述课文，一人按照原文视角复述，比较研讨作者确定“我”为叙事视角的原因和优点。 2. 依据单元作业要求，完成作文提纲，根据表达主旨确定叙事视角，并简要说明理由。	1. 预习作业：阅读助读材料二，圈点勾画，归纳人物描写的知识。 2. 课后作业：（1）根据文章主旨，说说《植树的牧羊人》和《走一步，再走一步》描写重点的差异。（2）依据文章主旨，任选文本中的人物，发挥想象，进行角色扮演对话。（选做）（3）提取文章主旨，小组合作，为人物设计宣传海报或书签。（选做） 3. 完善作文提纲，依据主旨合理添加描写。	1. 预习作业：观看《感动中国 2020 年度人物颁奖盛典》，阅读助读材料三，了解颁奖辞的相关常识。 2. 课后作业：（1）为本单元中感动你的人物撰写颁奖辞，根据评价标准修改完善。（2）完善作文提纲，合理添加抒情议论。	根据评价标准修改完善单元作业，评选优秀作品编辑成册。
核心任务	寻找身边动人的“那个他（她）”，自拟题目，完成一篇不少于 500 字的记叙文。						

（二）作业实施说明

过程分解	第 1 课段	第 2 课段	第 3 课段	第 4 课段
课堂完成	任务发布，感知内容。	圈点勾画，理清思路。	围绕主旨，完善思路。	完成记叙文写作。
课后完成	观察生活，寻找素材。	确定写作对象、事件，初步列出提纲。	从叙事视角、细节描写、议论抒情等角度完善提纲。	修改完善，推荐优秀。

本作业设计聚焦单元训练重点——理清作者思路——以单元的课文内容为依托，通过课文习得理清思路的方法，运用方法完成写作任务。

单元作业分解到课段之中，从发布任务到确定写作对象、事件，从叙事视角、细节描写、议论抒情等不同角度完善提纲，到完成写作任务，逐层递进，由浅入深，帮助学生建立一套完整的由构思到写作的过程。

除了必做作业，还应结合班级具体学情，有选择性地添加或减少选做作业，适当地给出范例，加以引导。同时使用过程性评价，从难度、数量、助读材料及评价方式等多方面提供作业分层。

（三）课时作业分解

第 1 课段　感知内容解词义（共 1 课时）

第 1 课时　感知内容解词义

课时作业目标

1. 理解词语的含义并做出清晰的表达，能根据同学的表达确定词语。

2. 运用课后“读读写写”中的词语概括课文内容，培养学生语言的建构与运用能力。

3. 掌握文言文重点实虚词在语境中的意思，在积累的基础上获得审美的提升。

课时作业内容

1. 积累运用作业（二选一）。

（1）以“你说我猜”的方式，两两组合，识记理解单元字词和文学常识。

要求：一人表达词义，一人猜词语，以视频录制的形式上交。

示例：

生：四个字，做工作时选容易的，逃避难活、累活。

生：拈轻怕重。

生：四个字，别人说什么，你就说“对、对”。

生：随声附和。

生：两个字，内敛、低调的反义词。

生：张扬。

生：两个字（模拟一吸气，一停顿的哭泣）。

生：抽噎。

（2）使用课后“读读写写”中的词语（至少五个）概括课文内容，用着重号或不同颜色的笔标记出课后词语。

示例：

炎热的一天，我们厌倦了平常的游戏。小内德提议去爬悬崖，其他人也随声附和。我们来到一处悬崖，几乎垂直的墙突兀地耸立在岩石中。其他人一个个都爬上了悬崖，但体弱多病的我才爬了一点，心就开始怦怦跳。我的手扒在岩石上，身体趴在墙上，太阳灼烧着我，我感到阵阵晕眩，不知所措。其他人在悬顶嘲笑我一番，就都走了，只留下我独自哭泣、呻吟。暮色中，爸爸来到悬崖下，温柔地安慰我。在爸爸的鼓励下，我一步步下了悬崖。这让我以后在面对一个遥不可及的目标，或者一个令人畏惧的情境，都能一步一步轻松应对。

2. 积累识记作业。

阅读《诫子书》，完成文言积累表。

词语	词义	词语	词义
诫		夫（fú）	
君子		静	
淡泊		致	
慢		励	
与		驰	
去		遂	
淫			

3. 单元作业。

依据单元作业要求，观察生活，积累写作素材。

课时作业评价

本课时共三项作业，其中作业 3 为长周期作业的一部分，可以在素材积累本上做记录。作业 1 是在词语理解基础上的运用，作业 2 为积累文言实虚词，两个作业可以任选其一完成，也可以都完成。

作业 1：

（1）“你说我猜”作业评价标准见下表。

评价标准	评价等级
能够准确表述词义，能够准确猜出至少三个词语，词语范围为一到两篇课文。	☆☆
能够准确表述词义，能够准确猜出至少五个词语，词语范围为三篇课文。	☆☆☆
能够准确表述词义，能够准确猜出至少八个词语，词语范围为四篇课文。	☆☆☆☆
能够准确表述词义，能够准确猜出至少十个词语，词语范围为四篇课文。	☆☆☆☆☆

（2）词语运用作业评价标准见下表。

评价标准	评价等级
书写潦草，概括不全，能使用五个词语。	☆☆
书写欠工整，概括不全，能使用五个以上词语。	☆☆☆
书写工整，能概括文章内容，能使用五个以上词语，且使用准确。	☆☆☆☆
书写工整，能概括文章内容，能运用十个以上词语，且使用准确。	☆☆☆☆☆

作业 2：能够正确解释词义。

答案示例：

词　语	词　义	词　语	词　义
诫	告诫，劝勉，劝人警惕	夫（fú）	段首或句首发语词，引出下文与议论，无实在的意义
君子	品德高尚的人	静	摒除杂念和干扰，宁静专一
淡泊	内心恬淡，不贪图功名利禄	致	达到
慢	懈怠，懒惰	励	振奋
与	跟随	驰	疾行，指迅速逝去
去	消逝，逝去	遂	于是，就
淫	放纵		

第 2 课段　圈点勾画理思路（共 2 课时）

第 2 课时　围绕线索理事件

课时作业目标

1. 自主阅读所给材料，能够圈点勾画，明确结构图的定义、类型，结合

《从百草园到三味书屋》初步明确如何绘制思路结构图。

2. 运用课上所学方法——围绕线索梳理事件，准确绘制《捅马蜂窝》的思路结构图。

3. 根据单元作业要求，确定写作对象、事件，初步构建思路结构，使思维得到发展和提升。

课时作业内容

1. 预习作业。

阅读助读材料一，圈点勾画，了解结构图的知识。

【助读材料一】

如何绘制结构图

文章的结构是文章思路的外在表现形式，它包括文中句与句的联系、段与段的关系、整体谋篇布局等。准确地分析文章结构是把握文章脉络的重要手段，更是整体感知文章内容的基础。

结构图的形式多样，常见的有思维导图、树状图、气泡图、鱼骨图等，形式多样。比如之前学过的《从百草园到三味书屋》，就可以用简单的思维图呈现（见下图）。

- 《从百草园到三味书屋》
  - 百草园中的游戏玩乐
    - 百草园中引人入胜的景物
    - 长妈妈讲“美女蛇”的故事
    - 冬天雪地捕鸟
  - 三味书屋的读书生活
    - 问先生“怪哉”
    - 后院寻蝉蜕、折腊梅花
    - 课上大声朗读
    - 课上描绣像

- 《从百草园到三味书屋》
  - 百草园中的游戏玩乐
    - 百草园中引人入胜的景物
    - 长妈妈讲“美女蛇”的故事
    - 冬天雪地捕鸟
  - 三味书屋的读书生活
    - 问先生“怪哉”
    - 后院寻蝉蜕、折腊梅花
    - 课上大声朗读
    - 课上描绣像

总之，不管采取何种图示，目的都是能够呈现作者的思路。这是我们理解文章内容的基础，也可以在写作时帮助我们更好地行文布局。

2. 课后作业。

阅读《捅马蜂窝》，围绕事件勾画关键词句，完成思路结构图。

3. 单元作业。

确定作文写作对象、主要事件，初步建立写作提纲。

写作对象	
主要事件	
行文思路	

课时作业评价

本课时共三项作业。作业 1 为预习作业，为第 1 课段的内容做铺垫；作业 2 是迁移练习，运用所学叙事类文本的阅读方法理清思路；作业 3 是单元作业的第一步，是写作任务的基础。

作业 1：能通过圈点勾画，明确结构图的定义、类型，结合《从百草园到三味书屋》初步明确如何绘制思路结构图即可。

作业 2：思路结构图星级评价指标见下表。

评价指标	评价等级
结构图未能准确、清晰地体现文章思路。	☆
结构图能准确、清晰地体现文章思路。	☆☆
结构图能准确、清晰地体现文章思路，有重点标识。	☆☆☆
结构图能准确、清晰地体现文章思路，有重点标识，且书写工整。	☆☆☆☆
结构图能准确、清晰地体现文章思路，有重点标识，且书写工整，图形美观。	☆☆☆☆☆

作业 3：所选事件符合单元作业要求即可。

第 3 课时　支撑观点绘思路

课时作业目标

1. 判定不同的文言现象，进行分类归纳，丰富语言积累，培养学生正确理解祖国语言文字的能力，理解文化的传承。

2. 抓住论述观点的语句，理清思路，准确绘制《纪念白求恩》的思路结构图，使学生的思维得到发展与提升。

课时作业内容

1. 积累作业。

分类归纳《诫子书》的文言词句，完成下面表格。

通假字	有 / 无
一词多义	（1）夫学须静也。（2）非志无以成学。
	（1）静以修身。（2）非宁静无以致远。
	（1）非淡泊无以明志。（2）非志无以成学。

续 表

词类活用	（1）名词作动词：非志无以成学。 原意：__________。句中意：__________。 （2）形容词作名词：非宁静无以致远。 原意：__________。句中意：__________。 （3）形容词作动词：非学无以广才。 原意：__________。句中意：__________。
古今异义	（1）险躁则不能治性。古义：__________。今义：__________。 （2）意与日去。古义：__________。今义：__________。
特殊句式	判断句：____________________。 倒装句：____________________。

2. 思维作业。

运用课上所学方法，绘制《纪念白求恩》的思路结构图。

课时作业评价

本课时共两项作业。作业 1 是对各种文言词句的分类归纳，这一作业可以作为一个长期任务，帮助学生养成文言文归纳整理的习惯。作业 2 是迁移练习，运用所学阅读议论文的方法理清思路。

作业 1 答案示例：

通假字	无
一词多义	（1）夫学须静也。学：动词，学习。（2）非志无以成学。学：名词，学业。
	（1）静以修身。以：连词，后者是前者的目的，来。（2）非宁静无以致远。以：连词，用来。
	（1）非淡泊无以明志。志：名词，志向。（2）非志无以成学。志：立志。
词类活用	（1）名词作动词：非志无以成学。 原意：志向。句中意：立志。 （2）形容词作名词：非宁静无以致远。 原意：远大。句中意：远大目标。 （3）形容词作动词：非学无以广才。 原意为：宽阔，广大。句中意为：增长。

续 表

古今异义	（1）险躁则不能治性。 古义：轻薄。今义：遭到不幸或发生灾难的可能。 （2）意与日去。 古义：离开，消失。今义：从所在地到别的地方。
特殊句式	判断句：夫学须静也。"……也"表示判断。 倒装句：静以修身，俭以养德。介宾结构宾语前置。

作业 2：能够抓住论述观点的语句，理清思路，准确绘制《纪念白求恩》的思路结构图即可。

答案示例：

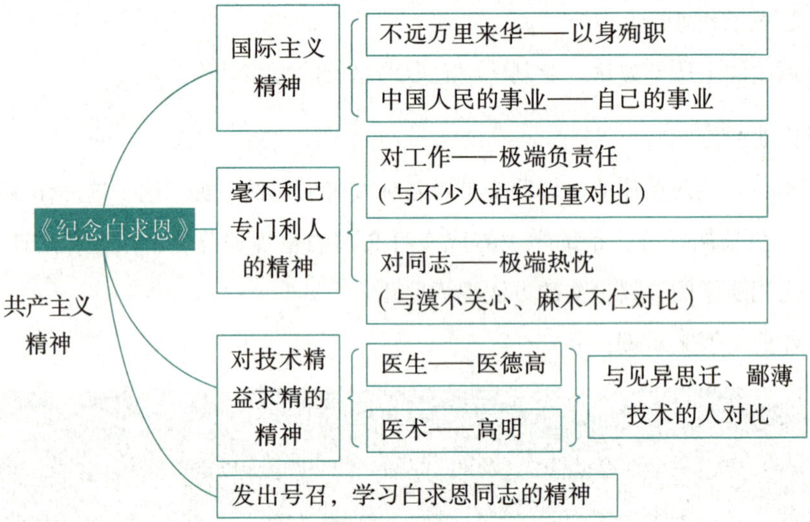

第 3 课段　围绕主旨定思路（共 3 课时）

第 4 课时　叙事视角有讲究

课时作业目标

1. 从不同叙事视角复述课文并做比较，能用简洁的语言说明文章叙事视角的优势，使思维得到发展和提升。

2. 依据单元作业要求，完成作文提纲，根据表达主旨确定叙事视角，并简要说明理由。

课时作业内容

1. 口语与文字作业。

两人一组，一人以“牧羊人”为叙事视角复述课文，一人按照原文视角复述课文，比较研讨作者确定“我”为叙事视角的原因和优势。

要求：复述以录音形式上交，研讨以问答题的形式上交。

2. 单元作业。

依据单元作业要求，完成作文提纲，根据表达主旨确定叙事视角，并简要说明理由。

寻找人生中重要的那个他（她）	
写作对象	
主要事件	
叙事视角	
行文思路	

课时作业评价

本课时共两项作业。作业 1 既是口语作业，又是笔头作业。复述内容训练学生的口语表达能力，说明文本叙事视角优势训练学生的比较思维及书面表达能力。作业 2 是单元作业，运用所学知识，确定叙事视角，完善作文提纲。

作业 1：能写明优势，回答合理即可。

答案示例：

《植树的牧羊人》采用“我”的视角，重点描写牧羊人的言行举止。读者跟随“我”一起走进牧羊人的石头房子，看到他精心挑选橡树种子，默默耕耘播种。这样的叙事视角不仅让读者感觉真实可信，而且可以直接表达对牧羊人的评价和赞美，也能表现出牧羊人内敛、质朴的特点，更有震撼力。如果从牧羊人的视角去叙述，虽然也是真实可信，但在叙述中不能直接对自己的言行进行评价，会有所欠缺。

作业 2：能确定叙事视角并说明理由即可。

第 5 课时　细节描写有主次

课时作业目标

1. 自主阅读所给材料，圈点勾画，归纳人物描写的知识，培养学生自主学习的能力。

2. 根据文章主旨，明确《植树的牧羊人》和《走一步，再走一步》描写重点的差异，使学生的思维得到发展和提升。

3. 依据单元作业要求，完成作文提纲，根据表达主旨添加合理的细节描写，培养学生的语言建构能力。

课时作业内容

1. 预习作业。

阅读助读材料二，圈点勾画，归纳人物描写的知识。

【助读材料二】

描写方法

1. 描写方法。

用生动形象的语言把人物、事件、景物具体描绘出来的一种手法，给读者以身临其境的感觉。作者一般综合使用描写、叙述等方法来塑造形象。

2. 分类。

一般将描写（包括人物描写和环境描写）分为正面描写、侧面描写、场面描写和细节描写。

3. 正面描写（也叫直接描写）。

用生动形象的语言，把人物或景物的状态直接、具体地描绘出来，是刻画人物形象常用的手法。一般通过对人物的肖像、语言、动作、神态、心理等方面的描写，来表现人物的性格、品行和技能。

4. 侧面描写（也叫间接描写）。

通过对周围人物或环境的描绘来表现所要描写的对象，以使其鲜明突出，即间接地对描写对象进行刻画描绘。如《再塑生命的人》中，写自己对生活的态度、自己的种种感受、自己的思想感情的变化等，都是为了从侧面写老师对自己的巨大影响，写老师的可敬可爱。

5. 细节描写。

对表现人物和情节发展有特殊作用，包括动作、神情、物件、环境等内在或外在的一些细小环节的细致描写。如“母亲进来了，挡在窗前”中的“挡”这个有意的动作，这是母亲怕“我”看到落叶凋零的逍遥景象触景伤情，产生伤感痛苦，甚至是绝望的心情，从而失去对生活的信心。

2. 思维作业。

（1）根据文章主旨，说说《植树的牧羊人》和《走一步，再走一步》描写重点的差异。

（2）依据文章主旨，任选文本中的人物，发挥想象，完成角色对话。（选做）

（3）提取文章主旨，选取经典细节，小组合作，为人物设计海报或书签。（选做）

3. 单元作业。

完善作文提纲，依据主旨合理添加描写。

课时作业评价

本课时共三项作业。作业 1 是预习作业，为课堂学习做铺垫。作业 2 是课堂学习内容的归纳和检测，选做作业则是对课堂内容的进一步延伸。作业 3 是单元作业，运用所学知识，添加细节描写，完善作文提纲。

作业 1：能识记描写方法，并圈画出不同描写方法的要点即可。

作业 2：

（1）能根据主旨，写明两篇文章描写重点的差异，言之有理即可。

答案示例：

《植树的牧羊人》的主旨是人类除了毁灭，还可以像上天一样创造。这一主旨是通过牧羊人以一己之力把荒漠变成绿洲体现出来的，所以描写的重点是牧羊人的言行举止，表现牧羊人的伟大、无私、坚韧。而《走一步，再走一步》的主旨是人难免会遇到困难而产生畏难情绪，但只要把目标变小，就可以一步步达成目标。本文叙述了“我”被困悬崖到脱险的过程，其中生动的动作描写和心理描写突出表现了文章主旨。

（2）对话情境符合人物及其所处的时代背景，对话内容符合文本中的人物性格特点，想象合理，能体现人物的精神品质即可。

学生作品展示：

时空错乱访谈之植树的牧羊人

主持人：宋祎晨　嘉宾：让·乔诺，艾丽泽·布菲

……

到了山顶的石屋，牧羊人艾丽泽·布菲给了我们一杯水，甜丝丝的，很好喝。接着，他把我们安排在舒适的羊毛椅上，访谈便开始了。

我首先采访的是让·乔诺，因为我注意到艾丽泽一直在挑拣种子，乔诺看到了，说：“他在挑拣橡子，这就是你为什么会看到我们在橡树林里的原因。他捡完橡子后总会细心地再挑出最好的，为了让橡树更好地成长。虽然种了几十万颗种子，但也只有几万颗能发芽并长成大树。”

“既然都选择了种树，为何不全心全意地对待呢？”艾丽泽突然插话道。

“他就是这样，耿直又坚定，但他坚定得可爱，这就是为什么我在文章里会写这个特立独行的人的原因。”乔诺一边看艾丽泽分橡子，一边说。

“您到这里几次了呢？”我很好奇。

“十几次了吧，在 1920 年后，几乎年年来，每次来到这里都会发现不一样

的景象，有时是长高的白桦树，有时是新建的几座建筑物，有时是常见的橡树林又多了几亩，这些都是艾丽泽一个人的功劳，这个地方像是有魔力，吸引着我来到这里并见到艾丽泽这个有魔力的人。”乔诺如实地回答。

“既然能让您流连忘返，那您可以给我们讲讲这里发生的奇迹吗？”

“1913 年，我来到这里并认识了艾丽泽，那时这里还是一片废墟，什么都没有，但他还是坚持种树。过了一年，我又来到了这里，去年的树苗已经长成了大树，我很惊讶于这个男人的毅力。后来，我几乎每年都来这里，这片土地开始变成绿洲，并有了人烟。天知道这有多难，可他，艾丽泽·布菲就这样坚持下来了。”

“真是不可思议！”说实话，我真的被震撼到了，人的力量是多么伟大啊！他做了上天才能做到的事！

……

艾丽泽还在坚持弯腰种种子，他一路走，一路种，现在看来已经快种完了。我忘记了问他问题，就看着这位年已古稀的老人种这一颗一颗的种子，这个姿势他已经坚持了几十年。艾丽泽也没问我，继续种树。袋子空了，艾丽泽长舒了一口气，露出了开心的笑容。

“是什么让您一直坚持的呢？”我继续问。

“因为我一直相信——人类不只会毁灭，还可以创造。”老人笑着对我说。

（3）海报设计评价指标见下表（书签设计与海报设计评价指标一致）。

评价指标	评价等级
海报内容能结合助读材料和网络上查找的资料，但未能选取突出人物品质的经典描写，不能突出人物精神。	☆
海报内容能结合助读材料和网络上查找的资料，能选取人物细节描写，表现人物精神。	☆☆
1. 海报内容能结合助读材料和网络上查找的资料，能选取突出人物品质的经典描写，突出人物精神。 2. 文字与图画搭配合理，整体构图美观。	☆☆☆

续 表

评价指标	评价等级
1. 海报内容能结合助读材料和网络上查找的资料，能选取突出人物品质的经典描写，能突出人物精神。 2. 文字与图画搭配合理，整体构图美观。 3. 能够清晰地表达设计意图，通顺流畅。 4. 能融入自己的理解，富有感染力。	☆☆☆☆

作业 3：能合理添加细节描写即可。

第 6 课时　议论抒情要到位

课时作业目标

1. 自主阅读所给材料，初步了解颁奖辞的相关知识。

2. 依据评价标准，修改完善课上撰写的颁奖辞，培养学生语言建构与运用的能力。

3. 合理添加抒情议论，完善作文提纲，提升表达能力，使思维得到发展和提升。

课时作业内容

1. 预习作业。

观看《感动中国 2020 年度人物颁奖盛典》，阅读助读材料三，初步了解颁奖辞的结构和表达特点。

【助读材料三】

颁奖辞

颁奖辞是在某一主题的颁奖典礼上，对获奖对象的事迹所作的一种陈述评价的礼仪文稿。通过宣读颁奖辞的方式，让大众了解获奖对象的事迹以及所体现的一种超乎寻常的人格精神，从而取得一种教育的效果。因此，它必须借助于优美的语言文字对获奖对象进行准确的陈述与评价。

1. 颁奖辞的特点：

（1）情感性。饱含情感，真挚赞美人物的事迹与精神，以达到以情感人的艺术效果。

（2）深刻性。对人物事迹的评价，必须体现一定的深度，触及人物的精神内核，将人物的壮举提升到一定的思想高度。

（3）简洁性。颁奖辞非常精练简洁，寥寥数句，即见人物的神韵与风采。

（4）针对性。写作时有针对性地表达出每个人的个性特点。

2. 颁奖辞示例：

（1）杂交水稻专家袁隆平。

他是一位真正的耕耘者。当他还是一个乡村教师的时候，已经具有颠覆世界权威的胆识；当他名满天下的时候，却仍然只是专注于田畴。淡泊名利，一介农夫，播撒智慧，收获富足。他毕生的梦想，就是让所有的人远离饥饿。喜看稻菽千重浪，最是风流袁隆平。

先总写评价——耕耘者，然后分别叙述他的不同身份和性格品质，最后结合袁老的巨大贡献，给予高度赞美。整个颁奖辞语言简洁，句式齐整。

（2）民族脊梁钱学森。

在他心里，国为重，家为轻，科学最重，名利最轻。5 年归国路，10 年“两弹”成。开创祖国航天，他是先行人，披荆斩棘，把智慧锻造成阶梯，留给后来的攀登者。他是知识的宝藏，是科学的旗帜，是中华民族知识分子的典范。

先总写人物品质，然后叙述人物经历，接着运用比喻书写人物成就。

2. 写作作业。

为本单元中感动你的人物撰写颁奖辞，并根据评价标准修改完善。

3. 单元作业。

完善作文提纲，合理添加抒情议论。

课时作业评价

本课时共三项作业。作业1是完成作业2的基础，也是检测课堂学习内容。作业3是单元作业，运用所学知识，添加抒情议论，完善作文提纲。

作业1：能了解颁奖辞的构成及写法即可。

作业2：颁奖辞评价标准见下表。

评价标准	星级	备注
能在颁奖辞中体现人物事迹与人物精神。	☆☆☆	能体现人物事迹，得1颗星；能结合人物形象，得2颗星；能用优美流利的语言表述，得3颗星。
能运用对偶、排比、比喻等修辞手法。	☆☆☆	能运用一种修辞手法，得1颗星；能恰当地运用两种以上修辞手法，得2～3颗星。
能运用描写、对比或者议论抒情的方式对人物进行概括或评价。	☆☆☆	仅运用一种方法，得1颗星；能灵活运用两种表达方式，得2颗星；能综合运用三种及以上方式，得3颗星。

学生作品展示（诸葛亮颁奖辞）：

您不畏劳苦，放弃了舒适的隐居生活，随着刘备一起收复中原，复兴汉室；您出谋划策，足不出户便可运筹帷幄于千里之外；您鞠躬尽瘁，为了统一大业，耗尽最后一滴心血；您爱子情深，写下《诫子书》谆谆教诲。卧龙先生！您辅佐刘备开创蜀国的基业，您淡泊明志、宁静致远，堪称是“古今第一贤相”。

作业3：能合理添加抒情和议论即可。

第 4 课段　触摸人生写感悟（共 1 课时）

第 7 课时　触摸人生写感悟

课时作业目标

根据评价标准修改完善单元作业，推选优秀作品编辑成册，培养学生语言建构与运用的能力。

课时作业内容

单元作业：根据评价标准修改完善单元作业，评选优秀作品编辑成册。

课时作业评价

参见“单元整体作业设计”中的“作业评价”。

推选作品：

当电推子声响起

刘子岳

记得之前，从我家小区出来向右拐，沿着寂静的林荫道一路向前，走 200 米左右，便能在街边的拐角处看到一家理发店，那是我经常光顾的地方。

理发店的店面不大，一块木质的招牌静静地挂在那里，上面用楷书写着“匠人发艺”四个大字，笔力遒劲。进到店里，便立即听到那“嗞啦嗞啦”的电推子声，一声一声此起彼伏，像是小店内迎客的前奏。

老板是一位 30 多岁的叔叔，操着东北口音，浓眉大眼，一个小啤酒肚，说话幽默风趣。十多年在北京打拼，他盘下了这家小店。那炉火纯青的手艺，那颗认真对待他人的心是小店招牌最好的诠释。

“来啦您嘞！”那一声清脆的吆喝余音未消，我已经坐到了洗头专用的那把椅子上。

“水温合适不？”

“力度成不成？”

……

一如既往的柔和。

静靠在椅背上，我悠闲地翘起双腿，好像置身于海绵中一般放松，一切都是那么的惬意。叔叔熟练地从柜中抽出一条毛巾，轻轻展开，放在我头上，擦拭头发，一套动作一气呵成，颇有武林大师的风范。

开始理发了，叔叔全神贯注，先用剪刀很快地剪着头顶的头发，另一只手拿着梳子，一边剪一边梳。静听这剪发时的“咔嚓”声和梳头发的“唰唰”声以及那“嗞啦嗞啦”的电推子声，仿佛是一首交响曲，让人享受。客人们有的低头玩着手机，有的凑到一起说着家长里短，老板养的金毛有时会迈着轻快的小步在这里漫舞片刻，小孩会伸手去抚摸金毛那柔软的毛……人与人之间洋溢着别样的热闹与和谐。置身于其中，心中会不自觉地涌现出一种难以言说的温暖。“嗞啦嗞啦”，头发丝丝落下，真有如秋风扫落叶一般。

渐渐地，叔叔的速度慢了下来，开始整理细节。就连几根稍长一点的头发他也不会放过。这时，叔叔屏息凝神，抬起胳膊横在我头发后检查头发是否平整，紧锁的眉头下，是一双严峻的眼睛。终于，叔叔眼睛一亮，在头顶上又剪了一小撮头发，才满意地笑了。

“慢走啊，小伙子。”听到这声音，我不禁驻足，回头望向那张笑脸，温暖人心，抬头望向招牌上的“匠人”二字，依旧光彩夺目。

随着区里的规划与拆迁，许多小店都不复存在了，门口的小理发店也不知道去了哪里。回首记忆深处，时常会想起电推子“嗞啦嗞啦”运转的声音。这声音萦绕在耳畔，像是在诉说着故事一般，久久地、久久地不绝于耳……

选做1示例：

歌曲《无问》推荐语：

“就像空中漂浮的 / 渺小的某颗尘土 / 它到底为什么为什么 / 不肯停驻 / 直到乌云散去风雨落幕 / 他会带你找到光的来处。”毛不易的《无问》是张老师最喜欢的歌，歌词写得特别好。题目是“无问”，其实句句在问。我们每一个人都是微尘，大千世界中渺小的存在，但是我们不断追寻，最终会找到光的来处。

选做 2 学生作品展示：

电影《绿皮书》推荐语：

我向大家推荐的是电影《绿皮书》。电影讲述了白人托尼因生活窘迫，不得已为黑人钢琴家做司机，两人一路向南进行巡演，相处两个月的故事。两人身份的反差非常大，种族不同，阶层不同，文化修养不同，就连电影色调也不同。黑人唐谢利是音乐家，是博士，是绅士；白人托尼是底层百姓，知识水平低。如此的设置颠覆了传统的刻板印象，使电影极具戏剧张力。这场超越种族身份、阶层的人性之旅，会使你深刻反思如何理性地与人交往。看了这部电影，一定会对你的为人处世有所帮助。它也能让你直面人性的多面，回到现实，重见光明。

三、如何评价这个作业①

本单元的作业设计以“理清行文思路”为重点，围绕主旨，从人物形象、细节刻画、议论和抒情等角度展开。作业的形式丰富多样，训练的重点层层递进，从语文素养和人文素养两个角度培养学生运用语言文字的能力，同时引导学生思考人生的意义和价值。

丰富多变的作业形式提升了学习效果。比如，采用“你说我猜”的方式，两两组合，完成对单元基础字词和文学常识的学习。这种形式极受学生欢迎，课间的时间都在练习表达和猜词。从任务的驱动效果看，是十分好的。再如，用课后“读读写写”中的词语概括文章内容，既完成了对文章的整体感知，又是言语的实践，培养了学生语言建构和运用的能力。

设计层层递进的作业，帮助学生逐步提升。如单元作业，在确定对象、事件之后，列出提纲，并逐步从文章主旨的角度确定叙事视角、添加细节描写和恰当的议论抒情，使学生对叙事类文章的写作有了进一步的理解和提升。

---

① 点评教师：杜甫权。

作业设计贴近学生生活，如在班级群里分享感动自己的书、歌曲和电影，将自己的作品拍成电视散文等，不仅增加了学生学习语文的兴趣，而且提升了学生的语文素养。

本作业设计注重了学生的知识基础，通过多种作业形式的呈现，调动学生学习语文的兴趣；通过多种作业的展示与评价，使学生获得思维的发展与提升。在充分的语言运用实践中，学生的思维能力、审美创造能力和文化自信得以提高。

北京市大峪中学　张　贺

第三节

成长路上的甘甜与苦涩

——《朝花夕拾》整本书阅读整体作业设计

第一部分

作业呈现

一、单元内容简介

统编版语文教材七年级上册第五单元的名著导读主题为“消除与经典的隔膜”，语文要素强调“学习默读”，要学会“在阅读中把握基本内容，了解文章大意，聚焦关键语句”。结合名著导读方法指导要求，以“探究鲁迅的成长因素”作为核心问题重新构建整本书阅读的教学逻辑。《朝花夕拾》的十篇回忆性散文运用双重叙事视角，记录了鲁迅从幼年到青年时期的生活道路与心路历程，既有温情与童趣，也有对人情世故的洞察，引导我们在内化迁移写作手法的同时，“让自己的思想与大师联网接轨”，带入“个人的生活体验”去思考许多人生问题，培养思维能力，坚定文化自信，从名人大家的成长中“涵养性情，启迪人生”，落实审美的鉴赏与创造，提升感受美、发现美和运用语言文字创造美的能力。

二、单元整体作业设计

（一）作业目标

1. 绘制微博书中的“鲁迅成长轨迹图”，理解全书以作者成长轨迹为线索的整体构思，发现和建构各篇章之间的内在关联，了解鲁迅的成长历程。

2. 设计微博书中的“鲁迅好友身份卡”，把握人物形象，感受人性光辉，探究他们对鲁迅人生的深远影响，培养学生正确的人生观。

3. 以鲁迅的口吻撰写微博书中的“成长阶段感悟”，并回复评论，在思辨中感受进步思想、爱国情怀与担当精神，从名人大家的成长中收获人生的教益。

4. 撰写微博书中的“留言板”，运用双重叙事视角、铺陈、对比等手法，再现自己成长路上的甘甜与苦涩，提高语言运用与审美创造能力。

（二）作业内容

成长是一边得到一边失去，一边痛苦一边成就。童年的时光在指缝间悄悄溜走，当你再回头拾起那片早晨落下的花瓣时，看到的是温情美好，还是芜杂纷扰？“悦读悦享，记录成长”是这次校园创新读书日的活动主题，需要同学们在充分阅读并理解《朝花夕拾》的基础上，创编《成长路上的甘甜与苦涩》微博书，参与读书日的评选活动。

《朝花夕拾》是鲁迅1926年所作的一部回忆性散文集，这些“从记忆中抄出来”的“回忆文”，完整地记录了鲁迅从幼年到青年时期的成长道路，其中有温暖的回忆，有理性的批判，有甘甜的幸福滋味，也有置身黑暗社会的苦涩迷惘。

在本单元的学习中，我们将跟随鲁迅的脚步，摘叶观花，细品他心中尘封的回忆，同时调动自己的童年体验，再“学鲁迅，书成长”，用你的回忆去铸就成长之路。请你依据所学内容，按小组完成《成长路上的甘甜与苦涩》微博书的创编。

学习支架

什么是微博书

微博书就是将微博上的所有原创照片、文字搜集整理并自动排版成书或杂志。

微博书的意义是用照片和文字记录过去的成长心路与历程。

微博书应包括封面封底设计、目录、正文（注册微博账号、发布成长轨迹图、发送好友申请、添加黑名单、制作好友微博身份卡、发布成长阶段感悟微博、回复微博评论）、后记、留言板等五项设计要素。

（三）作业评价

完成整本书学习后，提交小组项目成果，扫描后汇编在“悦读悦享，记录成长”公众号中。对照微博书创编参考评价标准（见下表），进行微博书最优设计评选，并以“在公众号评论”的方式发表你的推选意见。

要求：

（1）参照微博书创编参考评价标准，推选“最佳微博书”。

（2）针对公众号中的每一篇微博书，每位同学至少选择两个角度，发布一条及以上的评论，关注见解的独创性和语言的生动性，做到评析结合、叙议结合，字数 50 ～ 100 字。

背景知识	要素内容	图画布局	原创作品	评价等级
没有搜集资料，无法自主描述鲁迅的成长因素。	未达到三项设计要素，内容不充实。	设计和布局混乱，书中图文联系不大。	有组员未完成成长心路的创作，提交的作品仅达到四类卷的标准。	☆☆
对时代背景的认识不全面，对成长因素描述不完整。	完成至少三项设计要素，内容较充实。	在某些部分有不错的设计和布局，图文有一定联系。	组员均完成成长心路的创作，提交的作品达到三类卷的标准。	☆☆☆

续 表

背景知识	要素内容	图画布局	原创作品	评价等级
充分了解写作背景，能较为全面地描述出鲁迅的成长因素。	完成至少四项设计要素，内容充实。	布局条理分明，书中的图文有较密切联系，文字能解释配图。	组员分工合理，均按要求完成自己成长心路的创作，达标二类卷的标准。	☆☆☆☆
充分了解写作背景，能全面、准确地描述出鲁迅的成长因素。	五项设计要素完整，内容充实，有创新因素，形成优秀的微博书。	有良好的设计和布局，配图准确美观，书中图文均有密切联系。	组员分工合理，均按要求较好地完成自己成长心路的创作，达到一类卷的标准。	☆☆☆☆☆

原创作品评价等级标准（满分 40 分）见下表。

项 目	等 级	分 值	特 征
思想内容（50%）	一类	18 ～ 20	符合题意，内容具体，中心明确，文情并茂，想象丰富，较好地再现了自己的成长心路历程，体现了人性光辉。
	二类	14 ～ 17	比较符合题意，内容比较具体，中心比较明确，想象比较丰富合理，情感较为充沛。
	三类	10 ～ 13	基本符合题意，内容尚具体，中心基本明确，想象不够丰富、不够合理，情感流露不足。
	四类	0 ～ 9	不符合题意，内容空洞，中心不明确，缺乏情感流露。
语言表达（40%）	一类	13 ～ 16	较熟练地运用了双重叙事视角、铺陈、对比等手法。语言流畅简明，用词丰富，无错别字，标点准确。
	二类	10 ～ 12	能运用双重叙事视角、铺陈、对比等手法。语句通顺，用词准确，有个别错别字和错误标点。

续 表

项 目	等 级	分 值	特 征
语言表达（40%）	三类	7～9	双重叙事视角、铺陈、对比等手法运用不全面，语句基本通顺，有个别语病，有少量错别字和错误标点。
	四类	0～6	没有正确运用双重叙事视角，缺少铺陈、对比等手法。语句啰唆，语病较多，有较多错别字和错误标点。
结构层次（10%）	一类	4	层次分明，过渡通顺，分段恰当。
	二类	3	层次清楚，有必要的过渡，分段正确。
	三类	2	层次基本清楚，无明显过渡但行文基本贯通，分段基本正确。
	四类	0～1	结构不完整，层次不清楚，无必要的过渡，分段欠合理。

第二部分

作业说明

一、为什么设计这个作业

（一）设计依据

本单元属于“整本书阅读”学习任务群。《义务教育语文课程标准（2022年版）》指出，本学习任务群要引导学生“借助多种方式分享阅读心得，交流研讨阅读中的问题”“提高整体认知能力，丰富精神世界”，第四学段还要求“针对作品的语言、形象、主题等方面的话题展开研讨”，能根据具体情境要求，“记录经历、见闻和体验，表达感受、认识与观点”。因而注重培养学生感受、欣赏、品味和评价语言文字的能力，是《朝花夕拾》整本书阅读教学的重点；提升认知价值与审美价值，从而丰富人生感受和经验，在理解文本精神内涵的基础上，落实审美鉴赏和创造，并迁移到自己的语言表达中，这是《朝花夕拾》整本书写作教学的落脚点。

（二）教学内容分析

综观整本书的十篇文章，主要有以下特点：从表达方式上看，有的侧重记人，有的侧重记事，有的侧重议论或记事兼议论；从内容上看，整本书以鲁迅成长轨迹为线索，既有温情与童趣，也夹杂着幽默的议论或犀利的批判；从写法上看，运用了双重叙事视角和铺陈、对比等写作手法。

利用这些特点，整本书阅读以“成长”为主题切入点，用“创编《成长路上的甘甜与苦涩》微博书”串联起整本书学习的情境，聚焦“鲁迅的成长因素”这个核心问题，以双重叙事视角等手法作为语言要素的落脚点，引导学生在生活化情境中，体会作者对笔下人物的情感态度，探讨思想观念，从名人大家的成长中汲取人生的营养，在获得审美熏陶和情感陶冶的同时，提升创意表达能力。

（三）学情分析

七年级的学生对于整本书的阅读比较陌生。课前，教师应针对阅读习惯与方法、各篇章阅读情况、结合文本细节阐述作品内蕴的能力等，开展学情前测调查问卷。

调查结果显示，大部分学生没有养成阅读习惯，阅读时间及阅读量不足，读书方法也相对单一。此外，鲁迅式文学语言、深刻犀利的思想、特殊的表达方式以及时代生活的隔阂，都成为学生阅读中的障碍。这就需要创设沉浸式情景拉近学生与作者的距离，通过趣味实践活动重新构建名著阅读的教学逻辑，让学生在知人论世、对比阅读、创意表达中深入理解作者的思想观念和家国情怀，提高文本分析能力的同时，收获人生的教益。

二、怎样完成这个作业

（一）整体框架说明

本作业主题为“成长路上的甘甜与苦涩”，探究鲁迅的成长因素，感受鲁迅的进步思想、爱国情怀与担当精神，从名人大家的成长中汲取人生的营养，书写自己的成长体验，提升语言文字运用能力，坚定文化自信。

本单元教学分为“整体感知”“深入探究”“实践应用”三大课段，包括“消除隔膜”“聆听花语”“徜徉花海”“妙笔生花”“手有余香”五课时，以“创编《成长路上的甘甜与苦涩》微博书”为单元任务，激发阅读兴趣，在生活化情境中推进学生的认知由“积累建构—理解感受—思辨探究—迁移应用”不断发展，引导学生在篇与篇之间、单篇与整本书之间建立多重关联，从而掌握阅读整本书的方法，提升理解能力，满足学生深度学习的需求。

在教学进度方面，建议安排每周一课时，总计四周的时间完成整本书的教学。学生在第一周用四天的时间快速通读全书，以保持阅读的连贯性和完整性。在学生了解各篇大意并对本书有了整体认识后，安排第 1 课段的教学。第二周安排学生精读《阿长与〈山海经〉》《五猖会》《从百草园到三味书屋》，之后进行第 2 课段的教学，品读往昔人物对鲁迅人生的意义。第 3 课段的教学建议安排在学生精读《无常》《琐记》《藤野先生》《范爱农》后，深度梳理社会因素对鲁迅成长的影响。第四周精读剩余文章，在回顾并总结“鲁迅成长因素”的同时，进行第 4 课段鲁迅笔法的探究，完成自己成长心路的创作。

以下为《朝花夕拾》整本书阅读整体教学的框架图（见下页）。

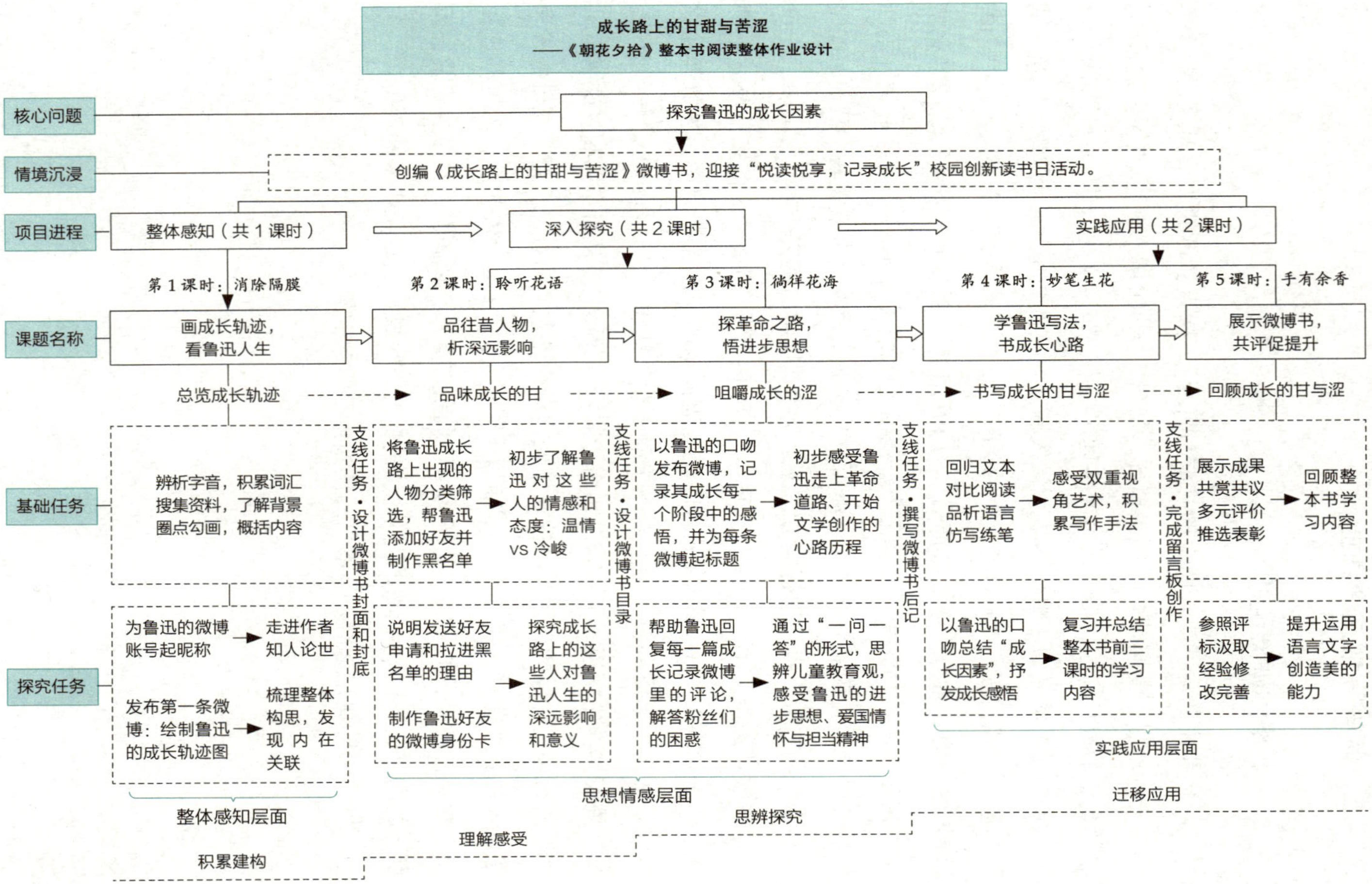
成长路上的甘甜与苦涩
——《朝花夕拾》整本书阅读整体作业设计
核心问题
探究鲁迅的成长因素
情境沉浸
创编《成长路上的甘甜与苦涩》微博书，迎接“悦读悦享，记录成长”校园创新读书日活动。
项目进程
整体感知（共 1 课时）
深入探究（共 2 课时）
实践应用（共 2 课时）
第 1 课时：消除隔膜
第 2 课时：聆听花语
第 3 课时：徜徉花海
第 4 课时：妙笔生花
第 5 课时：手有余香
课题名称
画成长轨迹，看鲁迅人生
品往昔人物，析深远影响
探革命之路，悟进步思想
学鲁迅写法，书成长心路
展示微博书，共评促提升
总览成长轨迹
品味成长的甘
咀嚼成长的涩
书写成长的甘与涩
回顾成长的甘与涩
基础任务
辨析字音，积累词汇
搜集资料，了解背景
圈点勾画，概括内容
将鲁迅成长路上出现的人物分类筛选，帮鲁迅添加好友并制作黑名单
初步了解鲁迅对这些人的情感和态度：温情 vs 冷峻
以鲁迅的口吻发布微博，记录其成长每一个阶段中的感悟，并为每条微博起标题
初步感受鲁迅走上革命道路、开始文学创作的心路历程
回归文本
对比阅读
品析语言
仿写练笔
感受双重视角艺术，积累写作手法
展示成果
共赏共议
多元评价
推选表彰
回顾整本书学习内容
支线任务·设计微博书封面和封底
支线任务·设计微博书目录
支线任务·撰写微博书后记
支线任务·完成留言板创作
探究任务
为鲁迅的微博账号起昵称
走进作者知人论世
发布第一条微博：绘制鲁迅的成长轨迹图
梳理整体构思，发现内在关联
说明发送好友申请和拉进黑名单的理由
制作鲁迅好友的微博身份卡
探究成长路上的这些人对鲁迅人生的深远影响和意义
帮助鲁迅回复每一篇成长记录微博里的评论，解答粉丝们的困惑
通过“一问一答”的形式，思辨儿童教育观，感受鲁迅的进步思想、爱国情怀与担当精神
以鲁迅的口吻总结“成长因素”，抒发成长感悟
复习并总结整本书前三课时的学习内容
参照评标汲取经验修改完善
提升运用语言文字创造美的能力
整体感知层面
思想情感层面
实践应用层面
积累建构
理解感受
思辨探究
迁移应用

（二）作业实施说明

过程分解	第 1 课段	第 2 课段	第 3 课段
课堂完成	为鲁迅的微博账号起昵称； 发布第一条微博：鲁迅成长轨迹图。	说明发送好友申请和拉黑的理由； 制作鲁迅好友的微博身份卡； 帮助鲁迅回复每一篇成长记录微博里的评论，解答粉丝们的困惑，探讨新思想。	对比阅读，体会双重视角艺术，积累写作手法，撰写微博书后记。
课后完成	将鲁迅成长路上出现的人物分类筛选，帮鲁迅添加微博好友； 词汇名言积累。	以鲁迅的口吻发布微博，记录其成长每一个阶段中的感悟，并为每条微博起标题； 设计微博书封面和封底； 分析并积累鲁迅的写作手法； 设计微博书目录。	完成“留言板”的创作，模仿鲁迅笔法，书写自己成长路上的甘甜与苦涩。

本单元作业设计以“微博书”为载体，通过为鲁迅注册微博、发布成长轨迹图、帮助鲁迅添加好友、制作黑名单、设计好友微博身份卡、发布成长阶段感悟、回复好友微博评论等步骤串联起整本书阅读的教学。项目任务紧贴学生的生活，关注学生的参与和体验，深化了文本内容与语文学习能力、精神成长的联系，推进学生认知和思维能力发展的同时，培养了学生运用语言文字表现美、创造美的能力。

本单元作业将整本书阅读项目学习任务分为三个子任务，划入每一课时的课堂及课后作业中，通过不同的学习任务单元，突破学习上的重难点。随着学习活动的推进，整本书阅读项目成果水到渠成。此外，每课时都为不同程度的学生设置了分层作业，可结合班级具体学情，适当添加或减少，结合作业范例，适时引导。

（三）课时作业分解

第 1 课段　整体感知（共 1 课时）

第 1 课时　消除隔膜：画成长轨迹，看鲁迅人生

课时作业目标

1. 摘抄好词好句，书写工整准确，丰富语言积累。

2. 为鲁迅的微博账号起昵称、画头像，走进作者，知人论世，了解时代背景。

3. 发布第一条微博：绘制鲁迅的成长轨迹图，培养提取文本信息和整体感知的能力。

课时作业内容

1. 积累作业（建议用时 15 分钟）。

阅读《朝花夕拾》整本书内容，摘抄至少十个四字词语和五句名言警句。

要求：书写工整、准确。

示例：

四字词语： 瓮中捉鳖、舞刀弄棍、逃之夭夭、天真烂漫、抱头鼠窜、油腔滑调、愣头愣脑、巍然屹立、爱不释手、东跑西颠、奇山秀水、屏声息气。

名言警句： 虽生之日，犹死之年。

虫蛆也许是不干净的，但它们并没有自鸣清高。

想到生的乐趣，生固然可以留恋；但想到生的苦趣，无常也不一定是恶客。

四字词语摘抄：

名言警句摘抄

2. 项目作业。

（1）为鲁迅的微博账号起昵称、设计头像（建议课上完成）。

完成《朝花夕拾》的阅读后，结合你搜集的背景资料和人物形象，为鲁迅的微博账号起昵称，并设计头像。

（头像）　**（昵称）**

0 粉丝　0 关注 0 转评赞

（个性签名）

IP 属地

（生日）

示例：

坚韧的革命战士

0 粉丝　0 关注 0 转评赞

中国文化战线上的民族英雄！

IP 属地：浙江绍兴

1881 年 9 月 25 日　天秤座

（2）发布第一条微博：鲁迅成长轨迹图。

请在下图的时间线上补充相关的作品和对应的地点。

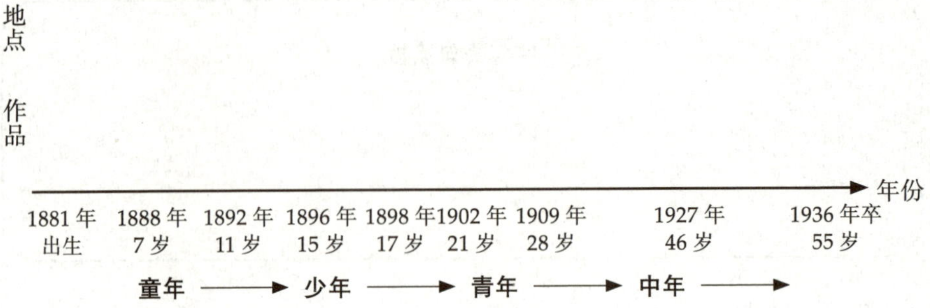

示例：

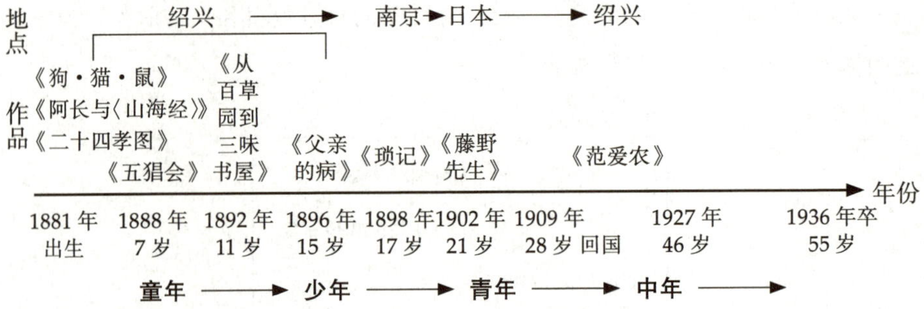

3. 预习作业（建议用时 15 分钟）。

现在需要为鲁迅的微博账号添加关注（好友），你觉得哪些人适合作为添加对象？请回顾《朝花夕拾》中出现的人物并进行筛选分类。

添加关注的好友：________________________________。

示例：

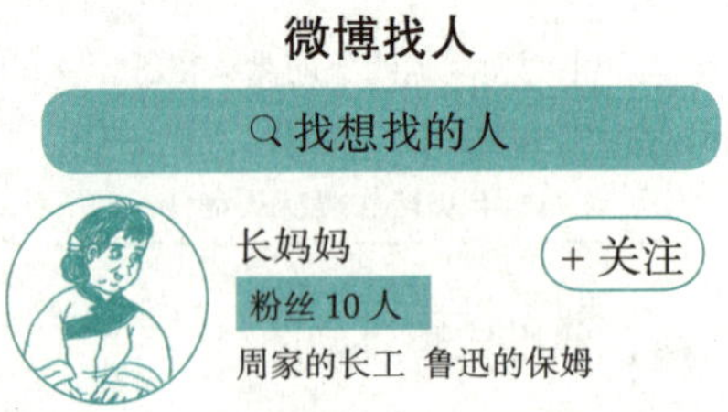

课时作业评价

本课时共三项作业，其中作业 2 为单元整体项目作业的子任务，单元学习结束后再进行微博书创编的评价。作业 3 为下一课时“聆听花语”的教学素材。

作业 1：积累作业评价标准见下表。

评价标准	评价等级
及时提交。	☆☆
及时提交，内容充实。	☆☆☆
及时提交，内容充实，准确无误。	☆☆☆☆
及时提交，内容充实，准确无误，工整美观。	☆☆☆☆☆

作业 3：预习作业自评维度如下。

请根据自身作业完成情况如实填写，如符合打√，如不符合打 ×。

(　　) 我在通读并理解《朝花夕拾》的基础上完成了这项作业。

(　　) 我能列举出《朝花夕拾》中出现的人物。

(　　) 我能将《朝花夕拾》中的人物进行分类。

第 2 课段　深入探究（共 2 课时）

第 2 课时　聆听花语：品往昔人物，析深远影响

课时作业目标

1. 分类筛选书中人物，帮助鲁迅添加微博好友，初步了解鲁迅对笔下人物的情感和态度。

2. 制作鲁迅好友的微博身份卡，探究这些人对鲁迅人生的深远影响和意义。

3. 设计微博书封面和封底，激发阅读兴趣，鼓励个性化阅读。

课时作业内容

1. 项目作业。

（1）分析鲁迅对笔下人物的情感态度，将其成长路上出现的人物分类筛选，完成下面的坐标图。（建议课上完成）

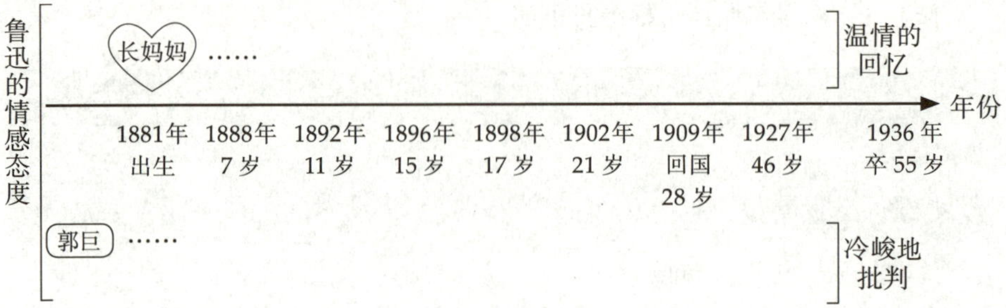

示例：

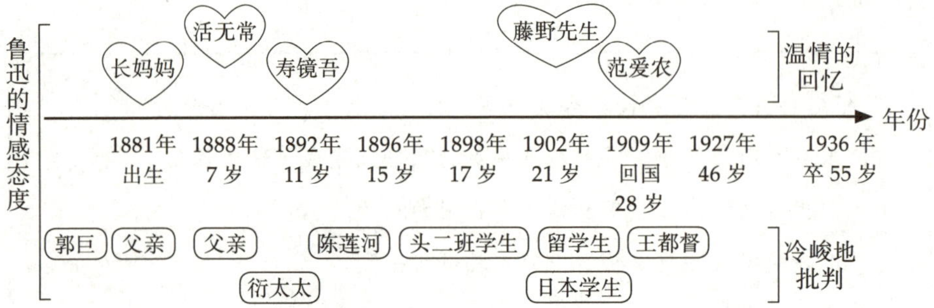

（2）完成下图，帮助鲁迅添加微博好友，并简要说明关注理由。（建议课上完成）

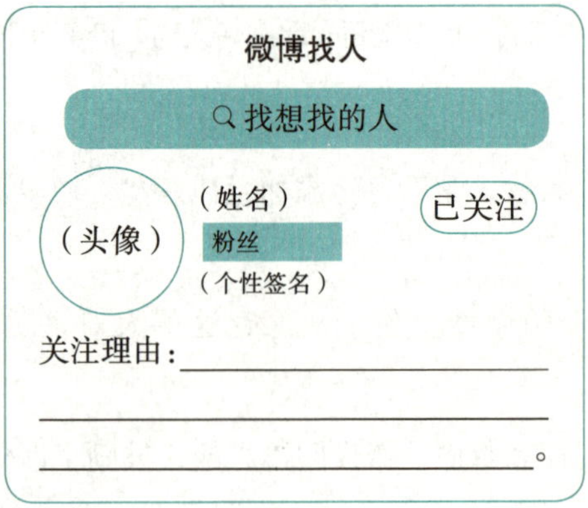

示例：

微博找人

🔍找想找的人

寿镜吾　　已关注

粉丝 435 人

秀才　三味书屋的教书先生

关注理由：他方正、质朴又博学，比较开明，对待学生既和蔼又严格，从不打骂，帮助鲁迅提高了文学修养。

微博找人

🔍找想找的人

范爱农　　已关注

粉丝 102 人

一身傲骨的爱国青年

关注理由：他性格倔强，说话爽直，不趋炎附势、随波逐流，真诚地热爱着祖国，希望为社会的变革贡献自己的力量。

（3）完成下图，帮助鲁迅制作黑名单，并简要说明拉黑的理由。（建议课上完成）

微博找人

🔍找想找的人

（头像）

（姓名）　　已拉黑

粉丝

（个性签名）

拉黑理由：________________________________

____

_______________________________________。

示例：

微博找人

🔍找想找的人

衍太太　　已拉黑

粉丝 4 人

周氏“诚房”叔祖周子传的太太

拉黑理由：两面三刀、心术不正、善造流言。

微博找人

🔍找想找的人

清国留学生　　已拉黑

粉丝 35 人

清政府公派去日本留学的学生

拉黑理由：愚蠢丑陋、沉迷享乐、心无祖国。

（4）制作鲁迅的微博好友身份卡。（建议课上完成）

要求：

①为人物画头像：仔细阅读书中对人物的描写，抓住人物特点。

②为人物设计个性签名，概括人物形象，思考他们对鲁迅人生的影响。

（头像）　**（姓名）**　已关注

粉丝　关注　转评赞

（个性签名）

IP 属地：

人物形象：________________________________。

对鲁迅的影响：________________________________。

“微博好友身份卡”示例：

长妈妈 ♀　已关注

10 粉丝　32 关注　5 转评赞

周家的长工、鲁迅的保姆

IP 属地：浙江绍兴

人物形象：她虽然没有文化，却教给鲁迅规矩和道理，还为他买来《山海经》，真正关注到儿童的愿望与心理需求。

对鲁迅的影响：教给鲁迅规矩和道理；她所讲的“怪力乱神”为鲁迅打开了民俗文化的大门；为鲁迅买来《山海经》，真正关注到儿童的愿望与心理需求。

藤野先生 ♂　已关注

563 粉丝　148 关注

201 转评赞

仙台医科专门学校（现日本东北大学）解剖学讲师

IP 属地：日本仙台

人物形象：不注重穿衣打扮、治学严谨，关爱学生，对学术执着认真，尊重中国文化，致力于推动医学的发展和交流。

对鲁迅的影响：在黑夜中激励鲁迅前行，给予其极大的关怀、鼓励和帮助。他严谨的治学态度成为鲁迅懈怠时督促自己的良药，也坚定了鲁迅从思想上唤醒国人心灵的决心。

（5）支线任务：设计微博书封面和封底。（建议一周内完成）

为《成长路上的甘甜与苦涩》微博书设计封面和封底，并配上相应的文字。

要求：

①封面设计应包括书名、编著者名，需体现书的内容、性质，同时又给读者以美的享受，起到感应人的心理、启迪人的思维的作用。

②封底需与封面的设计风格保持一致，可用简短的文字介绍书的卖点，比如精彩的书摘与书评、内容中的精彩之处、作者介绍等。

示例：

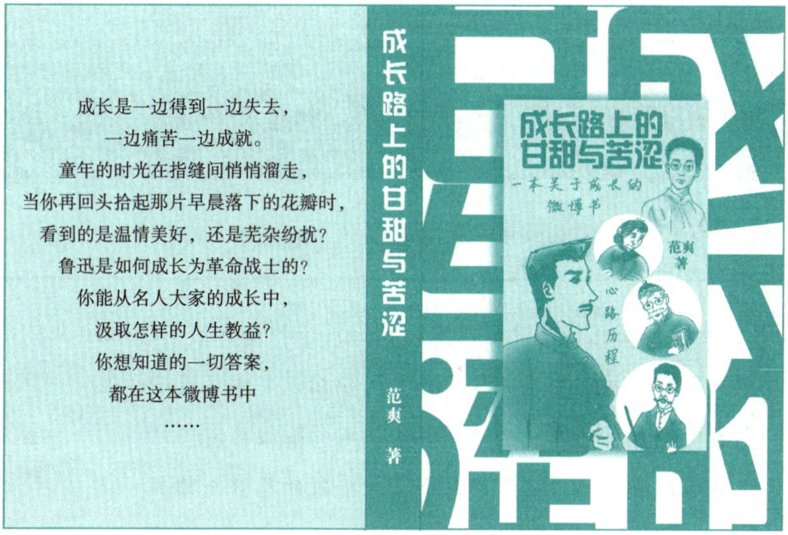

2. 预习作业：以鲁迅的口吻发布微博。（建议用时 15 分钟）

坚韧的革命战士

（日期，时间）　　　微博题目：________________

发布于（地点）　　　成长阶段：________________

正文内容：

微博内容：记录鲁迅成长过程中每一个阶段的感悟，并为每条微博起标题。

课时作业评价

本课时共两项作业，其中作业 1 为单元整体项目作业的子任务，单元学习结束后再进行微博书创编的评价。作业2为下一课时“徜徉花海”的教学素材。

作业 2：

（1）预习作业评价标准见下表。

评价标准	评价等级
抒发了成长阶段的感悟。	☆☆
抒发了成长阶段的感悟；情感自然流露。	☆☆☆
抒发了成长阶段的感悟；情感自然流露；语言生动形象，文从字顺。	☆☆☆☆
抒发了成长阶段的感悟；情感自然流露；语言生动形象，文从字顺；书写工整。	☆☆☆☆☆

（2）预习作业自评维度如下。

请根据自身作业完成情况如实填写，如符合打√，如不符合打 ×。

（　）我在通读并理解《朝花夕拾》的基础上完成了这项作业。

（　）我能将鲁迅的成长之路划分为不同的阶段。

（　）我能用鲁迅的口吻说出每个成长阶段的感悟与收获。

第 3 课时　徜徉花海：探革命之路，悟进步思想

课时作业目标

1. 以鲁迅的口吻发布“成长阶段感悟”微博，初步感受鲁迅走上革命道路、开始文学创作的心路历程。

2. 帮助鲁迅回复微博评论，通过“一问一答”的形式，思辨儿童教育观，感受鲁迅的进步思想、爱国情怀与担当精神，从名人大家的成长中获得人生的教益。

3. 设计微博书目录，提高信息提取和概括的能力。

课时作业内容

1. 项目作业。

（1）展示预习作业（以鲁迅口吻发布“成长阶段感悟”微博）。（建议课上完成）

示例：

坚韧的革命战士

4月22日 18:10　　　　微博题目：在南京·寻觅别样的生活

发布于广州　　　　　　成长阶段：少年阶段

正文内容：“好。那么，走罢！”为了去寻被S城所诟病的别一类人们，我来到了南京求学，期间就读了两所洋务派创办的学校。这两所学校虽然设立了创新课程，但封建思想却无孔不入，令人叹惋！比如雷电学堂的头二班学生给人高人一等的感觉，学生溺死于泳池中居然要请神仙镇压、和尚念咒，这与现代教育格格不入，多么不伦不类！

虽有家族长辈的“看不惯”和汉文教员的“无知”，但我依然在南京收获颇丰，这两所学校让我接受了和之前完全不同的新知识！从读书中见识到了这个世界的新思想的巨大魅力！认识了苏格拉第、柏拉图、斯多噶，特别是赫胥黎的《天演论》让我明白了“物竞天择，适者生存”。毫不夸张地说，种种这些点燃了我进步的思想火花，也加快了我走上革命道路的步伐！

（2）帮助鲁迅回复每一篇“成长阶段感悟”微博下面的评论。（建议课上完成）

成长阶段	微博评论问题汇总
儿童阶段	1. 您是真的讨厌猫这种小动物吗？ 2. 为何您说“最愿意看的，却在活无常”？ 3. 您是怎样理解孝道的？ 4. 您为何至今还诧异父亲让您看五猖会前背书的事呢？ 5. 为什么满是野草的百草园却是您的乐园？ 6. 您对于儿童教育问题有何看法？ 7. 您为何将何廉臣的名字颠倒成“陈莲河”？

续　表

成长阶段	微博评论问题汇总
少年阶段	1. 您在雷电学堂和矿路学堂学习期间有什么收获？ 2. 您对于家族长辈让您抄参康有为变法的报纸一事有何看法？ 3. 您为何要去日本留学？
青年（在日本）	1. 您为什么到现在还记得“日暮里”和“水户”？ 2. 您为何弃医从文？
青年（在国内）	1. 您为何不惜笔墨详细地写光复后的绍兴？ 2. 您如何看待范爱农之死？

从上表问题中任选三个完成。

转发　评论　赞

热心网友 1 号

（评论问题）

坚韧的革命战士 博主 **：**（回复评论）

示例：

转发 56　评论 21　赞 75

热心网友 1 号

您是真的讨厌猫这种小动物吗？

坚韧的革命战士 博主 **：** 我对猫的讨厌其实包含着对弱小者的同情，和对施虐者的愤恨。猫代表着“折磨弱者”又以“媚态”事上的人，我要讽刺的就是当局帮凶们——陈西滢这类的“正人君子”“名教授”之流。

转发 75　评论 37　赞 103

热心网友 2 号

您为何弃医从文?

坚韧的革命战士 博主 **：**家道的中落、世态的炎凉、国家的贫弱、封建的残余、思想的麻木，这一切一切都让我痛苦思索，促成了我的转变。我决定面对那些所谓正人君子之流，提起手中作为武器的笔，在墙上藤野先生的注视中写下一篇篇战斗的檄文。

（3）支线任务：制作微博书目录，为每个篇目拟标题。（建议一周内完成）

目　录

✧ 消除隔膜篇

1. ________
2. ________

✧ 聆听花语篇

1. ________
2. ________

✧ 徜徉花海篇

1. ________
2. ________

✧ 妙笔生花篇

1. ________
2. ________

……

2. 预习作业：内外联读——分析并积累写作手法。（建议用时 10 分钟）

阅读下面的选段，在比较中思考鲁迅运用的写作方法。

【文段一】

油蛉在这里低唱，蟋蟀们在这里弹琴。

——鲁迅《从百草园到三味书屋》

【文段二】

蟋蟀是蛐蛐的官名，它单独时名为叫，在雌雄相对，低声吟唱的时候则云弹琴……普通的蛐蛐之外，还有一种头如梅花瓣的，俗称棺材头蛐蛐，看见就打杀，不知道它们会叫不会叫……

——周作人《鲁迅的故家》

你的思考：____

课时作业评价

本课时共两项作业，其中作业 1 的“回复微博评论”在课堂上进行了展示与评价，其余作业内容在单元学习结束后再进行微博书创编的评价。

作业 2 为下一课时“妙笔生花”的教学素材。

作业 1：

（1）“回复微博评论”评价标准见下表。

评价标准	评价等级
紧扣文本。	☆☆
紧扣文本，有理有据。	☆☆☆
紧扣文本，有理有据，表达清晰。	☆☆☆☆
紧扣文本，有理有据，表达清晰，书写工整。	☆☆☆☆☆

（2）预习作业自评维度如下。

请根据自身作业完成情况如实填写，如符合打√，如不符合打 ×。

（　）我在充分阅读两篇选段的基础上完成了这项作业。

（　）我能概括出两篇选段在写法上的不同特点。

（　）我能领悟并迁移鲁迅在回忆性散文中的笔法特色。

第 3 课段　实践应用（共 2 课时）

第 4 课时　妙笔生花：学鲁迅写法，书成长心路

课时作业目标

1. 通过对比阅读和微写作，感受双重视角艺术和铺陈手法，积累写作技巧。

2. 撰写微博书的后记，回顾学习内容，总结“鲁迅的成长因素”。

3. 完成“留言板”，学习鲁迅写法，书写自己的成长历程，培养语言运用能力。

课时作业内容

1. 对比阅读，赏析手法。（建议课上完成）

（1）分析下面两个文段叙述视角的不同之处，思考这样写有什么好处。

【文段一】

不必说碧绿的菜畦，光滑的石井栏，高大的皂荚树，紫红的桑椹；也不必说鸣蝉在树叶里长吟，肥胖的黄蜂伏在菜花上，轻捷的叫天子（云雀）忽然从草间直窜向云霄里去了。单是周围的短短的泥墙根一带，就有无限趣味……色味都比桑椹要好得远。

——鲁迅《从百草园到三味书屋》

【文段二】

我家的后面有一个很大的园，相传叫作百草园。现在是早已并屋子一起卖给朱文公的子孙了，连那最末次的相见也已经隔了七八年，其中似乎确凿只有一些野草；但那时却是我的乐园。

——鲁迅《从百草园到三味书屋》

文段一的叙述视角：______________________________；

文段二的叙述视角：______________________________。

你的思考：

（2）从其他篇目中找到类似的例子，谈谈不同的视角下作者情感的变化。

（3）列举文段一的写作手法，用“不必说……也不必说……单是……”句式进行仿写。

写作手法示例：

选段通过绚丽的色彩、悦耳的鸣叫，调动视觉、听觉、嗅觉等感官，运用排比、比喻、拟人等修辞手法，动静结合，有声有色。

你的仿写：

2. 撰写微博书的后记。（建议课上完成）

要求：回顾整本书前三课时的学习内容，以鲁迅的口吻总结自己的“成长因素”，抒发自己的成长感悟，字数在 200 ～ 300 字之间。

3. 完成“留言板”内容，学习鲁迅的写法，书写自己的成长心路历程。（建议一周内完成）

要求：

（1）运用双重叙述视角的手法。

（2）运用铺陈、对比等写作手法。

（3）主题鲜明，结构清晰，文从字顺，情感自然流露，字数在 600 字以上。

课时作业评价

本课时作业均属于项目作业，其中“微写作”在课堂上进行了展示与评价，其余作业内容在单元学习结束后再进行微博书创编的评价。

“微写作”评价标准见下表。

评价标准	评价等级
运用铺陈手法。	☆☆
运用铺陈手法，多感官调动。	☆☆☆
运用铺陈手法，多感官调动，运用修辞。	☆☆☆☆
运用铺陈手法，多感官调动，运用修辞，书写工整。	☆☆☆☆☆

第 5 课时　手有余香：展示微博书，共评促提升

课时作业目标

1. 小组展示微博书，师生多元点评，回顾整本书学习内容。

2. 推选最佳微博书，修改完善项目成果，提升运用语言文字创造美的能力。

课时作业内容

1. 展示作品，共赏共议。（建议课上完成）

课前各小组将自己的微博书扫描成 pdf 格式后上传至“悦读悦享，记录成长”公众号，仔细阅读其他小组的微博书，并在公众号的评论区发表你的意见。

评论要求：至少选择两个角度，发布一条及以上的评论，关注见解的独创性和语言的生动性，做到评析结合、叙议结合，字数 50 ～ 100 字。

2. 推选最佳微博书。（建议课上完成）

对照微博书创编参考评价标准及“原创作品评价等级标准”（详见“单元整体作业设计”中的“作业评价”），对其他小组的项目成果评价打分（满分为 100 分），统计各小组成绩后，评选出“最佳微博书”，表彰鼓励。

3. 修改作品，全面提升。（建议课上完成）

回顾整本书学习内容，以微博书评价标准（详见“单元整体作业设计”中的“作业评价”）为依据，汲取其他小组作品的优点，修改完善自己小组的作品。

课时作业评价

本课时是对项目作业的展示与评价，具体评价细则详见“单元整体作业设计”中的“作业评价”。

三、如何评价这个作业[①]

本单元作业设计立足学生核心素养的发展，具有情境性、多元性、渐进性的特点。基于“读起来”“读进去”“读出来”的教学思路，通过情境化教学的沉浸式语文学习任务进行驱动，旨在引导学生消除与经典的隔膜，积累整本书阅读的方法，提升语言文字运用能力，丰厚文化底蕴。

从情境性来看，整本书作业设计聚焦“鲁迅的成长因素”这个核心问题，设置“创编《成长路上的甘甜与苦涩》微博书”的生活化学习情境，让学生以第一人称的代入感参与到富有挑战性的学习任务中。

从多元性来看，整本书作业设计形式多样，如“绘制鲁迅的成长轨迹图”“绘制微博好友身份卡”“以鲁迅口吻发布成长阶段感悟”等，让学生体验到在游戏中学习的乐趣，立足核心素养的全面发展。

从渐进性来看，整本书作业设计在面向全体学生的同时，兼顾了个体差异，根据学习目标的分层和学生的认知水平差异，在布置积累性作业的基础上，也设计了以自主、合作、探究为主的探索性作业，如“帮鲁迅回复评论”、对比阅读等，提升了学生积极探究、创新知识、解决问题的能力。

本设计落实了新版语文课标中拓展型学习任务群——整本书阅读的要求，引导学生在丰富的语文实践活动中，根据阅读目的和学生的阅读基础，综合运用多种阅读方法来阅读《朝花夕拾》，“借助多种方式分享阅读心得，交流研讨阅读中的问题，积累整本书阅读经验，养成良好阅读习惯，提高整体认知能力”，丰富了学生的精神世界。

在后续的课程中，应在课程的“育人功能”上多下功夫，精选拓展资料，设计针对性的实践活动，提升学生的思想文化修养，建立文化自信。

北京市第八中学京西校区　范　爽

---

① 点评教师：杜甫权。

第二章

小人物大精神，品美德修自身

第一节

微尘如星辰，细节见真情

——七年级下册第三单元“《小人物图鉴》电子书”整体作业设计

第一部分

作业呈现

一、单元内容简介

本单元的人文主题为“凡人小事”，单元选篇均为没有具体名字和职业的普通小人物，但却是文章作者最重要的他人。语文要素强调“熟读精思”，要“从开头、结尾、文中的反复及特别之处发现关键语句，感受文章的意蕴”。结合单元写作要求，以“细节描写”作为单元核心内容进行语言的建构和运用。文章启发我们发现小人物身上“优秀品格的光辉”，并引导我们“向善、务实、求美”，这是在感受文章意蕴的基础上，形成读者经验，潜移默化地受到高贵人格的影响，抵达精神境界，从而落实审美的鉴赏和创造，实现美的感受与欣赏、评价与创造。而本单元的文言文、课外古诗词诵读，则在传统的理解与认同上，传承经典，弘扬文化。

二、单元整体作业设计

（一）作业目标

1. 编汇《小人物图鉴》的文字和配图，聚焦叙述角度与细节描写，梳理小人物故事，把握小人物形象，感受小人物的人性光辉，培养学生正确的人生观和价值观。

2. 创写《小人物图鉴》的回音壁、卷首语，探究小人物的影响，理解小人物的价值，获得尊重他人、善于自省的有益启发。

3. 补写《小人物图鉴》的自选人物，运用多角度叙事和细节描写，再现身边的小人物，提高学生语言建构与运用及审美创造能力。

（二）作业内容

春光美如斯，正是读书时，我们即将迎来学校一年一度的校园读书节活动。为体悟生活本质，感受平凡人物身上的闪光品格，这次读书节聚焦社会底层的小人物，并确定主题为“微尘如星辰”。今年不同往日，同学们需自行创编书册，并于读书节上展示。

不知何时，人有了“大”“小”之分，而小人物却是生活中的大多数。他们没有传奇的经历、壮丽的事业，不曾学富五车、舌战群儒，尚未看清旧制就被卷入时代的旋涡，到头来甚至没有人记得他们的名字。但是，他们也有自己的善良与坚持、真心与智慧，他们也能成为一座让人仰望的丰碑，散发出温暖人心、震撼灵魂的力量。

为寻找身边这样的小人物，在本单元的学习中，我们将阅读文人笔下的小人物，书写自己身边的小人物，形成一张由小人物编织的世态人情网。

请你依据单元所学，按小组完成《小人物图鉴》电子书的创编。

学习支架

什么是图鉴

图鉴，指在某个领域，尤其是生物、岩石、矿物等自然物，以及交通工具等人造物绘制的科学精确的图（绘画、照片），并附加相应的解说文字，概览性的博物学书籍。后来发展成为一种图文并茂的书籍样式。

图鉴的作用是提供全面、真实、系统的事实资料，便于了解事物现状和研究发展趋势。图鉴最大的特点是收录了大量图片，令读者对所刊人物、事件有深刻的印象。常设栏目有概况、文选、大事记、人物志、附录等。

图鉴一般包含封面人物、目录、故事总览、内页插图、卷首语、回音壁、腰封等要素。

（三）作业评价

完成单元学习后，整理并上传小组项目成果。对照图鉴创编参考评价标准（见下表），评选《小人物图鉴》大赏，并以弹幕的形式对其进行评论。

要求：

（1）参照图鉴创编参考评价标准，推选《小人物图鉴》大赏。

（2）针对每一本图鉴，每位同学至少选择两个角度，发布两条及以上的弹幕进行评价。弹幕应凝练概括，每条限 20 字以内。

要素 完整度	内容 充实度	配图 契合度	自选 完成度	评价 等级
未达到四项图鉴要素，未完成图鉴设计。	内容不充实，单元课文未涉及全面。	图文联系不大，或文字不能解释配图。	有些组员未完成自选小人物篇习作。	☆☆
完成至少四项图鉴要素设计，初步完成图鉴。	内容较充实，涵盖所有单元课文。	图文有一定联系，文字能够解释配图。	组员均完成自选小人物篇习作。	☆☆☆

续 表

要素完整度	内容充实度	配图契合度	自选完成度	评价等级
完成至少六项图鉴设计要素，形成完整的图鉴。	内容充实，涵盖所有单元课文及一篇推荐阅读。	图文有较密切联系，文字能够解释配图。	组员均按要求，达标完成自选小人物篇习作。	☆☆☆☆
七项要素完整，可有小组独特设计，形成优秀图鉴。	内容充实，涵盖所有单元课文及至少两篇推荐阅读。	图文有密切联系，文字贴切，能够解释配图。	组员均按要求，较好地完成自选小人物篇习作。	☆☆☆☆☆

第二部分 作业说明

一、为什么设计这个作业

（一）设计依据

本单元属于“文学阅读与创意表达”学习任务群。《义务教育语文课程标准（2022年版）》指出，本学习任务群要引导学生“感受文学语言和形象的独特魅力”“欣赏和评价语言文字作品”。第四学段还要求“阅读表现人与社会、人与他人的古今优秀诗歌、散文、小说、戏剧等文学作品，学习欣赏、品味作品的语言、形象等”，因而注重培养学生感受、欣赏、品味和评价的能力，是本单元阅读教学的重点。“交流审美感受，体会作品的情感和思想内涵”是学生阅读文学作品并获得自己情感体验的基础，从而获得对社会、人生的有益启示，“表达自己独特的体验与思考”，这是本单元写作教学的落脚点。

（二）教学内容分析

综观本单元课文内容，相似之处主要有：从内容上看，单元选篇均为没有具体名字、职业的普通小人物，却是文章作者最重要的他人；从行文上看，四篇文章在塑造人物与情感表达上均有不同角度的错位；从写法上看，四篇文章都是叙事类作品，均运用了细节描写的方法。

利用这些相似之处，本单元以“小人物”为主题切入点，以“细节描写”为语言要素的落脚点，引导学生品析人物形象，体会作者对人物的情感态度；探究小人物的价值，感受文章意蕴；在写作中抓住细节刻画人物形象，表达自己的情感。

（三）学情分析

七年级学生对写人记事类文章并不陌生，也积累了一些阅读方法。课前，教师应针对写人记事类文本阅读方法、本单元课文阅读情况以及结合具体文本细节阐述作品内蕴的能力等，开展学情前测调查问卷。

结果显示，学生在阅读叙事类作品时需把握文章的关键句段，品析典型事件与典型细节，真正做到涵泳优游，熟读精思。学生的概括能力与思辨能力有待提高，因此应在对比阅读、知人论世中注重培养学生的提炼概括与审辨思维能力，真正理解“凡人小事”单元的教学价值。

二、怎样完成这个作业

（一）整体框架说明

本单元主题为“微尘如星辰，细节见真情”，透过凡人小事的细节描写，书写小人物的人性光辉，体悟作者的情感错位，感受文章丰厚的意蕴。

本单元教学分为“沉浸：熟读寻迹，初识细节”“探索：聚焦细节，传情达意”“挖掘：透视细节，理解价值”“表达：把握策略，书写细节”四大课段，以创编《小人物图鉴》电子书为项目任务，打通课堂教学与课时作业、课时作业与单元作业之间的界限，将“教—学—评”统一起来。

以下为本单元整体教学的框架图（见下页）。

微尘如星辰，细节见真情

——七年级下册第三单元整体作业设计

基本问题	如何在细节描写中，理解作者情感，体悟文章意蕴？						
项目进程	发布项目，明确任务	推进项目，完成子任务				完善项目，展示评价	
学习课段	沉浸：熟读寻迹，初识细节 （共 1 课时）	探索：聚焦细节，传情达意 （共 3 课时）			挖掘：透视细节，理解价值 （共 1 课时）	表达：把握策略，书写细节 （共 2 课时）	
课时名称	熟读寻迹， 初识细节	把握典型细节， 感受阿长之美	批注真实细节， 感受老王之善	演读生动细节， 感受二人之真	透视细节背后 小人物的大影响	构思成文	图鉴评展
典型任务	1. 从实例中总结《小人物图鉴》构成要素，明确项目学习任务。 2. 通读课文，小组合作理清三篇课文的主要事件。 3. 回忆印象深刻之处，感受细节。	1. 配图排序理事件，印象深刻识细节。 2. 品读细节识阿长，封建粗俗更率真。 3. 相同细节不同情，儿时、长大有不同，抑中有扬显温情。	1. 特写镜头看老王，批注细节品形象。 2. 关注留白补心理，把握“我”与老王的关系。 3. 对比原文与初稿，知人论世看“幸运”，探究“愧怍”内外因。	1. 熟读文言解文意，转换角度讲故事。 2. 把握动作与神态，演读人物的对话，感受文言简洁美。 3. 梳理收获谈体会，敢于质疑提问题。	1. 回顾小人物的“小”表现，以及其做成的“大”事件。 2. 知人论世，分组探索他们对作者的“大”影响，并基于地位、品格、影响等，撰写一句图鉴腰封推荐语。 3. 抓住尊重，勾连四文，反思对小人物应有的态度。	1. 回顾课文，总结细节描写要求。 2. 自选小人物，说印象、明特点、忆事件、定详略。 3. 围绕特点，补充 2～3 处细节。	1. 依据评标，组内交流。 2. 自主修改，班级评议。 3. 发布图鉴，留言畅谈。
学习评价	准确建立《小人物图鉴》与本单元叙事文本的关联；借助工具书和注释，疏通文义，理清事件。	准确找到文中细节，从中分析阿长形象，能够画出作者情感变化曲线。	准确找到《台阶》的特写镜头，独立完成细节描写的圈点批注，理解父亲的人物形象。	结合《卖油翁》《庖丁解牛》和《轮扁斫轮》的具体内容，谈一谈个人收获。	能够结合材料，阐明阿长、老王及父亲对其作者带来的深远影响，激发学生对小人物的尊重。	明确描写要求，确定写作对象，拟定写作提纲。	修改习作，完成图鉴。
作业设计	1. 再读课文，积累字词；在整体感知的基础上，将《小人物图鉴》目录补充完整。 2. 参照《阿长与〈山海经〉》一文，为图鉴“阿长篇”配图。	1. 从细节角度，分析《阿长与〈山海经〉》改编动画与原文的异同。说说是否愿将动画纳入图鉴，为什么？ 2. 用鱼骨图梳理《台阶》的行文思路，概括父亲的形象，补充图鉴“父亲篇”故事总览。	1. 细节批注入图鉴：（1）找出《台阶》细节描写并批注；（2）以“三行诗”的方式批注《台阶》。（二选一） 2. 推荐阅读《林奶奶》等。阅读杨绛笔下其他小人物，可纳入图鉴整理。（选做）	1. 以小组为单位，表演《卖油翁》课本剧，收入《小人物图鉴》电子书中。 2. 思辨阅读：（1）有理据地比较陈康肃公与卖油翁谁更傲、谁的技更高；（2）在图鉴“回音壁”写下看法。（二选一）	1. 群文阅读，异中求同，探索小人物做成“大”事件背后的共同原因。 2. 根据单元所得，撰写《小人物图鉴》卷首语，阐述小人物的价值（200 字左右）。	1. 完善提纲。 2. 依据提纲，完成图鉴“自选小人物”中“凡人小事”的记叙文习作。（600 字以上）	开展《小人物图鉴》评展，在图鉴的“回音壁”中留下收获、感悟，或质疑、困惑。
核心任务	根据单元所学，创编《小人物图鉴》，于细节处看见真善美，体悟作者真情，培养对普通劳动者的尊重。						

（二）作业实施说明

过程分解	第 1 课段	第 2 课段	第 3 课段	第 4 课段
课堂完成	故事总览	图鉴人物之“阿长篇”“老王篇”	图鉴腰封	自选小人物封面人物
课后完成	图鉴目录、“阿长篇”内页插图	图鉴人物之“父亲篇”（故事总览、细节批注）	卷首语	回音壁

本作业设计聚焦课后作业，着眼于本节课的巩固延伸、与下节课的衔接，以及单元整体核心任务的落地完成。

单元作业不再额外增加学生负担，而是将项目学习任务分成不同的子任务，划入每课时完成。随着项目的推进，完成项目水到渠成，最终展示项目成果，使单元大情境落地而非空有噱头。因此，本作业设计可按照对应课时，发放作业资源，布置相应作业内容。

作业使用应结合班级具体学情，有选择性地使用，可适当添加或减少作业，适当给出范例，加以引导。本作业设计应使用过程性评价，从难度、数量、助读材料及评价方式等多方面提供作业分层。

（三）课时作业分解

第 1 课段　沉浸：熟读寻迹，初识细节（共 1 课时）

第 1 课时　熟读寻迹，初识细节

课时作业目标

1. 准确工整地抄写词语，借助注释和工具书理解文言句意，丰富语言积累，培养学生正确理解祖国语言文字的能力。

2. 再读课文，总览小人物故事，补充图鉴目录，培养学生的提取概括与整体感知能力。

3. 为文配图，以文解图，鼓励学生个性化阅读，培养学生的阅读兴趣。

课时作业内容

1. 积累作业。

（1）通读本单元课文，请在田字格中分类摘录你喜欢的和易错的词语。

要求：能够工整、准确地读写。

示例：

表达情感态度的字词：憎恶、惶恐、愧怍。

传神动词、形容词：哀悼、诘问、震悚、侮辱、镶嵌、烦躁、粗拙、烦琐、荒僻、取缔。

优质四字词语：自言自语、言外之意、微不足道、大庭广众。

具体名词：辫子、胸脯、疮疤、霹雳、门框。

词语摘录：

（2）请给加点字加注释，并将《卖油翁》文言常识纳入文言百科库。

文言动作：

公亦以此自矜　　释担而立　　睨之久而不去

但微颔之　　尔安敢轻吾射　　笑而遣之

文言现象：

1. 通假字。

但手熟尔　　徐以杓酌油沥之

2. 古今异义。

尔安敢轻吾射　　因曰

3. 词类活用。

吾射不亦精乎

4. 一词多义。

以：
- 以我酌油知之
- 以钱覆其口
- 投以骨
- 意将隧入以攻其后

而：
- 释担而立
- 自钱孔入，而钱不湿
- 康肃笑而遣之
- 博学而笃志

2. 项目作业：补充图鉴目录。

完善每篇文章的事件梳理图，回顾文章内容，以标签化表达填补单元课文的《小人物图鉴》目录，并推选出你心目中的封面人物。

《阿长与〈山海经〉》事件梳理图

- 日常言行　切切察察
- 睡相不佳　摆成“大”字
- 讲求仪式　规矩烦琐
- 常常讲述“长毛”故事
- 谋害隐鼠　被“我”诘问
- 历经万苦买《山海经》

《老王》事件梳理图

- 送冰入户
- 送默存去医院
- 老王送“货”
- 送香油和鸡蛋

《卖油翁》事件梳理图

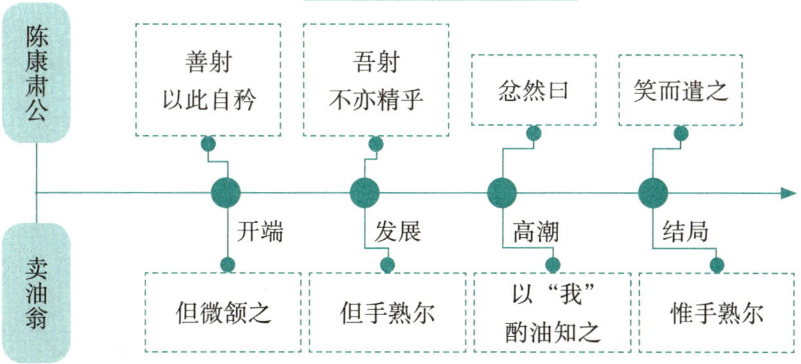

目　录

卷首语

1. 阿长：______

2. 老王：______

3. 父亲：台阶上的追梦人

4. 卖油翁：______

5. ____：______

回音壁

3. 预习作业：以文配图。

阅读《阿长与〈山海经〉》一文，请你联系主要人物与主要事件，为《小人物图鉴》中的“阿长篇”设计一幅配图，并说明原因（不少于 50 字）。

要求：配图可以是一个人物、一个场面、一个物件等，且能够表达作者对阿长的情感。

“阿长篇”配图：	配图说明：

课时作业评价

本课时共三项作业，其中作业 2 为长周期作业的一部分，单元学习结束后再进行图鉴创编的评价。作业 3 为第 2 课时教学素材。

作业 1：积累作业评价标准见下表。

评价标准	评价等级
按时提交。	☆☆
按时提交，书写工整。	☆☆☆
按时提交，书写工整，准确无误。	☆☆☆☆
按时提交，书写工整，准确无误，体现个人思考。	☆☆☆☆☆

作业 3：预习作业自评维度如下。

1. 是否认真阅读文章后，再进行“阿长篇”配图创作？
2. 配图时是否依据文章内容与情感进行创作的？
3. 配图说明是否能够清楚表达个人的创作意图？

第 2 课段　探索：聚焦细节，传情达意（共 3 课时）

第 2 课时　把握典型细节，感受阿长之美

课时作业目标

1. 在整本书阅读中深化理解作者对阿长的深厚情感，掌握联系的阅读方法，发展学生的思维能力。

2. 用鱼骨图梳理《台阶》的行文思路，培养学生感受与理解文学作品的能力。

课时作业内容

1. 深化理解。

观看《阿长与〈山海经〉》的改编动画，从事件细节的角度对比与原文的

异同。思考：你的图鉴中是否愿意收录《阿长与〈山海经〉》改编动画？为什么？

学习支架

细节描写

细节描写是对人物、景物、事件等表现对象的细微刻画，往往能起到以小见大、画龙点睛的作用。细节描写能使人物形象更鲜明，主题更深刻。一般是对联想想象、修饰限制、反复描摹、精准动词、具体数字、标点句式等的综合运用，细节中见时代背景、见内心世界、见人物性格、见情节发展、见主题、见真情、见回味和思考的空间。

比较维度	作品内容	人物形象
原文中的细节	细节 1：睡觉摆成“大”字	不拘小节
	细节 2：告假归来带“三哼经”	真心实意的记挂
	……	……
动画中的细节	细节 1：	
	细节 2：	
	……	
异同之处	同：	
	异：	
是否收录图鉴及原因		

2. 项目作业：开启图鉴之“父亲篇”。

回顾课堂上《阿长与〈山海经〉》的叙述视角和鱼骨图，请你同样采用鱼骨图，梳理《台阶》的行文思路，完成图鉴中“故事总览”部分。思考两条叙事线——“父亲的奋斗历程”与“我”的成长变化是如何联系到一起的？

提示

从“父亲的奋斗历程”角度叙述故事，将关键词标在鱼骨图的上方；从“‘我’的成长变化”角度叙述，则将关键词标在下方。

示例：

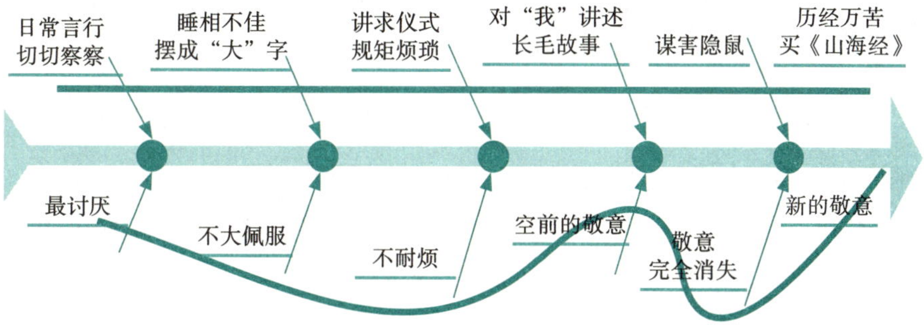

台阶上的追梦人

故事总览： 父亲觉得我们家的台阶低，准备造一栋高台阶的新屋。随着他艰辛而漫长的准备、劳作，高台阶终于落成。但此时父亲已老，怅然若失。

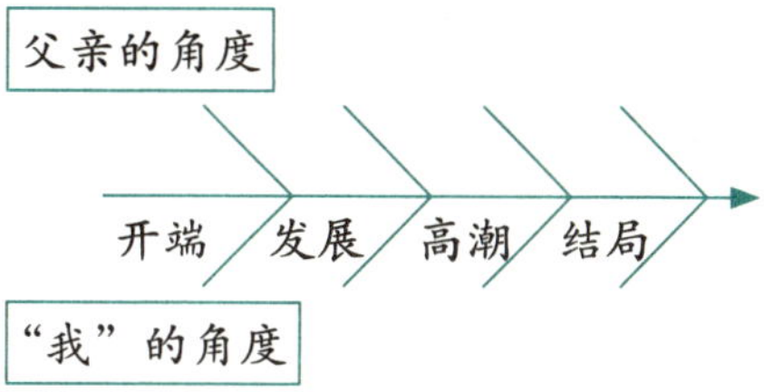

课时作业评价

作业 1 为深度阅读作业，评价时应针对不同层次的学生，给出肯定性、鼓励性的评价，鼓励学生阅读整本书。评价标准见下表。

学生水平	评价标准	星　级
A 层次（优秀）	能够找到《朝花夕拾》中阿长相关故事，并分别在本书与鲁迅其他作品中找到至少两位可以联读的人物，对比说出联读理由。	☆☆☆☆☆
B 层次（良好）	能够找到《朝花夕拾》中阿长相关故事，并在本书或鲁迅其他作品中找到可以联读的人物，对比说出联读理由。	☆☆☆☆☆
C 层次（待提高）	能够找到《朝花夕拾》中阿长相关故事，全面理解阿长人物形象。	☆☆☆☆☆

作业 2 要求学生能够从“父亲的奋斗历程”和“‘我’的成长变化”两个角度叙述故事并将关键词在鱼骨图中标出。思考题中联结起“我”和父亲人生的，正是文章题目“台阶”，父亲奋斗为的是建造高台阶，在父亲实现梦想、托起“我”的过程中，“我”懂得了责任，学会了担当，虽然父亲逐渐衰老，但他留给了“我”吃苦耐劳、坚持不懈的精神高阶。

第 3 课时　抓住真实细节，感受老王之善

课时作业目标

抓住典型细节，批注阅读《台阶》，品析父亲形象，培养学生的审美鉴赏能力。

课时作业内容

1. 项目作业。（二选一）

（1）细读《台阶》一文，请用圈点批注的方法找出《台阶》的特写镜头，进行人、物或景的细节描写批注，至少两处；并用三个词语概括父亲的形象，收录图鉴“父亲篇”。

参考角度：

①父亲的坐姿　②父亲的头发　③父亲的笑

④父亲的草鞋　⑤父亲的脚　⑥扁担的“叫声”

⑦“青石板”的反复出现　　⑧拟声词

我选择的细节描写是：________________________________。

此处的细节描写方法：________________________________。

批注评价，品味内蕴：________________________________。

学习支架

批　注

批注，指阅读时在文中空白处对文章进行批评和注解，作用是帮助自己掌握书中的内容。批注是我国文学鉴赏和批评的重要形式和传统的读书方法，它直入文本，少有迂回，多是些切中肯綮的短词、断句，是阅读者自身感受的笔录，体现了阅读者别样的眼光和情怀。批注可以是眉批、首批（批在书头上），也可以是旁批、侧批（字、词、句的旁边），还可以是尾批（批在一段或全文之后）。

（2）小说《台阶》没有复杂的人物关系，没有紧张的矛盾冲突，却有着别样隽永的抒情意味。请紧扣文章主旨，用“三行诗”的形式给《台阶》作注脚，并录制成“诗诵音频”，纳入图鉴“父亲篇”。

要求：贴切内容，紧扣主题；语言凝练，内蕴丰厚；音频清晰，情感充沛。

示例一：

高台阶落成
高低位落空
无所适从

示例二：

三块青石板，葬了
九级高台阶，筑了
五十年，没了

学习支架

三行诗

三行诗是一种微型诗，是一种有着比较严格限制的独立诗体，一般是三行内、不超过30字的诗。三行诗中的“一行”，可以是一句，也可以是半句，甚至是一个词、一个字。对断行的准确把握有助于呈现诗歌内在的意蕴美、节奏美和外在的形式美、建筑美。

2. 推荐阅读。

推荐《林奶奶》（必读），并阅读杨绛笔下的其他小人物，可纳入图鉴整理。

推荐《这双手》（艾煊）、《信客》（余秋雨）（选读），感受其他小人物的至真、至善。

课时作业评价

1. 批注评价主要集中在数量与质量上，鼓励学生发表独特的阅读感受。采用学生自荐的形式，挑选一条自己最满意的批注，填入“我心目中的五星批注”推荐表中，并在班级分享。

推荐条件：

（1）能够抓住文章的典型事件或典型细节，品味作品中富有表现力的词句，把握作品的意蕴。

（2）批注能够联系上下文、阅读经验或生活体验，言之有物，言之有理，能够清楚地表达自己的观点、情感体验或独特的阅读感受。

（3）在理解文章的基础上，可以多角度、有创意地阅读，提倡质疑与思辨式的阅读批注，拓展思维空间。（非必要条件）

我心目中的五星批注	
摘　录	批　注

2. 关于三行诗的评价，应充分发挥学生的智慧与主动性，针对不同层次的学生应适当放宽要求。但凡符合三行诗的形式，且内容贴切、紧扣主题，均可汇编成集，在班内展示播放。

第 4 课时　演读生动细节，感受二人之真

课时作业目标

1. 补写课本剧脚本，排演并录制《卖油翁》，培养学生的语文实践能力，全面提高学生的语文素养。

2. 借助材料，有理据地比较陈康肃公与卖油翁谁更傲、谁的技更高，发展学生的批判性思维。

课时作业内容

1. 项目作业。

请根据课堂所学，将《卖油翁》排演脚本补写完整，并以小组为单位录制表演，收入《小人物图鉴》电子书中。

《卖油翁》排演脚本

北宋真宗年间，陈尧咨在家中园子里射箭，一个卖油翁自外面走过。

陈尧咨______地炫耀：

卖油翁（放下担子，站在一旁，斜着眼不在意地看着，偶尔微微点头）发出了“______”（填拟声词）的一声。

陈尧咨______地说：“你也懂射箭吗？我的箭术难道不精湛吗？”

卖油翁______地说：“______________________________。”

陈尧咨十分气愤地说：“你怎么敢轻视我的箭术？”

卖油翁______地说：“就凭我倒油的经验知道这个道理的。”

于是，卖油翁拿出一个葫芦放在地上，用一枚铜钱盖在葫芦口上，慢慢地用勺舀起油，通过铜钱的方孔将油滴入，油入葫芦，但铜钱丝

毫没有被沾湿。

卖油翁______地说:“________________________________。”

陈尧咨______地笑了，然后打发老翁走了。

2. 思辨阅读。（二选一）

（1）文章最后陈尧咨的笑引起了同学们的分歧，有的人认为是礼貌，有的人觉得是尴尬，有的人读出了陈尧咨的豁达。你怎么看？为什么？

（2）孟子说“尽信书不如无书”，陆九渊也曾语“为学患无疑，疑则有进，小疑则小进，大疑则大进”，因此学贵有疑，学重思辨。在这个故事中，“射箭”真的等同于“沥油”吗？请结合你的阅读、生活经验，在图鉴的“回音壁”部分写下你的看法。

学习支架

【材料一】本课为欧阳修《归田录》的文章节选，删去了末尾一句：“此与庄生所谓‘解牛’‘斫轮’者何异。”意思是，这与庄子所讲的庖丁解牛、轮扁斫轮的故事有什么区别呢。

【材料二】谥号。

谥号是人死后后人给予评价的文字。古代帝王、诸侯、卿大夫、高官大臣等社会地位相对较高的人去世之后，朝廷根据其生前事迹和品德，给出一个具有评价意义的称号。

课文中陈尧咨的谥号是“康肃”，其中“康”意为“安乐抚民”，“肃”意为“刚德决断”，说明他是一个体恤百姓、为官刚正之人。

课时作业评价

作业 1 为综合性较强的作业，补写表演脚本能够考查学生的文言知识掌握情况，以及对人物形象的理解程度；话剧排演为语文实践活动，有益于培养学生自主合作的学习方式。该作业评价量表如下。

表演脚本	舞台表现	台词功底	小组合作	评价等级
脚本错误较多或不完整。	表演不自然。	台词不清晰或语气不当。	全员参与但分工不明确。	☆☆
脚本补写基本准确完整。	表演自然。	台词清晰，语气一般。	全员参与且分工明确。	☆☆☆
脚本补写准确且完整。	表演自然，有一定的表现力。	台词清晰且语气较恰当。	全员参与且分工明确。	☆☆☆☆
脚本补写准确且完整。	表演自然且富有表现力。	台词清晰且语气恰当。	全员参与且分工明确。	☆☆☆☆☆

作业 2 为开放性问题，锻炼学生的批判性思维。针对不同层次的学生，可提供不同的助读材料，并适当调整评价标准，以实现分层教学。

学生水平	评价标准
A 层次（优秀）	能清晰地表达观点，并结合阅读及生活经验，充分说明理由。
B 层次（良好）	能够说出个人的观点，在助读材料的帮助下说明理由。
C 层次（待提高）	可借助他人观点及思考，尝试提出个人观点。

第 3 课段　挖掘：透视细节，理解价值（共 1 课时）

第 5 课时　透视细节背后小人物的大影响

课时作业目标

1. 互文阅读，感知小人物对作者的“大”影响，挖掘小人物共性的人格光辉，提高学生的思想道德修养和审美情趣。

2. 撰写卷首语，阐述小人物的价值，提升学生的思维品质。

课时作业内容

1. 深度阅读。

地位卑微的“小”人物，虽然没有姓名，虽然都有弱点，却都做成了令人难以置信的“大”事件。这些看似互不相干的偶然事件背后，是否有着共同的原因呢？请思考并填写在下面。

他们都____________：质朴善良、真诚热心、坚持追求；
他们都____________：对小鲁迅由衷地关爱、对杨绛家由衷地感激；
他们都非“我”的唯一，而“我”却是他们________________________；
他们都曾经为人不解，却依旧一颗真心待人……

2. 项目作业。

请根据本单元所得，撰写《小人物图鉴》卷首语，引出本图鉴讨论的话题——“小人物”，并阐述小人物的价值（约200字）。

课时作业评价

作业1可根据单元所学及个人阅读感悟，补充词语或短句，答案合理，语句通顺即可。

参考答案：

拥有高尚人格 / 怀着真挚情感 / 人生中重要的他人。

作业2的卷首语，可以从字数、内容、主题等方面进行评价，字数在200字左右。引出平凡小人物的高贵人格，提及小人物的价值，视为达标；若在此基础上语言精练有风格，则为优秀。

参考答案：

卷首语

如果说大人物是这个时代的引领者，那么小人物就是社会的支撑者。不得不承认，生活中的大多数人都是平凡无奇的小人物。他们没有传奇的经历、壮丽的事业，不曾学富五车、舌战群儒，尚未看清世事就被卷入时代的旋涡……但是，他们有自己的善良与坚持、真心与智慧，他们也能成为一座让人仰望的丰碑，散发出温暖人心、震撼灵魂的力量。

一个人是否高贵，不在于他的出身、地位和财富，而在于其本身所具有的品德。一个社会是否文明，也不在于培养出多少风云人物，而在于能否启智每个人，去尊重那些活得普通但精彩的小人物。我们，即使是一粒细沙，也可以漫天飞舞；即使是一颗微星，亦可以照亮漫天星空。

在这本图鉴里，我们将一起回想起夜深入眠时在床中间摆成一个“大”字形的长妈妈，会看到破落的大院里蹬着一辆三轮的不幸者老王、用一辈子成就梦想却丢失希望的父亲，还有衣衫褴褛的骆驼祥子、满口之乎者也的孔乙己……如果你还想更深入地探究世态百相，你可以继续向后翻阅。在这个普通农家的青石板台阶上，在那个家中满是弓箭的园子里……是时代的隐痛，是精神的失落，还是文化的困境？《小人物图鉴》就如同一幅幅风俗画卷，翻开它，就翻开了古今中外的世态人情。

第 4 课段　展示：把握策略，书写细节（共 2 课时）

第 6 课时　构思成文

课时作业目标

完善提纲，在布局谋篇、细节捕捉和叙事视角等方面构思作文，并完成“凡人小事”写作，提高学生的语言建构运用及审美创造的能力。

课时作业内容

写作迁移。（二选一）

（1）也许我们朝夕相处，早已熟悉；也许我们日日相见，却还陌生；也许我们素未谋面，却神交已久；也许我们初次相识，便仿若老友……自拟题目，写一篇不少于 600 字的文章，记录身边给你留下深刻印象的凡人小事吧！

（2）学习本单元后，你还会在餐馆中对服务员呼来喝去吗？还会对外来的农民工们冷言冷语吗？还会动不动就投诉外卖员、快递小哥吗？……请仔细回忆一下，生活中是否有这样的人：他们虽然平凡，但能坦然自适；虽然平凡，但自有其幸福；虽然平凡，但也有着自身的价值。他们，虽然渺小平凡，却是我们生活中的一处风景，同样值得被人们尊重。请以“身边的小人物”为话题，选择他们中的一员，写一篇不少于600字的记叙文。

自选小人物＿＿：＿＿＿＿

我选择的人物：＿＿＿＿

我与他的关系：＿＿＿＿

故事一：＿＿＿＿

故事二：＿＿＿＿

其　他：＿＿＿＿

选定题目后，根据单元所学，回忆身边的小人物，完善下列提纲，构思并完成写作。

布局谋篇	一件事表现主题	事件：
	多件事表现主题	事件1： 事件2：
细节捕捉	人物细节描写 （外貌、动作、神态、语言、心理等）	细节1及意蕴： 细节2及意蕴： ……
	事物细节描写	细节及意蕴：
	环境细节描写	细节及意蕴：
叙述视角	多重叙述视角	特定时刻的“我”： 写作时的“我”：

课时作业评价

“凡人小事”写作评价标准见下表。

布局谋篇	细节描写	多重视角	人物精神	书写卷面	评价等级
不能围绕中心组织素材。	文中无细节描写，或细节脱离中心。	未使用多重叙述视角。	中心不明确，不能抓住人物形象叙事。	书写不工整，卷面不整洁，错别字较多。	☆☆

续 表

布局谋篇	细节描写	多重视角	人物精神	书写卷面	评价等级
围绕中心组织素材，详略安排欠妥或叙述无序。	围绕中心，文中有一处细节描写。	文中有叙述视角的转变，但使用较生硬。	中心明确，大致把握人物形象，较立体地展现。	书写较工整，卷面较整洁，有五个以内的错别字。	☆☆☆
围绕中心组织素材，详略较得当，有一定的顺序。	围绕中心，文中至少有两处细节描写。	文中有叙述视角的转变，与情感表达较贴切。	中心明确，基本能够抓住人物形象并展现出来。	书写较工整，卷面较整洁，有三个以内的错别字。	☆☆☆☆
围绕中心组织素材，详略得当，顺序井然。	围绕中心，文中至少有两处典型的细节描写。	巧妙地转变叙述视角，与情感表达完美贴切。	中心明确，能够抓住人物形象，展现立体的人。	书写工整，卷面整洁，有三个以内的错别字。	☆☆☆☆☆

第 7 课时　图鉴评展

课时作业目标

按照《小人物图鉴》大赏推荐标准，以及弹幕提出的意见，修改本组的图鉴作品，培养学生健康的审美情趣，形成正确的价值观。

课时作业内容

1. 对照图鉴创编参考评价标准和弹幕评语，查漏补缺，修改并完善本组的《小人物图鉴》，提交并展出最终版本。

2. 项目作业。

《小人物图鉴》的最后设置了“回音壁”栏目，给读者提供一个发表自己观点的机会，增强了编读之间的互动性。同时，也为读者与读者之间的沟通提供了平台，架起了桥梁。

杨绛先生说：“唯有身处卑微的人，最有机缘看到世态人情的真相。”通过阅读本单元的文章，相信你一定对“小人物”有了更深刻的理解。请结合单元课文与下面材料，在“回音壁”中留下学习本单元的质疑与困惑，或启发与感悟。

【材料一】

微弱的灯，照亮寒夜的路人；火红的灶，氤氲出亲情的味道。这陋巷中的厨房，烹调焦虑和苦涩，端出温暖和芬芳，惯看了悲欢离合，你们总是默默准备好炭火。

——《感动中国》2020年度人物：万佐成、熊庚香夫妇

【材料二】

“蓝厅”是斯德哥尔摩的市政厅，已成为瑞典最引人注目的建筑，一年一度的诺贝尔奖颁奖仪式就在这里举行。

进入“蓝厅”之前，必须首先经过旁边的一个厅。映入眼帘的是位于墙面高处的一个小伙子的雕塑头像，没有任何文字介绍。他只是这座著名建筑的一位普通建筑者。“蓝厅”落成之后，人们以其中一个干活最卖力的年轻人为原形，雕成塑像镶在墙上，作为纪念。

再往前走几步，可以看到一幅巨大的油画，上面画着一个人的肖像。他是一个当年给“蓝厅”建筑工地送啤酒的搬运工。他每天在工人下班后及时送来啤酒，还有欢乐，为表达内心的感激，大家请了一位名画家为他画了这张肖像。

面对大雅之堂的“小人物”塑像、画像，凡是进入“蓝厅”的人，不论是瑞典国王、王后还是政要，都无一例外地要先瞻仰这两位当年普普通通的劳动者，缅怀他们的功绩。

——李忠东《大雅之堂上的“小人物”》

课时作业评价

作业1：图鉴创编参考“单元整体作业设计”中的“作业评价”。

作业2：“回音壁”为发表个人观点的栏目，鼓励百花齐放，百家争鸣。下

表为各层次学生评价标准，评价时可根据具体情况酌情增减。

学生水平	评价标准	星　级
A 层次（优秀）	能够创造性地、清晰地表达个人观点，并给出具体的论据支撑，或提出有价值的问题，启发读者思考。	☆☆☆☆☆
B 层次（良好）	能够较清晰地表达个人观点，并给出一定的论据支撑，或提出较有价值的问题，启发读者思考。	☆☆☆☆☆
C 层次（待提高）	能够借助材料或帮助，发表个人看法，或提出阅读中的问题与困惑。	☆☆☆☆☆

三、如何评价这个作业①

本单元作业设计着眼于实现作业的发展功能，具有系列化、多样化、层次化的特点。基于单元整体教学框架，采用任务驱动的项目式学习，结合授课内容，引导学生由浅入深，层层递进。

系列化表现在单元作业与课时作业的序列关系上。本单元作业为长期作业，而每课时的作业中均包括一项项目作业。由目录汇编到具体人物图鉴的编写，由回音壁的启示和质疑到卷首语的撰写，实现了由表及里、由具体到抽象的思维过程。

多样化表现在课时作业的形式与资源上。课时作业中包括文本阅读、对比探究、戏剧表演、写作表达等多种形式，作业资源涉及课内外文本资源、影像资源等多种资源，作业呈现形式有简答、表格、图画、篇章等，富有新意，能够吸引学生。

层次化表现在作业支架设计、作业难度把控上。作业由简单到复杂，如分析人物形象，从第 2 课段借助典型事件分析，到综合概括形象，再到第 3 课段

① 点评教师：杜甫权。

提炼小人物的品质共性和探讨小人物的多重价值，充分考虑到学情进阶。此外，作业中设计了大量的学习支架，以及有益于各层次学生的作业评价，以便满足不同层次学生的需求。

作业设计的系列化、多样化、层次性符合此年龄段学生的认知。从知识基础到学生兴趣，再到思维能力都得到了很好的落实。作业设计基于“语言运用”这个语文教学的“本”，让学生在“思维”“审美“文化自信”等方面都得到提升，真正落实了《义务教育语文课程标准（2022年版）》的要求，能够使学生的语文核心素养得到提升。

北京市第八中学永定实验学校　李　云

第二节

观大略定重点探究文本，精选材巧安排弘扬美德

——七年级下册第四单元“推送公众号入驻作品”整体作业设计

第一部分

作业呈现

一、单元内容简介

本单元所选文章从不同角度展现了中华美德及时代对这些美德的呼唤。《叶圣陶先生二三事》诠释了人间美好——宽厚待人、严于律己;《驿路梨花》荡漾着心灵的芬芳——想他人，讲奉献；梁启超用《最苦与最乐》阐述了为人处世的态度——承担责任；驻足于陋室中、莲池旁，我们眼前开出了生命之花——洁身自好。本单元人文主题为“修身正己”，围绕“美德”这一主题，件件小事中展现了人格的光辉魅力、精神内涵与价值坚守。本单元阅读训练重点为略读，在统编版语文教材七年级下册第一到第三单元精读方法指导下，学生了解了记叙类文章特点。本单元主要是学习运用略读的方法阅读同类的其他文章，观其大略，训练学生从逐字逐句认读的习惯逐渐改为逐行认读的习惯，扩大认读面。这些美德跨越时空的隧道，从古到今在不同时代都闪耀着光辉。阅读和学习本单元的文章，能很好地引领学生价值观的形成，发展其文化理解与传承的素养，落实立德树人的根本任务。

二、单元整体作业设计

（一）作业目标

1. 撰写提纲，学会围绕中心选取真实典型的生活素材并进行加工，促进学生语言运用及思维发展能力。

2. 书写美德解说词，发掘人物的可贵品质，丰富学生的审美情感体验。

3. 创作美德主题习作并进行佳作推荐，在实践中感受语言文字的丰富内涵，发展审美意识，提高学生审美欣赏与审美创造能力。

（二）作业内容

本单元我们将开启一段寻找美德的探索历程。“高山仰止，景行行止”，我们将通过略读与精读相结合的方法，阅读文章，感悟美好品格，学习合理选取材料展现主题的方法。届时，班级公众号会同步推出“中华美德品鉴堂”专栏，请你推送《晒晒身边那个他 / 她》美德主题原创习作，作品字数不少于600字。全员参与原创作品写作，依据评价标准，每位同学推荐一份最满意的入驻作品，自己或同学的原创习作均可。

（三）作业评价

该实践活动以激发学生学习热情为出发点，鼓励学生在探究实践中有所感、有所悟，最终将所获应用于学习与成长。因此在作业评价中设为开放性评价，依据评价量表（见下表），采用师评和生生互评的方式帮助学生发现和发展自身潜能。

思想内容	层级结构	语言表达	评价等级
基本围绕美德主题选材，有人物特点的展现，有自己的情感表达。	叙述完整，有详有略。	能运用自己熟悉的表达方式表现主题，语句基本通顺。	合格（☆）

续　表

思想内容	层级结构	语言表达	评价等级
人物特点比较突出，能体现美德主题。选材真实，能围绕中心进行相应加工。立意较好，情感比较真挚。	叙述条理比较清晰，详略比较得当。	能运用两种及以上表达方式突出主题，文从字顺。	良好（☆☆）
人物特点突出，能充分体现美德主题。选材真实、典型，能围绕中心合理加工。立意新颖，表达真情实感。	叙述条理清晰，详略得当。	能运用多种表达方式突出主题，语言有感染力。	优秀（☆☆☆）

________（作品名）点赞星汇总		
推荐评价	推荐星数	推荐理由
教师评价		
同学评价		
累计总星数：		

第二部分

作业说明

一、为什么设计这个作业

（一）设计依据

本单元属于“文学阅读与创意表达”学习任务群。《义务教育语文课程标准（2022年版）》提出“能较熟练地运用略读和浏览的方法，扩大阅读范围”“有一定的速度，阅读一般的现代文，每分钟不少于500字”。本单元文章篇幅较长，信息量大，快速抓取文章结构和主题比较难，略读方法就为学生提供了解决这一问题的方法，为发展语言的建构和运用的基本素养提供了路径。

《义务教育语文课程标准（2022年版）》指出：“欣赏文学作品，有自己的情感体验，初步领悟作品的内涵，从中获得对自然、社会、人生的有益启示”“能提出自己的看法，并能与他人合作，共同探讨、分析、解决疑难问题”。本单元文章从不同角度展现了人类的美好品德。这些素材的选取都是生活中的小事，见微知著，都闪耀着从古到今不同时代的人性光辉。学生学习和品读单元内的文章，能很好地引领其形成正确的价值观，发展其文化理解与传承的素养。

（二）教学内容分析

本单元人文主题为“修身正己”，其中，《叶圣陶先生二三事》选取了朴实无华的生活琐事，尽显叶老宽厚待人、严于律己的美德，在以小见大中彰显叶老的人格魅力。平淡的文字背后表达了作者对叶圣陶先生的敬意和怀念。《驿路梨花》是一篇小说，悬念和误会的设置使文章一波三折，结构的巧妙安排吸引着读者步步深入，在揭示小屋主人的过程中展现了雷锋精神代代相传。《最苦与最乐》是一篇议论文，思路严谨，语言平实又略带书卷气，从具体的生活情境中展开论述，阐释了“责任”与“苦乐”的关系。《陋室铭》和《爱莲说》是文言文的形式，骈散结合，朗朗上口，从不同角度和层次借物言明作者的价值追求与人生态度。五篇文章在选材、结构、手法等方面各有特色，学习中可引导学生运用已有的阅读经验和分析方法，挖掘文字内涵，获得独特感悟，获得对人生和成长更为丰富的有益启示，实现思维水平、审美水平的提升及对文化的理解与传承。

（三）学情分析

经过一学期的知识积累，学生对记叙类文本和文言文有了初步的阅读能力和理解能力。在文本内容感知、阅读方法等方面我们进行了学习前测，分析数据，我们发现学生的学习需求有：

第一，学生虽然对精读的相关策略有一些掌握，但是对于篇幅较长的文章，尤其是非故事类的文章还是存在畏难情绪，需要进行略读阅读方法指导，并能够在阅读中自觉运用，使略读与精读相结合，以便更好地理解文章。

第二，多数学生对文章的理解认知是浅层次的，还停留在读故事层面。需要引导学生细读文本，理解文字背后的情感。

第三，学生对素材的把握和处理能力薄弱，需要强化从文本中学习选材的方法，读写结合，发展学生的思维宽度和广度。

二、怎样完成这个作业

（一）整体框架说明

本单元文章侧重略读方法的指导。略读侧重观其大略，粗知文章大意。围绕不同的阅读任务，略读内容有所不同。同时，略读不排斥精读，在阅读的基础上引导学生快速捕捉阅读重点，把握文章的选材、结构、情感和主题上的特点，逐步培养学生的自主阅读能力及选材创作的能力。

本单元以核心任务——为班级公众号“中华美德品鉴堂”栏目推送《晒晒身边那个他 / 她》美德主题的学生原创习作贯穿始终。在“整体感知—探究构建—应用迁移”的学习过程中围绕训练重点，调动学生的直接经验与间接经验，落实任务的完成。整个学习过程以学习活动方式开展，发布任务后，伴随着课时作业的完成，活动进入成果展示的最终环节，即推荐最满意的作品入驻“中华美德品鉴堂”。学生一方面在读写结合中学会了写作技巧，另一方面又在写作实践中加深了对美德的理解，在丰富多彩的实践活动中，落实语文学科技能和人文素养的提升。

以下为本单元整体教学的框架图（见下页）。

观大略定重点探究文本，精选材巧安排弘扬美德

——七年级下册第四单元整体作业设计

核心任务：为班级公众号“中华美德品鉴堂”栏目推送《晒晒身边那个他 / 她》美德主题的学生原创作品

项目进程：发布任务 ⇨ 子任务 ⇨ 项目完善与推送

一、发布任务

- 学习课段：读文本，知内容，发现美德（共 1 课时）
  - 学习目标：整体感知本单元文章内容，启发习作创作灵感。
    - 学习任务：通读本单元文章，感知大意，并以做批注的方式呈现阅读及写作方面的初步感受。
      - 作业设计：1. 完成《陋室铭》《爱莲说》两篇短文中文言词汇档案整理。2. 留意身边的人和事，观察生活，搜集习作写作素材。

二、子任务

基本问题：根据阅读任务，如何运用略读，确定阅读重点？

- 学习课段：观大略，定重点，探究文本（共 4 课时）
  - 学习目标：以透过事件感受人物性格为阅读任务，运用略读，确定阅读重点，感受选材对展现人物想象的作用。
    - 学习任务：以《叶圣陶先生二三事》为例，围绕二三小事，运用略读，梳理重点段落，初步感受选材展现的人物形象。
      - 作业设计：1. 略读《驿路梨花》《最苦与最乐》，关注主要事件与观点材料，准确筛选信息，填写略读信息梳理单。2. 阅读《陋室铭》，巩固学法。围绕作者一天事件感受作者形象。3. 根据生活观察，以提纲的方式列举身边那个他 / 她触动你的 3～4 件事。
  - 学习目标：以品悟人格魅力为阅读任务，聚焦细节，围绕重点，咬文嚼字，挖掘品格。
    - 学习任务：以《叶圣陶先生二三事》为例，围绕第 3—8 段中打动你的细节，咬文嚼字，分析品悟动词、副词、数词等词语的使用。挖掘小事件中的人物大品格。
      - 作业设计：1. 紧扣典型事件为叶老写一段微评论，体会以小见大写法展现的叶老的人格魅力。（100 字左右）2. 略读《怀念圣陶先生》《我所见的叶圣陶》，完成阅读单，在典型事件中全面认识叶老。（选做）
    - 学习任务：以《驿路梨花》为例，围绕有关梨花的描写语句，字斟句酌。联想、感悟、体会梨花精神。
      - 作业设计：聚焦《爱莲说》中对莲花的描写，仿照句式，理解作者情怀。
  - 学习目标：以揣摩作者情感态度为阅读任务，聚焦抒情议论，锁定重点，体会作者内心。
    - 学习任务：以《陋室铭》《爱莲说》为例，小组合作勾画观点性语句。明确作者对高洁的人生态度。
      - 作业设计：1. 查找《驿路梨花》《最苦与最乐》中的评论性语句，并将其缩写成朗朗上口的小文段，体会其中寄予的情感。2. 围绕美德关键词，选取事件，撰写美德解说词。

基本问题：围绕主旨，如何选取材料、巧设结构？

- 学习课段：精选材，巧安排，迁移写作（共 1 课时）
  - 学习目标：学会围绕中心，选取素材，设置结构，写出新意。
    - 学习任务：1. 以《叶圣陶先生二三事》为例，通过增、删、改所选事件，在对比分析中体会以小见大的写法以及对展现人物形象的作用。2. 以《驿路梨花》为例，体会顺叙、插叙和倒叙不同结构安排对表现主题产生的不同效果。
      - 作业设计：1. 梳理总结写作方法，补充完成任务单。2. 能围绕中心准确评价材料详略安排、结构顺序，完成习作提纲，扩充为一篇记叙文，题目为《晒晒身边那个他 / 她》，不少于 600 字。

三、项目完善与推送

- 学习课段：推作品，扬美德，展示成果（共 1 课时）
  - 学习目标：小组合作探究，根据前六课时内容及作业开展，对习作自评、互评。
    - 学习任务：依照习作评价等级表，对作品合理评价并修改。
      - 作业设计：修改完善作品，并完成推送。

（二）作业实施说明

过程分解	第 1 课段	第 2 课段	第 3 课段	第 4 课段
课堂完成	整体感知，用做批注的方式呈现阅读初感受。	运用略读方法，快速根据目的，抓住重点研读文本，感受人物品质。	梳理文章在选材及写作安排中的技巧。	依据评价标准，修改习作。
课后完成	观察生活，搜集素材。	围绕美德主题词，梳理出习作框架。	学习和运用写作技巧，初步完成习作。	完善习作，并选取满意的作品进行推送。

教师布置科学有效的作业可以激发学生学习的兴趣，培养综合实践能力，提高学习能力。本单元作业设计以本班学生当前的学习状况、学习需求、学习能力、兴趣爱好等为基础，旨在通过作业夯实语文基础，锻炼语文思维，提升学科素养。

本作业设计围绕为班级公众号推送美德原创作品展开，课后作业既有对课堂知识的补充和完善，又有项目作业的推进，在多个活动中完成美德主题习作的写作。

单元作业在课时作业的基础上逐步推进，随着对课文的学习，学生逐步积累选材、组材方面的技巧，积累写作经验。通过读写结合，在任务中逐步完成对学习成果的检验，实现学生思维能力和综合素养的提升。

（三）课时作业分解

第 1 课段　读文本，知内容，发现美德（共 1 课时）

第 1 课时　通读文本，感知文章内容

课时作业目标

1. 积累文言知识，巩固基础，把握内容。
2. 留意身边生活，培养学生勤观察、善发现的能力。

课时作业内容

1. 基础巩固类作业。

完成《陋室铭》《爱莲说》两篇短文中文言词汇档案整理。

（1）文言虚词“之”的词条整理。

“之”的含义	举　例
助词，用于主谓之间，取消句子独立性。	例 1：
	例 2：
	例 3：
助词，相当于“的”，放在定语和中心语之间。	例 1：
	例 2：
助词，疑问句中代词作宾语，宾语前置的标志。	例 1：
	例 2：
助词，定语后置的标志，放在倒置的定语和中心语之间。	例 1：
	例 2：
助词，用在时间名词或动词后，凑足音节，无实在意义。	例：
代词。	例：
动词，到……去。	例：送杜少府之任蜀州。

（2）根据提示，完善词类活用、重点实词整理。

词类活用

名词作动词：不蔓不枝

苔痕上阶绿

形容词作动词：香远益清

无案牍之劳形

使动用法：无丝竹之乱耳

重点实词积累

惟吾德馨

谈笑有鸿儒

可爱者甚蕃

濯清涟而不妖

中通外直

亭亭净植

可远观而不可亵玩焉

自由补充1：

自由补充2：

2. 项目作业。

留意身边的人和事，观察生活，搜集习作写作素材，记录你的发现，50字左右。

课时作业评价

作业1：

（1）评价标准见下表。

评价指标	作业要求
书写	字迹工整，书写美观。
文言词语整理	借助课下注释和已有积累，准确整理。
素材整理	能围绕美德发现生活中的美好之人、美好之举。

（2）评价标准见下表。

评价指标		自　评	师　评
书　写	文言词语整理		
潦草	有部分错误		☆

续　表

评价指标		自　评	师　评
书　写	文言词语整理		
清晰	基本准确		☆☆☆
工整	准确严谨		☆☆☆☆☆

作业 2 以积累观察为主，作业以鼓励为主，只要学生写出对自己有一定触动的素材即可。

第 2 课段　观大略，定重点，探究文本（共 4 课时）

第 2 课时　观大略，聚选材，感受人物

课时作业目标

运用略读，依据阅读任务，快速确定阅读重点，感受选材展现的人物形象，提高学生自主阅读和整体感知的能力，发展学生的思维水平。

课时作业内容

1. 感知梳理类作业。

略读《驿路梨花》《最苦与最乐》，关注主要事件与观点材料，准确筛选信息，填写下面的略读信息梳理单。

______（文章名）略读信息梳理单	
人物 / 观点	
所写事件 / 所选材料	

参照示例：

《最苦与最乐》略读信息梳理单	
人物 / 观点	背负责任是人生最大的痛苦，尽责任是人生最大的快乐。

续 表

所写事件 / 所选材料	贫、老、失意、死亡都不是最苦的，负了未来的责任最苦，如答应的事没办、得罪了人没赔礼、受恩惠没报答。（道理论证、举例论证）
	尽责任是人生最大的快乐。古语、俗语、名言，仁人志士忧国忧民，诸圣诸佛悲天悯人。（道理论证、对比论证）

2. 阅读理解类作业。

阅读《陋室铭》，梳理一下陋室主人日常的生活事件，并说说你觉得他是一个怎样的人。

日常事件：________________

对陋室主人形象感受：________________

3. 项目作业。

继续生活观察，以提纲的方式列举身边那个他 / 她触动你的 3 ～ 4 件事。

课时作业评价

作业 1 和作业 2 的具体要求见下表。

评价项目	作业要求
作业 1	事件查找正确细致，能够结合文本语句做人物分析。
作业 2	围绕一个品质列出 3 ～ 4 件事，每件事用一句话概括。

作业 1 和作业 2 的自评维度如下。

请根据自身情况如实填写，从完全符合（10 分）到不符合（0 分）自主测评。

（　）我自主运用略读的方法完成篇目的阅读。

（　）我能找到准确的事件 / 材料，感受人物形象 / 把握观点。

（　）我能用一句话概括触动我的事件。

作业 1 和作业 2 师评要求见下表。

要　求	得　分（每项 5 分）	修改建议
结合原文		
提炼事件 / 材料		
感受人物形象 / 观点		

作业 3 师评要求见下表。

要　求	得　分	修改建议
事件提炼		

第 3 课时　观大略，聚细节，发掘品质——二三小事，君子风范

课时作业目标

学会运用略读与精读相结合的学习方法，锁定阅读重点，细读文本，准确提取、品味关键语句，体会以小见大的写法对于展现人物美德的作用。

课时作业内容

1. 思维发展与提升作业。

叶圣陶先生律己宽人的美德堪称君子风范。请你紧扣典型事件为叶老写一段微评论，体会以小见大的写法展现的叶老的人格魅力。（100 字左右）

示例：

叶圣陶先生是君子中的典范。他待人厚而律己严。他亲自动笔为吕叔湘描标点，修润文字会征求张中行的修改意见。坚持送客人到门外，并会因为张中行的居住公寓和遭遇而感到悲伤。无论是工作还是日常生活，叶老都是谦恭守礼，待人温暖的。对待自己他是严格的，写文章力求平易如话，文风提倡简洁，力求文字完美。叶老严于律己，坚守严谨，确是学而不厌躬行君子，诲人不倦人之师表。

2. 拓展阅读类作业。（选做）

略读吕叔湘《怀念圣陶先生》、朱自清《我所见的叶圣陶》，完成以下阅读单，在典型事件中全面认识叶老。

篇　目	事　件	品　质
《怀念圣陶先生》		
《我所见的叶圣陶》		

课时作业评价

作业 1 和作业 2 的评价要求见下表。

要　求	评价等级
能结合事件感受其精神品质，用词基本准确，表达基本通顺。	☆
事件具体，能抓住言行感受并提炼精神品质，用词较准确，表达通顺。	☆☆☆
事件典型，能抓住具体言行感受并提炼出精神品质。表述有条理，用词准确，有自己的思考。	☆☆☆☆☆

第 4 课时　观大略，聚细节，发掘品质——驿路梨花，雷锋精神

课时作业目标

学会运用略读与精读相结合的学习方法，锁定阅读重点，细读文本，准确提取描写语句，体会选材角度对于展现人物美德的作用。

课时作业内容

请阅读《爱莲说》，勾画有关莲花的描写，感受作者情怀。仿照以下句式完成内容填写，体会周敦颐的内心世界。

仿照句式：

我像那莲花一样，“出淤泥而不染，濯清涟而不妖”，在世俗污浊中洁身自好。

我像那莲花一样，____；
我像那莲花一样，____；
我像那莲花一样，____。

课时作业评价

作业满足下表条件的，可以评为优秀作业，并在板报墙的“今天我上榜”专栏展出，供同学们学习借鉴。同学们互鉴互赏，以小组为单位，开展“今日我上榜”的作业推荐。

评价指标	书面作业要求
表达	1. 能准确找到文中描写莲花的语句。 2. 对人物情怀有自己的理解。 3. 用词准确，表达生动。

今天我上榜 ——优秀作业推荐卡	
推荐________（姓名）作业	推荐理由：

第 5 课时　观大略，聚议论，明确态度

课时作业目标

借助缩写创编评论语、补全解说词，学会借助议论抓住重点，表达情感，发展学生的语言建构与运用能力。

课时作业内容

1. 思维发展与提升作业。

请参照下表中的示例，查找《驿路梨花》《最苦与最乐》中的评论性语句，并将其缩写成朗朗上口的小文段，体会其中寄予的情感。

<table>
<tr><th>形　式</th><th>课　文</th><th>评论语句摘抄</th><th>缩写文段</th></tr>
<tr><td rowspan="5">教师示例</td><td rowspan="5">《叶圣陶先生二三事》</td><td>我常常跟别人说：“叶老既是躬行君子，又能学而不厌，诲人不倦，所以确是人之师表。”</td><td rowspan="5">学而不厌，诲人不倦。
躬行君子，人之师表。
待人厚而令人感动。
律己严而正心修身。
为人高洁，鞠躬尽瘁。</td></tr>
<tr><td>凡是同叶圣陶先生有些交往的，无不为他的待人厚而深受感动。</td></tr>
<tr><td>日常交往，他同样是一以贯之，宽厚待人。</td></tr>
<tr><td>以上说待人厚，是叶圣陶先生为人的宽的一面。他还有严的一面，是律己，这包括正心修身和“己欲立而立人，己欲达而达人”。</td></tr>
<tr><td>重视语文，努力求完美，并且以身作则，鞠躬尽瘁，叶圣陶先生应该说是第一位。</td></tr>
<tr><td rowspan="2">学生自主完成</td><td>《驿路梨花》</td><td></td><td></td></tr>
<tr><td>《最苦与最乐》</td><td></td><td></td></tr>
</table>

2. 项目作业。

根据自己选取的美德人物及故事，运用议论抒情完成美德解说词的撰写。

美德解说词

今天我为大家推荐的美德人物是________，在他身上，无不体现着________的美德，体现在（事件）________________________________。

这种品德在当今是尤为重要的，因为（评论）____。

课时作业评价

作业 1：评价标准见下表。

评价内容	分　值
能够找全原文中的评论性语句并摘抄下来。	4
能够对评论词语提炼，缩写成小文段。	6
缩写文段读来朗朗上口，有一定的文采。	5
个人得分：	

作业 2：评价标准见下表。

评价指标	评价标准	分　值			建　议
		10	8	6	
解说表述	1. 事件选取紧扣关键词“美德”，选材典型，以小见大，有说服力。 2. 理由阐释能充分表达观点，对人物和事件有自己的评价，观点正能量。				

第 3 课段　精选材，巧安排，迁移写作（共 1 课时）

第 6 课时　精选材，巧安排，迁移写作

课时作业目标

围绕话题，合理选材，安排结构，将以小见大的写作手法融入自己的创

作，完成习作的写作提纲，发展学生审美素养。

课时作业内容

1. 思维发展与提升类作业。

梳理总结写作方法，补充完成任务单。

篇　目	选　材	中　心	组材技巧
《叶圣陶先生二三事》			
《驿路梨花》		雷锋精神代代传	
《爱莲说》			衬托、托物言志
《陋室铭》			类比、托物言志

2. 项目学习。

运用选材方法，合理安排结构和详略，根据第 5 课时作业中的美德人物及故事解说，完成《晒晒身边那个他 / 她》的记叙文习作。

要求：

（1）符合题意，围绕中心选材，详略安排得当。

（2）能根据主题选择多种表达方式，写出真情实感，展现人物的精神风貌，表达自己的感悟与思考。

（3）字数不少于 600 字。

课时作业评价

作业 1 为课上知识整理提升，学生参照教师提供的示例互评互查，在相互借鉴的基础上补充完善即可。

示例：

篇　目	选　材	中　心	组材技巧
《叶圣陶先生二三事》	描标点；修润文字；恭敬送客；写信表示歉意和同情；写文章要像说话；重视文风简洁；重视语文，努力追求完美	严于律己，宽以待人，对叶老的怀念、崇敬之情	以小见大

续　表

篇　目	选　材	中　心	组材技巧
《驿路梨花》	解放军修缮小茅屋 梨花等哈尼小姑娘照顾小茅屋 “我”和老余修缮小茅屋	雷锋精神代代传	运用象征、巧设线索、设置悬念误会、前后照应、插叙
《爱莲说》	莲花、菊花、牡丹	不与世俗同流合污的高洁傲岸的情操	衬托、托物言志
《陋室铭》	山、水、陋室、子云亭、诸葛庐	甘于淡泊、不为物役的高尚情操	类比、托物言志

作业 2：评价标准见下表。

内　容	语　言	结　构	书　写	评价等级
选材切合题意，内容充实，充分体现人物的精神风貌，中心突出，感情真挚。	行文流畅，使用多种表达方式，语言生动，有感染力。	结构严谨、详略得当，构思巧妙。	书写工整、规范，作业整洁。	一类文（34～40分）
选材比较切合题意，内容具体，能体现人物的精神风貌，感情比较真挚。	文从字顺，合理使用两种表达方式；语言基本准确，表达较好。	结构合理，详略安排比较恰当。	书写比较正确、清楚，错别字3～4个。	二类文（29～33分）
基本符合题意，内容基本完整，有一定的人物精神风貌。	语句基本通顺，有1～2处语病。	结构基本完整，有详有略。	书写比较清楚，错别字较多。	三类文（24～28分）
内容不具体，选材不能突出主题。	语句不通顺，病句多。	层次混乱，结构不够完整。	字迹潦草，错别字较多。	四类文（0～23分）

第 4 课段　推作品，扬美德，展示成果（共 1 课时）

第 7 课时　推作品，扬美德，展成果

课时作业目标

在推送作品实践活动中强化和巩固语文技能，激发学生对美德的自觉追求。

课时作业内容

完善作品，并相互阅读，选择推送入驻的作品，依据习作评价标准填写推送单。

注：本课时作业在完成推送的基础上，落实单元作业，完成单元核心任务。

课时作业评价

参照“单元整体作业设计”中的“作业评价”。

三、如何评价这个作业[①]

本教学设计基于单元整体教学框架，以在公众号上推荐美德主题原创作品为活动总任务，结合授课内容，引导学生开展各种言语实践、写作等活动，从而提高学生的语文素养。

首先，立足现实生活，让写作真实发生。本单元文章体现了人性中的美德，学生在阅读的基础上借助写作发现身边的美好，积极践行价值追求。而面对写作，学生常常会有畏难情绪，原因在于没有将生活与写作互相联系起来。因此在推进项目进行的过程中，教师梳理了选材和写作中的方法借鉴，从“我可以写什么”到“我为什么写”再到“我怎样写好”，在这个过程中让学生观察生活、感悟生活，逐步完成习作。

---

① 点评教师：宋淑英。

其次，学习过程的每一步都力图实现“教—学—评”一体化的闭环结构。在单元教学背景下，语文实践活动离不开持续性评价。整个过程坚持以鼓励为主的原则，作业既是课堂知识的巩固，也是在任务情境中的迁移。学习评价在关注结果的同时，也重视学习过程，让整个学习过程有迹可循。

由于学生本身认知水平的不同，最终的学习效果会存在差异。教学过程中还要采取恰当的措施进行教学内容和作业的再分配，以解决群体中个体存在的学习困难。学习评价中还要注重学习成果的收集，评价的手段和类型可以更为丰富，表现性成果的展示和解释说明类的成果作为学习成果的外化形式有其独特优势，可以在今后的评价手段上多做一些积极探索。

北京市大峪中学　王　琢

第三章

播新闻办校报展青春风采，赏化石读科普寻生命之美

第一节

“多彩青春”校园新闻展播

——八年级上册第一单元“活动·探究”整体作业设计

第一部分

作业呈现

一、单元内容简介

本单元的人文主题为“关注社会生活和新闻本身的发展”，单元选篇均为新闻，涉及消息、新闻特写、通讯、新闻评论等体裁。语文要素强调阅读新闻类文章要“把握不同新闻体裁的特点，学习读新闻的方法，体会作者的态度与倾向”。结合单元要求，以“新闻读写”作为单元核心内容进行语言的建构和运用；本单元的六篇作品，都秉持着“用事实说话”的原则，不仅涉及军事、文化、体育等多个领域，而且各有其鲜明的风格特点。学生在阅读、采访、写作的活动中，逐步形成求真求实、冷静客观的思维方式，关注时事，开阔视野，体会新闻语言的“微言大义”及情感倾向，从而获得审美的鉴赏与提升。

二、单元整体作业设计

（一）作业目标

1. 撰写一则消息或新闻特写，聚焦新闻要素，明确消息或新闻特写的体裁特点和写作特点，展现多彩青春，理解新闻价值，使学生在语言建构和运用中获得思维发展与提升。

2. 完成一次采访，采用观察、材料收集、摄像等多种方式，培养学生策划组织、搜集整合信息，分工合作等综合能力，从而提高学生审美鉴赏能力与审美创造能力。

3. 创编一期《××中学校园新闻报》，运用所学新闻知识评选优秀作品，提高学生审美鉴赏能力与审美创造能力。

（二）作业内容

9月，我们迎来了新的学期。精彩的开学典礼寄托了师长的殷殷期望，激烈的足球比赛挥洒着拼搏的汗水，富有魅力的合唱节谱写着和谐的旋律……现诚邀你和我一起成为小小新闻人，借助新闻的形式，展现我们多彩的青春，完成“‘多彩青春’校园新闻展播”。

具体要求：

（1）从消息、新闻特写、通讯、新闻评论中选取一种体裁，完成新闻创作。

（2）围绕“多彩青春”的主题，创办校园报刊，至少完成两个版面的设计和编写。

（3）小组合作，完成一次现场采访，制作视频报道。（选做）

（4）参照播报评价标准，推选最佳新闻报道、最佳校园报。给最佳作品点赞，并发表评论，不少于20字。

（三）作业评价

单元学习后，完成“‘多彩青春’校园新闻展播”的各项任务。对照相应评价标准，推选最佳新闻报道、最佳校园报，以点赞和评论的方式发表见解。

消息评价标准见下表。

评价维度	分　值	得　分
标题简洁、明确、凝练、醒目。	10	
导语能准确概括新闻事实，表达精练。	20	
主体新闻要素全，采用倒金字塔结构。	30	
语言准确、简练，易懂。	20	
视角新颖，能吸引读者。	10	
时效性强，新闻价值大。	10	
总分：		
修改建议：		

新闻特写评价标准见下表。

评价维度	分　值	得　分
描写最具有新闻价值、最典型、最有表现力的瞬间、片段。	30	
运用多种写作手法，描写生动形象。	30	
语言准确、客观、简洁。	10	
视角新颖，能吸引读者。	10	
时效性强，新闻价值大。	20	
总分：		
修改建议：		

新闻采访评价标准见下表。

评价维度		分　值	得　分
采访前的准备	采访目标明确。	5	
	采访对象选取恰当。	5	
	采访准备充分，如录音、录像、拍照等器材。	10	
	采访提纲细致。	20	
	对背景资料有充分了解。	10	

续 表

评价维度		分 值	得 分
采访过程	采访范围适度，有代表性。	5	
	采访时尊重、平等对待被采访者，礼仪得当。	5	
	灵活运用采访技巧，访谈质量高。	20	
采访之后	能运用多种方法搜集、整合资料。	10	
	能选取整合有新闻价值的内容。	10	
总分：			
修改建议：			

校园报评价标准见下表。

评价维度		分 值	得 分
版面	报纸名称醒目，吸引读者。	10	
	报头符合要求，设计合理、美观。	10	
	排版主次分明，图文并茂，凸显“多彩青春”的主题。	30	
	图片与新闻内容一致，突出新闻价值。	5	
	字体大小合宜，且无错别字。	5	
团队	有明确的分工，人人负责。	10	
编辑	选登新闻（消息、特写、通讯、评论等）优质、典型，突出主题。	20	
读者意识	目标读者明确。	10	
总分：			
修改建议：			

注：优秀作品 85 ～ 100 分，良好 70 ～ 85 分，合格 60 分，不合格 0 ～ 59 分。

第二部分 作业说明

一、为什么设计这个作业

（一）设计依据

本单元属于“实用性阅读与交流”学习任务群。《义务教育语文课程标准（2022年版）》指出，本学习任务群旨在引导学生在语文实践活动中，“通过倾听、阅读、观察，获取、整合有价值的信息”。第四学段中提出“阅读新闻报道、时事评论等作品”“比较不同媒介的表达效果，尝试探究不同媒介的表达特点”。因此，本单元要紧扣“实用性”的特点，结合日常生活的真实情境进行教学，加强对跨媒介阅读与交流的指导，充分利用数字资源和信息化平台，引导学生提高语言理解与运用的能力，逐步增强语言的准确性和规范性，从而引导学生关注社会生活，获得有益的人生启示。

（二）教学内容分析

本单元为“活动·探究”单元，要求学生通过阅读新闻，掌握新闻的体裁和特点，了解新闻的采编过程，在新闻阅读、采访和创作中理解新闻的价值和使命。其中《消息二则》《首届诺贝尔奖颁发》是短消息，以倒金字塔式结构和精准的语言，全面、完整地报道新闻事实；新闻特写《“飞天”凌空》以细腻的正侧面描写等多种手法，刻画了起跳、腾空、入水三个瞬间；通讯《一着惊海天》以准确、生动的描述，高度还原了舰载战斗机着舰的全过程；新闻评论《国行公祭，为佑世界和平》条理清晰，运用对比，掷地有声地指出了国行公祭的必要性，抨击之余提出对待历史的正确态度，发人深省。在此基础上，学生围绕“多彩青春”的主题，参与采访、写作、编写报纸等活动，从而养成关注社会生活，传播正能量的意识，深入理解新闻的传播价值和社会使命。

（三）学情分析

新闻是学生很熟悉的一种文学样式，八年级学生虽然有了一定的阅读基础，也积累了一些阅读方法，但是还没有系统地学习和了解新闻，所以课前需要了解学生对新闻的基本常识和阅读方法等的认知情况。结果显示，学生有阅读新闻、了解时事的习惯，基本能够概述新闻的主要内容和观点，但大部分学生对新闻结构、体裁、要素、语言特色和作者的情感态度与倾向等内容缺乏了解。因此掌握新闻的基本常识，辨别体裁，学习新闻阅读的方法，进行新闻采访和写作是本单元的教学重点。本单元作业设计以校园新闻播报为载体，让学生在真实情境中读新闻、访新闻、写新闻、编报纸，从而真正理解新闻的意义和价值。

二、怎样完成这个作业

（一）整体框架说明

本单元教学以校园新闻展播为活动载体，以“多彩青春”为主题，通过新闻阅读、写作、采访、报纸创编等活动，掌握阅读新闻的方法，了解新闻特点，理解新闻的意义和价值。

整个单元设计分为六个课段，分别是“新闻初相识”“消息我在行”“新闻我会辨”“新闻我来访”“报纸我来组”“新闻我来评”。以校园生活真实情境为依托，通过采访、写作、创编报纸等一系列活动完成校园新闻展播。同时，适当补充其他新闻材料，丰富学生对新闻及采访的认知，加强学生对生活的观察和领悟。

以下为本单元整体教学的框架图（见下页）。

“多彩青春”校园新闻展播
——八年级上册第一单元整体作业设计

项目							
项目进程	发布作业，明确任务	完成子任务				核心任务展示与评价	
学习课段	新闻初相识（共 1 课时）	信息我在行（共 2 课时）		新闻我会辨（共 3 课时）	新闻我来访（共 1 课时）	报纸我来组（共 1 课时）	新闻我来评（共 1 课时）
		新闻我会读	消息我会写				
学习资源	本单元 6 篇新闻	《消息二则》 《首届诺贝尔奖颁发》 当天报纸	《新闻联播》 校园内新闻 《怎样写消息》（教材第 17 页）	《“飞天”凌空》 《一着惊海天》 《国行公祭，为佑世界和平》 助读材料二	“新闻采访”（教材第 15 页） 《朗读者》 《开讲啦》 助读材料三	《人民日报》 《中国青年报》 助读材料四	前期成果 教师补充评价量表
预习作业	读一周的新闻；选取你感兴趣的新闻粘贴在新闻本上，并说明理由。		筛选抄写《新闻联播》的新闻导语；书写校园或班级新闻的标题导语。	1. 预读三篇文章。 2. 比较消息与新闻特写、通讯、新闻评论的异同。	1. 预读教材第 15 页的“新闻采访”。 2. 预设《一着惊海天》的采访对象和问题。	1. 准备近期报纸、新闻。 2. 结合助读材料四，分小组查阅报纸编写材料。	
教学任务	1. 发布任务。 2. 整体感知，疏通字词。 3. 了解新闻结构及要素。	1. 理清消息结构，明确新闻要素。 2. 学会阅读新闻的方法。	1. 模拟新闻播报。 2. 为此次新闻播报撰写消息。	1. 学习三篇新闻。 2. 明确消息、新闻特写、通讯、新闻评论的特点和异同。	1. 明确新闻采访搜集新闻事实的方法，理解意义和价值。 2. 了解采访流程和方法。 3. 设计采访提纲。	1. 了解报纸的定义、要素及编排要求。 2. 小组合作完成报纸的设计及编排。	展示学习成果，推选优秀作品。
作业设计	1. 分类积累字词；运用本单元字词写一段话。 2. 阅读助读材料一，依据旁批、补白，梳理新闻知识，给新闻下定义。	1. 仿照示例，梳理《消息二则》的要素、结构。 2. 比较两则消息的异同。 3. 从报纸上筛选倒金字塔式新闻，并做批注。（为新闻写作做铺垫）	1. 从读者视角比较两则导语的不同。 2. 依据评价标准，修改自己写的消息。（为新闻写作做铺垫）	1. 把新闻特写改写为消息，或把消息改为新闻特写片段。 2. 把通讯改写为消息。 3. 完成新闻评论的结构图。 4. 完成不同文体比较异同的表格。 5. 推荐一篇优秀的新闻特写或通讯或新闻评论，并写明推荐理由。 6.（1）围绕“多彩青春”撰写校园消息或新闻特写，或通讯，或新闻评论；（2）将《一着惊海天》改写为消息。（选做）	1. 根据采访主题，修改采访提纲，小组合作完成一次采访。 2. 筛选采访资料，选择合适的新闻体裁，完成新闻写作。	以“多彩青春”为主题，设计校园报，分小组合作，完成报纸头版的编写。	根据评价标准选出优秀作品，运用所学的新闻知识，以点赞和评论的方式点评优秀作品，不少于 50 字。
核心任务	完成“‘多彩青春’校园新闻播报”的任务群，推选最佳新闻报道、最佳校园报。						

（二）作业实施说明

过程分解	第1课段	第2课段	第3课段	第4课段	第5课段	第6课段
课前完成	发布任务，读新闻，摘新闻。	筛选、抄写、创作新闻。	初步感知新闻体裁的异同。	预设《一着惊海天》的采访。	查阅报纸编写材料。	—
课堂完成	整体感知新闻，疏通字词。	运用适当的方法读新闻。报新闻，写消息。	辨析消息、特写、通讯、评论。	如何完成采访。	报纸的结构和编写。	成果汇报。
课后完成	新闻的结构、要素。	依据评价表修改消息。	新闻体裁改写创作。	完成采访，选取合适体裁完成写作。	筛选优质新闻，完成报纸编写。	新闻推送。

本作业设计围绕"'多彩青春'校园新闻展播"任务群展开，预习作业好比预热环节，为课堂教学做好铺垫和准备。课后作业是对课堂任务的补充和完善，在多个活动中完成对新闻的阅读和认知。

单元作业在课时作业的基础上，筛选、汇总，以报纸和视频报道的形式呈现校园多彩青春的风貌。报纸的编写、视频报道的制作，活动性、综合性最强。在设立小组之初，组长和组员就要确定不同的青春主题，从而明确选取新闻事实的角度，最终才会有完整和丰富的呈现。在这个过程中，学生多方面的能力得到锻炼，即使没有收获出色的成果，也在活动中收获了经验。

作业使用应结合班级具体学情，有选择地使用，可适当添加或减少作业。授课内容和助读材料要与时俱进，采用当天或新鲜的新闻，选取经典的范例给学生引路，用过程性评价帮助学生完善作业。同时，教师要引导学生关注社会生活，深入理解新闻的传播价值和社会使命。

（三）课时作业分解

第 1 课段　新闻初相识（共 1 课时）

第 1 课时　新闻初相识

课时作业目标

1. 准确工整地抄写词语，借助注释和工具书理解文言句意，在语境中合理使用词语，培养学生的语言文字运用能力。

2. 根据旁批与补白整合信息，梳理新闻的结构、要素。

3. 对所给材料的信息进行筛选、提取、整合，初步概括出新闻的概念。

课时作业内容

1. 预热作业。

读一周的新闻，选取你感兴趣的新闻粘贴在新闻本上，并说明理由。

2. 积累作业。

通读本单元课文，请在田字格中分类摘录易读错和易写错的词语。

要求：能够工整、准确地读写。

示例：

易读错： 要塞（sài）、锐不可当（dāng）、颁（bān）发、镌（juān）刻、仲（zhòng）裁、青蒿（hāo）素、翘（qiáo）首、悄（qiǎo）然。

易写错： 溃退、青蒿素、嵩山、竹篙、由衷、眼花缭乱、殚精竭虑。

优质四字词语： 摧枯拉朽、锐不可当、屏息敛声、一丝不苟。

词语摘录：

3. 语言运用作业。

请从本单元的词语中选取至少两个四字词、五个两字词，运用这些词语写一段话，并在段落中用着重号标出。

示例：

台下的观众屏息敛声，还没等从眼花缭乱中反应过来，吕伟已经展开身体，轻盈地起跳凌空，潇洒地落入水中，酷似笔直的箭，台下的观众用掌声表达由衷的赞赏。

王叔远娴熟地刻着木头，一丝不苟地镌刻着每一处细节，到了收尾部分，他屏息敛声，随着最后一刀的完成，他紧绷的心渐渐松了下来，身旁的朋友由衷地赞叹。

4. 信息整合作业。

阅读助读材料一，依据旁批、补白，为新闻下定义，梳理新闻的结构、要素。

【助读材料一】

新闻的定义

关于新闻的定义，中外新闻学界有几百种之多。下面列举几种关于新闻的定义，希望能对你认识新闻有启发。

新闻，广大观众欲知、应知而未知的重要的事实。

——记者范长江

新闻就是把最新的事实现象在最短的时间间距内连续地介绍给最广泛的公众。

——柏林大学教授道比法特

新闻是报道或评述最新的重要事实以影响舆论的特殊手段。

——甘惜分

> 狗咬人不是新闻，人咬狗才是新闻。
>
> ——美国《纽约太阳报》编辑主任约翰·博加特

依据所给材料，我们可以对新闻做出如下定义：

新闻是经由媒介传播的______________________________的消息。

依据旁批和补白，我们知道新闻由________、________、________、________、________构成。新闻的要素是______________________________。

课时作业评价

本课时共四项作业，其中预热作业安排在本单元学习之前的一周。作业 3 强调在不同情境中运用词语，可以是课内情境，也可以是课外情境。作业 4 为消息的阅读与写作做了铺垫，也可以作为第 2 课时的预习作业。

作业 2：积累作业评价标准见下表。

评价标准	评价等级
按时提交。	☆☆
按时提交，书写工整。	☆☆☆
按时提交，书写工整，准确无误。	☆☆☆☆
按时提交，书写工整，准确无误，体现个人思考。	☆☆☆☆☆

作业 3：语言运用作业评价标准见下表。

评价标准	评价等级
设定情境合理，少数词语使用得当，使用词语的数量不够。	☆☆
设定情境合理，多数词语使用得当，使用词语的数量不够。	☆☆☆
设定情境合理，多数词语使用得当，使用两个四字词、五个两字词。	☆☆☆☆
设定情境合理，所有词语使用得当，使用两个四字词、五个两字词。	☆☆☆☆☆

作业 4：筛选整合信息，能做出相对完整的概括即可。

第 2 课段　消息我在行（共 2 课时）

第 2 课时　新闻我会读

课时作业目标

1. 仿照示例，准确分辨《消息二则》的新闻结构，提取、概括新闻六要素。

2. 从不同角度比较《消息二则》的异同，使学生的思维得到发展和提升。

3. 从当天的报纸上选出倒金字塔式新闻，并划分新闻结构，做批注。

课时作业内容

1. 阅读与信息提取作业。

仿照《首届诺贝尔奖颁发》示例，梳理《消息二则》的结构和六要素。

示例 1——新闻结构：

倒金字塔

标题：首届诺贝尔奖颁发

导语：瑞典国王和挪威诺贝尔基金会今天首次颁发了诺贝尔奖。根据诺贝尔的遗嘱……为人类做出最大贡献的人。

主体：今年诺贝尔奖的获得者有……建立了促进国际仲裁的各国议会联盟。

结语：从即日起，根据诺贝尔的遗嘱……奥斯陆举行。

背景：1867 年，瑞典化学家……诺贝尔奖评委会。

示例 2——新闻六要素：

时　间	1901 年 12 月 10 日（诺贝尔逝世周年纪念日）
地　点	瑞典的斯德哥尔摩和挪威的奥斯陆
事　件	首次颁发诺贝尔奖

续　表

人　物	瑞典国王和挪威诺贝尔基金会
经　过	执行诺贝尔遗嘱
结　果	诺贝尔奖由四个机构颁发，发给为人类做出最大贡献的人

2. 思维发展与提升作业。

完成表格，比较《消息二则》中两则消息的异同。

篇　目	相　同	不　同
《我三十万大军胜利南渡长江》	都报道了渡江作战的情况；都表现出国民党军的虚弱，解放军的英勇；都交代了战争形势，也表明了我军必胜的信心。	
《人民解放军百万大军横渡长江》		

3. 实践操作作业。

从当天的报纸上筛选倒金字塔式新闻，并做批注。

要求：能够准确勾画出标题、导语、主体、结语等部分，并注明相应名称。

课时作业评价

本课时共三项作业。其中，作业 1 基本上可以在课上完成，课后只要按照范例归纳整理。作业 2 是对课上内容的又一次辨析和审视，从读者视角出发，侧重点不同，报道也要相应取舍。作业 3 是从生活实际出发，引导学生乐于实践，勇于探索，在生活中学语文、运用语文。

作业 1 和作业 3 的评价标准见下表。

评价标准	分　值
划分新闻结构上有偏差，提取要素不全面，不能按要求书写。	2
划分新闻结构上有偏差，提取要素不全面，能按要求书写。	3
能准确划分新闻的结构，提取新闻六要素，不能按要求书写。	4

续 表

评价标准	分 值
能准确划分新闻的结构，提取新闻六要素，并能按要求书写。	5

作业 2 能够写出第一则消息着重报道中路军的情况，第二则消息报道三路大军的情况；第一则描述了我军一往无前的战斗气势，揭示了敌军溃败的原因，第二则展示了敌人溃退的败状，分析了敌军惨败的原因，即可得 5 分。

第 3 课时　消息我会写

课时作业目标

1. 观看《新闻联播》，筛选提取新闻的标题或导语；书写校园或班级新闻的标题和导语。

2. 依据消息评价表，修改自己创作的消息。

课时作业内容

1. 预习作业。（二选一）

阅读教材第 17 页《怎样写消息》。

要求：

（1）筛选抄写《新闻联播》的新闻标题或导语。

（2）书写校园或班级新闻的标题和导语。

2. 语言赏析作业。

2006 年 5 月 20 日，三峡大坝坝体封顶，在此之前，新华社和美国《华盛顿邮报》都对此做了展望性报道，请从读者视角比较下面两则导语的不同。

> 全面建成三峡大坝已进入倒计时，大坝混凝土浇筑至 185 米高程还需最后 5 天。目前，最后一仓混凝土浇筑的备仓任务基本完成，预计验收后于18 日上午开始浇筑，浇筑将历时30 至35 个小时，至20 日完成。
>
> ——新华社

经过13年的努力，迁移了100多万村民，横跨长江的三峡大坝即将竣工。三峡工程是中国自修建长城以来进行的最宏伟的工程。中国官员说，到2008年工程全部完工后，蓄水能力将超过苏必利尔湖，26个发电机组每年能发电约850亿度。与之相比，位于美国内华达州和亚利桑那州边界的胡佛大坝每年只能发电40多亿度。

——《华盛顿邮报》

3. 项目作业。

依据评价标准，修改自己写的消息。

示例：

××中学初二（2）班模拟《新闻联播》播报

宋祎晨

新华社×××区××中学9月9日电 2022年9月9日，××中学初二（2）班在语文课上进行模拟《新闻联播》播报活动，同学们两两一组进行播报，整体完成度较高。

首先上场的是赵浩然和杨玥妍两位同学，整体内容围绕学校和班级活动展开。他们先回顾了9月1日的开学典礼与今日刚刚顺利举行的教师节活动，之后预报了初二（2）班接下来的活动。接下来的七组同学完成度也非常高，围绕近期发生的国际国内要闻进行播报。其中吴泽凡同学把播报的内容背了下来，精彩的表现让课堂掀起了一个小高潮。整节课课堂氛围融洽，同学们认真地听台上同学播报，并用热烈的掌声给播报的同学以支持与鼓励。

这次的活动虽然时间短暂，不能让全部同学上台展示，但同学们的热情高涨，对新闻有了进一步的认识和了解，期待大家下一次的展示。

课时作业评价

本课时共三项作业。其中，预习作业是课堂模拟新闻播报的基础，要扎实完成。课堂上，学生完成播报，并对模拟新闻播报这个事实进行报道，完成一则消息。作业 2 是两则导语的比较，培养学生的读者意识。作业 3 是修改完善课上完成的消息，为整个项目作业的完成做铺垫，参考“单元整体作业设计”中的“作业评价”。

第 3 课段　新闻我会辨（共 3 课时）

第 4 课时　新闻特写

课时作业目标

掌握新闻特写的特点，了解消息和新闻特写之间的差别，并能对教材内容进行改写。

课时作业内容

1. 预习作业。

阅读《“飞天”凌空》，借助旁批和补白，初步了解新闻特写的特点。

2. 思维提升和发展作业。

比较消息和新闻特写之间的差别，完成表格。

比较维度	消　息	新闻特写
时效性		一般
篇幅		篇幅比较灵活
主要内容	报道新闻整体事件	
表达方式	以记叙、说明为主	
标题	简明醒目，概括性强	

3. 写作作业。

从网上查找资料，将《“飞天”凌空》改写为消息。

示例：

中国姑娘吕伟勇夺第九届亚运会10米跳台跳水比赛金牌

新华社新德里11月24日电 11月24日，中国跳水姑娘吕伟在10米跳台跳水比赛中，技压群芳，一举夺魁。

新德里跳水运动馆，10米跳台跳水比赛进入白热化状态。八名各国选手按照次序登台比赛。四轮比赛过后，中国姑娘吕伟以微弱优势排在第一。第五轮比赛，选手们纷纷上了难度。吕伟这一轮选择的动作是“5136”，这是跳水比赛中难度系数最高的动作。只见她登上高台，静静站立。起跳，向前翻腾一周半，空中转体三周，身体打开，笔直地入水，压住了水花。完美的表现，裁判给了9.5分的高分。凭借这一跳，吕伟获得第九届亚运会10米跳台跳水比赛金牌。

课时作业评价

本课时共三项作业，作业1是预习作业，在书上进行圈点勾画。作业2是在课堂学习的基础上，进行比较阅读，从而明确消息与新闻特写的差别。作业3是在作业2的基础上，通过改写实践，进一步明确两种体裁的差别。

作业2参考答案：

比较维度	消　息	新闻特写
时效性	强	一般
篇幅	一般而言比较短	篇幅比较灵活
主要内容	报道新闻整体事件	突出呈现新闻事件的某一场景
表达方式	以记叙、说明为主	以记叙、描写为主
标题	简明醒目，概括性强	突出特写画面，概括性强

作业3：参考“单元整体作业设计”中的“作业评价”。

第5课时　通讯

课时作业目标

掌握通讯的特点，了解消息和通讯之间的差别，并能对教材内容进行改写。

课时作业内容

1. 思维发展与提升作业。

阅读助读材料二，结合课上所学内容，比较消息和通讯之间的差别，完成表格。

比较维度	消　息	通　讯
时效性		多报道已发生过的事实
主题	蕴含在新闻事实中	
选材		注重写人，描绘详细情形
结构		很少把重要内容放在第 1 段
表现手法	以叙事、说明为主	
语言	准确、简练、直截了当	

【助读材料二】

辨一辨消息、新闻特写和通讯

如果说消息是“报道新闻事件”，新闻特写是“描绘新闻瞬间”，通讯的主要任务就是“讲述新闻故事”，也被称作详细的消息。

一般来说，消息是要报道某一新闻事件的整体情况，并突出其中最重要的事实，所以叙述、说明是其主要表达方式。而通讯，除工作通讯外，都很注重写人。所以在选材时，通讯不仅要抓住主要新闻事实，还要抓住能表现主题的细节，常常借助描写、议论、抒情等手法。

例如，《一着惊海天》虽然运用了不少新闻特写的手法，如定格画面、细致描写等，但是该文有比较明显的开端、发展、高潮和结局，故事结构完整。这种场景组合式的写法，也逐渐成为通讯的常见写法。

2. 项目作业（写作作业）。

（1）围绕“多彩青春”，选取新闻事实，撰写校园消息（也可以写新闻特写或通讯）。

（2）将《一着惊海天》改写为消息。（选做）

课时作业评价

本课时共两项作业，作业 1 是在课堂学习的基础上，结合助读材料，进一步明确消息与通讯的差别。作业 2 分为两部分，其中一个是完成“年级新闻播报”的项目任务，这个作业在第 3 课时之后就布置给学生，学生可以从消息、新闻特写、通讯三种体裁中任选其一来完成。

作业 1 参考答案：

比较维度	消　息	通　讯
时效性	更强	多报道已发生过的事实
主题	蕴含在新闻事实中	有明显的主题
选材	侧重写事	注重写人，描绘详细情形
结构	头重脚轻，把最重要的内容放在前面	很少把重要内容放在第 1 段
表现手法	以叙事、说明为主	借助描写、议论、抒情等方式，综合表达
语言	准确、简练、直截了当	细腻、形象，感情色彩较浓

作业 2：参考“单元整体作业设计”中的“作业评价”。

第 6 课时　新闻评论

课时作业目标

1. 用思维导图的方式准确列出《国行公祭，为佑世界和平》的论证思路。

2. 掌握新闻评论的特点，了解消息、新闻特写、新闻评论和通讯之间的差别。

3. 对最近的新闻发表合理的评论。

课时作业内容

1. 思维发展与提升作业。

用思维导图的方式从结构、中心、写作手法等角度绘制《国行公祭，为佑世界和平》的论证思路图。

示例：

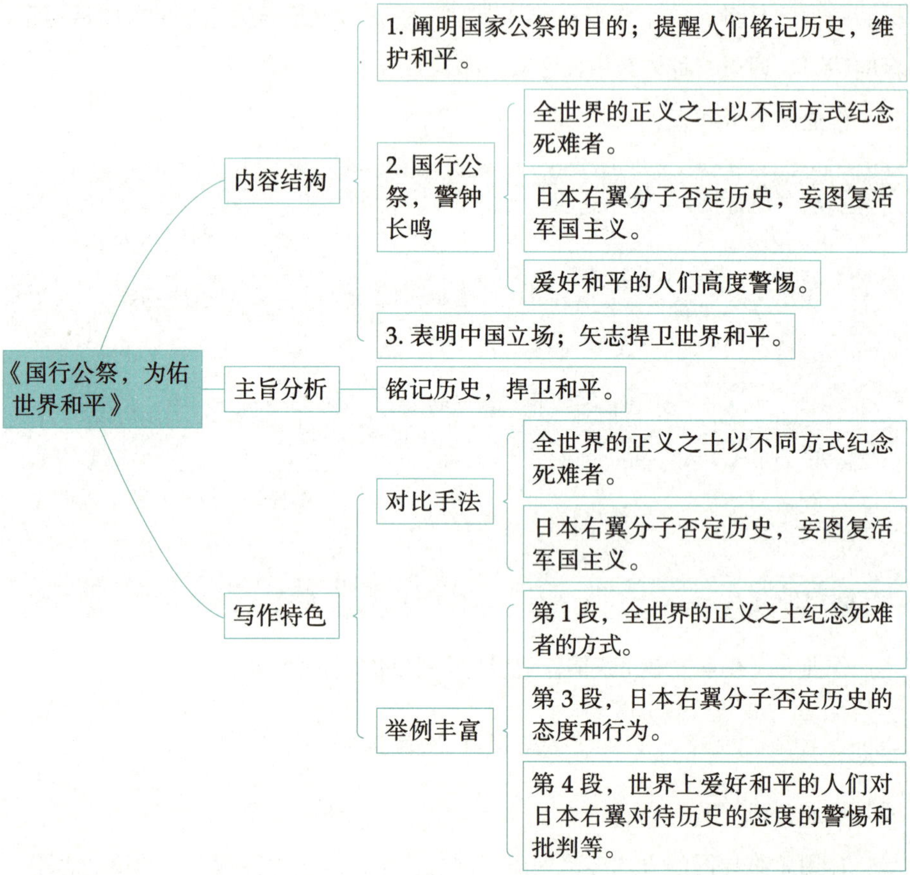

2. 拓展阅读作业。

能选取一篇优秀的消息或新闻特写，或通讯，或新闻评论，并运用所学新闻知识写出推荐理由。

新闻价值评定指标	具体内容	星　级
时效性	新闻及时发布，满足读者的需求。	☆☆☆☆☆
可读性	使用简洁明了的语言，充分考虑读者需要，使新闻更容易理解。	☆☆☆☆☆
实用性	能够提供有用信息，有助于读者的生活、学习、工作。	☆☆☆☆☆
独创性	新闻具有独特的观点，有创造性，能吸引读者的注意力。	☆☆☆☆☆
社会影响力	能够引起社会关注，对社会有积极的影响。	☆☆☆☆☆

3. 项目作业。

围绕“多彩青春”，选取新闻事实，撰写新闻评论。（选做）

课时作业评价

本课时共三项作业，作业 1 基本在课上完成，学生在课下完善与整理的同时，进一步理解新闻评论的特点；作业 2 是运用所学知识，筛选优秀的消息、新闻特写、通讯或新闻评论，能运用所学新闻知识进行点评；作业 3 虽然是项目作业，但新闻评论对于八年级学生来说，有一定的写作难度，所以不要求所有学生都完成。

作业 1：思维发展与提升作业评价标准见下表。

评价标准	评价等级
思维导图未能准确、清晰地体现文章思路。	☆
思维导图能准确、清晰地体现文章思路。	☆☆
思维导图能准确、清晰地体现文章思路，有重点标识。	☆☆☆
思维导图能准确、清晰地体现文章思路，有重点标识，书写工整。	☆☆☆☆
思维导图能准确、清晰地体现文章思路，有重点标识，书写工整，图形美观。	☆☆☆☆☆

作业 2：所选新闻符合新闻价值评定指标，能从新闻知识角度进行点评即可。

作业 3：写作作业评价标准见下表。

评价标准	分 值
迅速、及时地评述最新事件，阐述事理。	1
有明确的立场和观点，要切中读者心态，及时引导舆论。	3
有充分的事实、理论依据，观点要经得住考验。	3
论述过程合乎逻辑与常识。	2
篇幅简短，通俗生动。	1
总分：	

第 4 课段　新闻我来访（共 1 课时）

第 7 课时　新闻采访

课时作业目标

1. 了解新闻采访的流程、采访提纲的内容、注意事项等基本知识。

2. 根据新闻采访提纲的评价标准修改提纲，并完成一次采访。

3. 筛选整合采访资料，选择合适的新闻体裁完成新闻写作或视频报道。

课时作业内容

1. 预习作业。

（1）预读教材第 15 页的材料“新闻采访”和助读材料三，梳理、整理采访的一般常识。

【助读材料三】

新闻采访

新闻采访是指记者为获取新闻对客体所进行的观察、询问、倾听、思索和记录等活动。新闻采访是新闻写作的前提，是一种特殊的调查研究。采访的目的在于获得适于向大众传播的新闻事实。

采访是采访者对客体事物的认识过程，是采访者运用自己的新闻观点、知识积累和思维方式，通过亲自观察、倾听，经过思索而做出分析判断的过程。新闻采访要求采访者具有新闻敏感性、应变能力和采访技巧。

一般来说，一个完整的采访流程由前期准备、现场问答和后期整理三个部分组成。

前期准备包括：（1）确定采访主题。（2）从专业背景、个人经历、身份性格等方面慎重选择采访对象并与之联系，确定采访地点和时间。（3）搜集相关资料，拟出采访提纲。

现场问答应注意：守时赴约，注意仪表；彬彬有礼，机智倾听；有效提问，讲究技巧；紧扣采访主题，从多个角度和层面设问。同时，做好记录（包括笔录、摄影、录音、录像等）。

后期整理是关键，要去粗取精，选择重点。

（2）从《一着惊海天》中选取采访对象，预设采访问题。

示例：

采访对象	着舰指挥员
预设问题	1. 这次舰载战斗机着舰成功需要解决哪些难题？ 2. 在舰载战斗机起飞着舰的过程中，您发挥了怎样的作用？ 3. 舰载战斗机成功着舰，对我们中国来说意味着什么？

2. 项目作业。

根据采访主题，修改采访提纲，小组合作完成一次采访。

采访时间		采访地点		采访对象	
采访者		拍照人员		记录人员	
采访目的					
采访方式					
采访器材					
采访问题	1. 2. 3. ……				

3. 筛选采访资料，选择合适的新闻体裁，完成新闻写作或视频报道。

课时作业评价

本课时共有三项作业，作业 1 是预习作业，学生自主阅读，圈点勾画，掌握新闻采访的相关知识，为课上学习做铺垫。作业 2 是在课上完成提纲的基础上进行修改与完善，为作业 3 奠定基础。

作业 1 为基础作业 + 实践作业。只要能条理清晰地整理出新闻采访的知识点，选择采访对象，提出几个有关舰载战斗机着舰的问题即可。

作业 2：项目作业评价标准见下表。

采访目的	采访对象	采访问题	小组合作	评价等级
有明确而具体的采访目的。	能根据采访目的选择采访对象。	采访问题表述清晰，能被采访对象理解。	能设计出采访方案，完成采访内容总结。	合格
有基本明确的采访目的，对采访内容与新闻撰写思路有基本预设。	能根据采访目的选择采访对象，确定采访对象的范围。	能根据采访目的和采访对象的特点设置采访问题，采访问题表述清晰。	能明确小组分工，参照采访样例进行采访方案设计，完成采访内容总结。	良好

续　表

采访目的	采访对象	采访问题	小组合作	评价等级
有明确而具体的采访目的，能清晰地向他人表达自己的新闻采访立场，对采访内容与新闻撰写思路有基本预设。	能根据采访目的确定采访对象的范围，区分采访对象的类型。	能根据采访目的和采访对象的特点设置采访问题，采访问题能紧扣采访主题，采访问题的设计有逻辑性，表述清晰。	能明确小组分工，主动找到采访样例进行参考，设计出整体采访方案，完成采访内容总结。	优秀

作业 3：参考“单元整体作业设计”中的“作业评价”。

第 5 课段　报纸我来组（共 1 课时）

第 8 课时　编写报纸头版

课时作业目标

1. 了解报纸的定义、要素及编排要求。
2. 小组合理分工，完成报纸头版的编写。

课时作业内容

1. 预习作业。

选择几份有代表性的报纸，如《人民日报》《中国青年报》等，借助助读材料四整理报纸编写的相关常识。

【助读材料四】

报纸的定义及要素

报纸是以刊载新闻和时事评论为主的定期向公众发行的印刷出版物或电子出版物，是大众传播的重要载体，具有反映和引导社会舆论的功能。

报纸由报头、报眼、版位、栏目组成。报头总是放在最显著的地方，大都放在一版左上角，也有的放在一版顶部中间位置。报头上最主要的是报名，一般由名人书法题写，也有的用黑体字。报头下面常用小字注明编辑出版部门、出版登记号、总期号、出版日期等。

版面指各类稿件在报纸各版平面上的布局整体。第一版是要闻版，排在这一版上的新闻比其他版重要。在横排报纸的版面上，左上角比右上角重要。

2. 项目作业。

以“多彩青春”为主题，设计校园报，分小组合作，完成报纸头版的编写。

课时作业评价

作业 1：能够结合图文材料，整理报纸的结构和编写原则即可。

作业 2：参考“单元整体作业设计”中的“作业评价”。

第 6 课段　新闻我来评（共 1 课时）

第 9 课时　评选优秀作品

课时作业目标

1. 根据评价标准选出优秀的作品。

2. 用报纸、新闻等专业知识对学生作品进行点评。

课时作业内容

根据评价标准选出优秀作品，运用所学的新闻知识，以点赞和评论的方式点评优秀作品，不少于 50 字。

学生优秀作品展示：

山谷青春報

且长凌风翮　　乘春自有期

大峪中学开学典礼，师生共奋进，山河在我心

2022年9月1日，北京市大峪中学开学典礼顺利召开。典礼以"山河在我心——做绿水青山新居民"为主题，融合绿水青山文化。师生携手并进，共同努力，生动地演绎了门头沟区多年的历史传承、文化底蕴和人文形象。

开学典礼的第一幕为"山河初开，混沌共生"，全体学生藏于意为"海洋"的蓝色巨幕之下，当巨幕徐徐拉开之时，学生们扮演的"永定河群山"便显露出来，成为了门头沟的初形象。对于刚刚步入峪中的同学来说，这不仅是一次形式新颖的开学欢迎仪式，也是一次让同学们在亲身体验中感受门头沟形成过程的实践活动。

第二幕为"耕读传家，人情风土"。在山河掩映之中，老师们扮演的"先民"缓缓进入视线。有努力劳作的农民，有织布纳凉的妇女，有嬉戏玩耍的幼童，还有初一学生扮演的山中百兽，呈现了一幅好不热闹的迁民图，生动形象地演绎了祖先们迁至门头沟的经历路程。全校师生都参与进这次盛大的开学典礼，出色地完成好自己的任务。整个表演过程，老师和同学们不由得生发了自豪感与荣誉感，对即将开始的新学期做了不同的展望。

最后一幕为"丹心向党，筑梦未来"。刚刚参加完军训的同学们做出了精彩的表演。他们排列整齐，用旗语、党歌，以及最宏亮的口号声表达了对于迈入新学期的信心与期待，相信他们一定会向着美好的未来进发，拼搏。

基于过去，展望未来，本次开学典礼圆满完成。步入新学期的峪中师生们，是否能够在接下来的时光中努力拼搏，巩固自身？我想答案是肯定的。（记者宋祎晨）

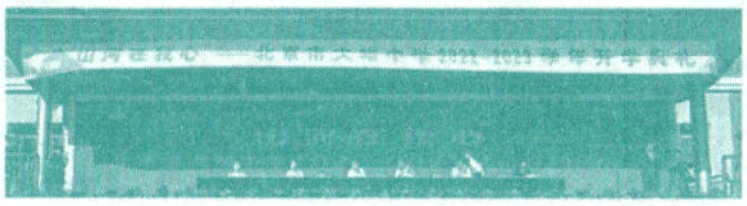

运动燃烧青春

——北京市大峪中学第一届春季运动会开幕

2023年4月27日，北京市大峪中学第一届春季运动会拉开了帷幕。本届运动会为期两天，在传统项目的基础上又增加了趣味竞赛项目，极具吸引力。同时，学校开设了创意集市，使同学们在观看比赛之余，还可以去到集市上挑选自己心仪的商品，放松身心，享受美好时光。

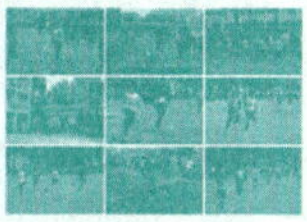

校长致辞结束，本届运动会正式开赛。全校的师生围坐在操场周围，有的同学屏息敛声地注视着准备起跑的运动员。有的同学高高举起手中的手牌，为运动员呐喊助威。放眼望去，人山人海的赛场井然有序。刚刚结束期中考试的同学对于这场运动会表现出十足的热情，欢呼呐喊声此起彼伏。据悉，在初二年级组男子4×100米接力比赛中，初二(5)班的同学在首次交接棒时不慎摔倒，导致他们一度落后于其他班级，但他们并没有就此放弃，而是在摔倒后迅速站起，奋力追赶。虽然初二(5)班最终没能取得耀眼的成绩，但是他们没有相互责备，而是互相鼓励，坦然面对现实。这位同学摔倒后，其他班的运动员也急忙赶来询问他有没有受伤，并且给予安慰和鼓励，正所谓"友谊第一，比赛第二"。运动员哪怕比赛摔倒，深知胜利无望，也要坚持追赶，坚持完赛，这种永不放弃的拼搏精神正是本次运动会的精神所在。

趣味竞赛也是本届运动会的一大看点。其中团体项目旋风跑令人印象深刻。八名同学需要一起拿起一根长达七米的竹竿，绕标志桶S形跑，这个项目既考验同学们的速度，又极大考验了他们之间的默契。初二(2)班的同学在赛前没有经过练习，但是他们凭借出色的配合一次通过，并且取得了第二名的好成绩。该班一位同学发言，本次比赛取得第二名的成绩令他无比激动和兴奋，在兴奋之余也深刻体会到团结协作的重要性，相信这次比赛将成为他中学生活中一次快乐的回忆。

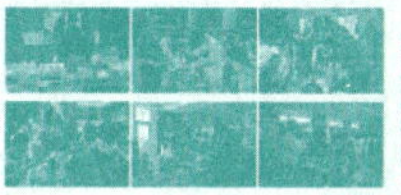

创意集市是大峪中学运动会的一大特色。跟随同学们的脚步走进集市，五彩缤纷的商品令你目不暇接。纪念品，大峪中学周边产品，卡片，贴纸，手链，玩具，美食……各式各样。有的同学发挥自己的动手能力，亲手编织了许多美丽的花朵进行售卖。有的同学大胆创新，设置了抽奖活动，得到同学们的喜爱。设置创意集市的目的就是为了让同学开动脑筋，大胆创新，用自己独特的方式吸引顾客，现在看来同学已经做到了这一点。

努力拼搏，在赛场上挥洒汗水；开动脑筋，在集市上大胆创新。相信大峪中学的学子通过两天的运动会，已经深刻领悟到努力拼搏，团结协作，不断创新的意义。也期待他们经过放松之后，以全新的姿态投入到日后的学习生活中去。（记者刘江现场报道）

大峪中学初二(7)班模拟新闻联播

记者:付朗辰

二零二二年九月九日，大峪中学初二(7)班在语文课上两两一组模拟新闻报导，整个过程十分精彩。

随着《新闻联播》的片头曲，模拟播报正式开始。

首先上场的是魏聪和宋梓硕同学,两个人都有一点紧张，虽然有点波折，但最终成功地完成了报道。接下来上场的是张睿涵和张桐语同学,他们准备充分，成功地完成报道。接下来是付朗辰和王乐麒同学，两位同学完全脱稿，沉稳镇定。从国际新闻到国内新闻，从政策变化到体坛快讯，两人出色的配合赢得了同学们热烈的掌声。后面的五组的报道也各有自己的特色。

报道完毕，语文课也告一段落,同学们仍沉浸在新闻播报的气氛之中，热烈地讨论着。

大峪中学第二届"红百灵"合唱比赛顺利举行

2023年3月8日，第二届"红百灵"班级合唱赛拉开了序幕。初一、初二、高一、高二分别开唱，合唱比赛全员参与，唱出了风范，唱出了水平。

比赛从3月8日起共三天，参赛的各个班级分别演唱了校歌和一首自选歌曲。其中在初二年级的自选歌曲里，初二(5)班演唱《少年中国说》时准备了伴舞，让人眼前一亮；初二(2)班同学自发组建了乐队，为歌曲《晴天》现场伴奏，掀起了一波小高潮；初二(1)班用粤语演唱Beyond的经典歌曲《海阔天空》，熟悉的旋律引发了全场大合唱；初二(4)班演唱革命歌曲《打靶归来》，红色老歌展现他们深厚的爱国情感。动听悠扬的歌声像百灵鸟一样，唱出了对校园生活的热爱，对人生理想的追寻与憧憬，以及对祖国母亲的无边爱恋。

"红百灵"班级合唱比赛为同学们提供了一个展示自我的舞台，发展同学们的天赋才华，这是令人难忘的记忆。这场音乐盛典，让同学们敞开心扉，释放激情，抒发时代豪情,展现了青春的飞扬神采！（记者 罗嘉琳）

跑步健将夺魁记

偌大的操场上，柳絮在风中肆意追逐。这是女子800米跑步比赛，她站在起点处，深呼吸，让自己保持冷静。听到预备的指令，她像一只警觉的豹子，唤醒自己所有的神经，准备起跑。场下同学们屏息凝神，观看比赛。

响亮的枪声一响起，她使劲一蹬，双臂剧烈摆动，如同一支离弦的箭，奔向前方。

在弯道处，我又看到了她：细细密密的汗珠布满额头，眉头微皱，嘴唇抿紧，脸红扑扑的。头发有的在空中飘飞，有的黏在脸上，手握成拳头，目光紧盯前方，坚定不移。她迈的每一步都是勇气，是坚持，是目标，是信念！

最后50米冲刺时，她的胸脯剧烈起伏着，大口大口地呼吸。随着观众们的鼓励、呐喊声，她屏住一口气，用力挥臂，重心压低，拼尽全力，冲向终点。

"第一名！第一名！"同学们欢呼着，激动地跑过去拥住她。老师也走过去，给了她一个大大的赞。走近她，我看到了她布满汗水的脸上微微扬起的嘴角。（记者 路可心）

跳出青春，越出精彩

她站在起跑线前，眉头紧锁，眼神飘忽不定的向四周看去。乌云在她的头顶上聚拢，周围压抑紧张的环境让她喘不过气。这是在大峪中学春季运动会的跳远比赛上。

轻闭双眼，深呼吸，只见袁楷茜坚定的眼神向上望去，随后如同离弦的箭一般向前方跑去，天边露出微光，她就像冲破乌云的流星一般奔跑着。

紧接着，她踩上木板纵身一跃，双腿呈弓状奋力地向前迈，双臂舒展，青春活力在这一刻展现得淋漓尽致。此时的她像是被空气托在了空中，重力对她没有丝毫作用；又像是变成了鸟，在空中自由自在，从容不迫地飞翔。她似乎把自己置身于比赛之外，冷静悠闲地享受着空中的时光，眉头舒展，一扫之前的紧迫之感。

还没等同学们反应过来，她就已经像蜻蜓点水般轻盈地跳入了沙坑中，天空重新放晴了，阳光照射在她的身上。

"太棒了！"老师在旁边喊道，周围的同学都为她鼓起了掌，第一次跳远的她战胜了自己，夺得了第一名。（记者 许嘉禾）

山谷青春报

SHANGU YOUTH

因为身在山谷　所以事事回响

Because I am in the valley, everything echoes.

山谷青春报报业集团 SHANGU YOUTH GROUP

第七届山谷杯新闻播报

大峪中学开学典礼 师生共奋进，山河在我心

本报讯（记者 宋祎晨 新闻特写）2022年9月1日，北京市大峪中学开学典礼顺利召开。典礼以“山河在我心——做绿水青山新居民”为主题，融合绿水青山文化。师生携手并进，共同努力，生动地演绎了门头沟区多年的历史传承，文化底蕴和人文形象。

开学典礼的第一幕为“山河初开，混沌共生”，全体学生藏于意为“海洋”的蓝色巨幕之下，当巨幕徐徐拉开之时，学生们扮演的“永定河群山”便显露出来，成为了门头沟的初形象。对于刚刚步入峪中的同学来说，这不仅是一次形式新颖的开学欢迎仪式，也是一次让同学们在亲身体验中感受门头沟形成过程的实践活动。

第二幕为“耕读传家，人情风土”。在山河掩映之中，老师们扮演的“先民”缓缓进入视线。有努力劳作的农民，有织布纳凉的妇女，有嬉戏玩耍的幼童，还有初一学生扮演的山中百兽，呈现了一幅好不热闹的迁民图，生动形象地演绎了祖先们迁至门头沟的经历路程。全校师生都参与进这次盛大的开学典礼，出色地完成好自己的任务。整个表演过程，老师和同学们不由得生发了自豪感与荣誉感，对即将开始的新学期做了不同的展望。

最后一幕为“丹心向党，筑梦未来”。刚刚参加完军训的同学们做出了精彩的表演。他们排列整齐，用旗语、党歌，以及最宏亮的口号声表达了对于迈入新学期的信心与期待，相信他们一定会向着美好的未来进发，拼搏。

基于过去，展望未来，本次开学典礼圆满完成。步入新学期的峪中师生们，是否能够在接下来的时光中努力拼搏，巩固自身？我想答案是肯定的。

北京市大峪中学第一届春季运动会

运动燃烧青春
——北京市大峪中学第一届春季运动会开幕

本报讯（记者 刘江 通讯）2023年4月27日，北京市大峪中学第一届春季运动会拉开了帷幕。本届运动会为期两天，在传统项目的基础上又增加了趣味竞赛项目，极具吸引力。同时，学校开设了创意集市，使同学们在观看比赛之余，还可以去到集市上挑选自己心仪的商品，放松身心，享受美好时光。

校长致辞结束，本届运动会正式开赛。全校的师生围坐在操场周围，有的同学屏息敛声地注视着准备起跑的运动员。有的同学高高举起手中的手牌，为运动员呐喊助威。放眼望去，人山人海的赛场井然有序。刚刚结束期中考试的同学对于这场运动会表现出十足的热情，欢呼呐喊声此起彼伏。据悉，在初二年级组男子4×100米接力比赛中，初二(5)班的同学在首次交接棒时不慎摔倒，导致他们一度落后于其他班级，但他们并没有就此放弃，而是在摔倒后迅速站起，奋力追赶。虽然初二(5)班最终没能取得耀眼的成绩，但是他们没有相互责备，而是互相鼓励，坦然面对现实。这位同学摔倒后，其他班的运动员也急忙赶来询问他有没有受伤，并且给予安慰和鼓励，正所谓“友谊第一，比赛第二”。运动员哪怕比赛摔倒，深知胜利无望，也要坚持追赶，坚持完赛，这种永不放弃的拼搏精神正是本次运动会的精神所在。

趣味竞赛也是本届运动会的一大看点。其中团体项目旋风跑令人印象深刻。八名同学需要一起拿起一根长达七米的竹竿，绕标志桶S形跑，这个项目既考验同学们的速度，又极大考验了他们之间的默契。初二(2)班的同学在赛前没有经过练习，但是他们凭借出色的配合一次通过，并且取得了第二名的好成绩。该班一位同学发言，本次比赛取得第二名的成绩令他无比激动和兴奋，在兴奋之余也深刻体会到团结协作的重要性，相信这次比赛将成为他中学生活中一次快乐的回忆。

创意集市是大峪中学运动会的一大特色。跟随同学们的脚步走进集市，五彩缤纷的商品令你目不暇接。纪念品，大峪中学周边产品，卡片，贴纸，手链，玩具，美食……各式各样。有的同学发挥自己的动手能力，亲手编织了许多美丽的花朵进行售卖。有的同学大胆创新，设置了抽奖活动，得到同学们的喜爱。设置创意集市的目的就是为了让同学开动脑筋，大胆创新，用自己独特的方式吸引顾客，现在看来同学已经做到了这一点。

努力拼搏，在赛场上挥洒汗水；开动脑筋，在集市上大胆创新。相信大峪中学的学子通过两天的运动会，已经深刻领悟到努力拼搏，团结协作，不断创新的意义。也期待他们经过放松之后，以全新的姿态投入到日后的学习生活中去。

责编:张贺　版式:张若彤

跳出青春，跃出精彩

本报讯（记者 许嘉禾）她站在起跑线前，眉头紧锁，眼神飘忽不定的向四周看去。乌云在她的头顶上聚拢，周围压抑紧张的环境让她喘不过气。这是在大峪中学春季运动会的跳远比赛上。

轻闭双眼，深呼吸，只见她带着坚定的眼神向上望去，随后如同离弦的箭一般向前方跑去，天边露出微光，她就像冲破乌云的流星一般奔跑着。

紧接着，她踩上木板纵身一跃，双腿呈弓状奋力地向前迈，双臂舒展，青春活力在这一刻展现得淋漓尽致。此时的她像是被空气托在了空中，重力对她没有丝毫作用；又像是变成了鸟，在空中自由自在，从容不迫地飞翔。她似乎把自己置身于比赛之外，冷静悠闲地享受着空中的时光，眉头舒展，一扫之前的紧迫之感。

还没等同学们反应过来，她就已经像蜻蜓点水般轻盈地跳入了沙坑中，天空重新放晴了，阳光照射在她的身上。

“太棒了！”老师在旁边喊道，周围的同学都为她鼓起了掌，第一次跳远的她战胜了自己，夺得了第一名。

跑步健将夺魁记

本报讯（记者 路可心）偌大的操场上，柳絮在风中肆意追逐。这是女子800米跑步比赛，她站在起点处，深呼吸，让自己保持冷静。听到预备的指令，她像一只警觉的豹子，唤醒自己所有的神经，准备起跑。场下同学们屏息凝神，观看比赛。

响亮的枪声一响起，她使劲一蹬，双臂剧烈摆动，如同一支离弦的箭，奔向前方。

在弯道处，我又看到了她：细细密密的汗珠布满额头，眉头微皱，嘴唇抿紧，脸红扑扑的。头发有的在空中飘飞，有的黏在脸上，手握成拳头，目光紧盯前方，坚定不移。她迈的每一步都是勇气，是坚持，是目标，是信念！

最后50米冲刺时，她的胸膛剧烈起伏着，大口大口地呼吸。随着观众们的鼓励、呐喊声，她屏住一口气，用力挥臂，重心压低，拼尽全力，冲向终点。“第一名！第一名！”同学们欢呼着，激动地跑过去拥住她。老师也走过去，给了她一个大大的赞。走近她，我看到了她布满汗水的脸上微微扬起的嘴角。

北京市大峪中学第二届“红百灵”班级合唱比赛顺利举行

本报讯（记者 罗嘉琳 消息）2023年3月8日，第二届“红百灵”班级合唱赛拉开了序幕。初一、初二、高一、高二分别开唱，合唱比赛全员参与，唱出了风范，唱出了水平。

比赛从3月8日起共三天，参赛的各个班级分别演唱了校歌和一首自选歌曲。其中在初二年级的自选歌曲里，初二(5)班演唱《少年中国说》时准备了伴舞，让人眼前一亮；初二(2)班同学自发组建了乐队，为歌曲《晴天》现场伴奏，掀起了一波小高潮；初二(1)班用粤语演唱Beyond的经典歌曲《海阔天空》，熟悉的旋律引发了全场大合唱；初二(4)班演唱革命歌曲《打靶归来》，红色老歌展现他们深厚的爱国情感。

动听悠扬的歌声像百灵鸟一样，唱出了对校园生活的热爱，对人生理想的追寻与憧憬，以及对祖国母亲的无边爱恋。

“红百灵”班级合唱比赛为同学们提供了一个展示自我的舞台，发展同学们的天赋才华，这是令人难忘的记忆。这场音乐盛典，让同学们敞开心扉，释放激情，抒发时代豪情，展现了青春的飞扬神采！

大峪中学初二(7)班模拟新闻联播

本报讯（记者 付朗辰）二零二二年九月九日，大峪中学初二(7)班在语文课上两两一组模似新闻报导，整个过程十分精彩。

随着《新闻联播》的片头曲，模拟播报正式开始。

首先上场的是魏聪和宋梓硕同学，两个人都有一点紧张，虽然有点波折，但最终成功地完成了报道。接下来上场的是张睿涵和张栩语同学，他们准备充分，成功地完成报道。接下来是付朗辰和王乐麒同学，两位同学完全脱稿，沉稳镇定。从国际新闻到国内新闻，从政策变化到体坛快讯，两人出色的配合赢得了同学们热烈的掌声。后面的五组的报道也各有自己的特色。

报道完毕，语文课也告一段落，同学们仍沉浸在新闻播报的气氛之中，热烈地讨论着。

课时作业评价

参考“单元整体作业设计”中的“作业评价”。

三、如何评价这个作业[①]

本单元是教材中的第一个“活动·探究”单元，作业设计着眼于实用性，

① 点评教师：宋淑英。

结合日常生活的真实情境进行活动。基于单元整体教学框架，以“‘多彩青春’校园新闻播报”作为总任务，结合授课内容，引导学生开展各种言语实践、写作、编写等活动，从而提升学生的语文素养。

首先，整个作业设计环环相扣，层进式展开。从新闻阅读、新闻播报，到新闻写作、采访报道、报纸编写，都是在原有基础上的实践与提升。其次，整个设计立足于校园这个真实的生活情境，学校会有开学典礼、教师节庆典、足球比赛等各种活动，学生们读新闻、写新闻，用多种形式报道校园的多彩青春。最后，作业设计丰富多彩，有模拟新闻播报、新闻体裁的改写、现场采访、报纸的设计与编写等，让学生在实践操作中学语文、用语文。同时，为了弥补单元内容的局限，作业设计中补充了许多新闻、报纸的相关知识，为学生更好地掌握新闻做了有效的补白。

本单元的作业设计以各种活动串联其中，力图通过多角度、全方位的作业设计使学生获得更为全面的认知。但在设计中，对于语言的生动形象、凝练雅致，对话与动作等的现场感，在作业设计中体现得还不够。再如，对于新闻文体的特殊性、新闻的社会价值和使命、新闻呈现的客观事实与写作者的主观态度之间是否矛盾等，也要适当引导学生站在新闻价值的角度去辩证思考，以全面把握新闻文体。在作业完成后的评价与指导过程中，教师还要查漏补缺，给学生以切实有效的指导。

北京市大峪中学　张　贺

第二节

探说明之法，寻文明印记

——八年级上册第五单元“创作《生物化石鉴赏图典》”整体作业设计

第一部分 作业呈现

一、单元内容简介

八年级上册第五单元是事物说明文单元，人文主题为“文明印记”，主要介绍中国建筑、古典园林、动物的生命历程、艺术画作等，类型较为丰富，字里行间闪烁着智慧的光芒。本单元的语文要素强调“把握说明对象的特征”，了解文章是“如何使用恰当的方法来说明的”，揣摩体会“说明文语言严谨、准确的特点”，在此基础上加强思维训练，增强思维的条理性和严密性。单元写作要求学生能够抓住事物特征清楚地介绍。因此，本单元的主要教学点是把握说明文的特点，学习如何将一个事物介绍清楚。学习本单元内容，学生在信息的筛选、提取、概括的过程中，感受说明对象的特征，培养实事求是的科学精神，在探究体验中落实审美的鉴赏和创造。

二、单元整体作业设计

（一）作业目标

1. 列提纲提取说明对象主要特征，并运用恰当的说明方法开展具体介绍，提升语言运用能力，促进思维发展与提升。

2. 综合运用说明文顺序、说明文语言等要素，为化石撰写说明性文字，学会围绕事物特征准确且有条理地介绍，实现审美欣赏与创造。

（二）作业内容

近日，随着博物馆课程的开展，校园生物化石陈列室吸引了很多同学前来驻足观赏。“寻找生命之美”社团准备筹划完成《生物化石鉴赏图典》以普及生命科学知识，探寻文明印记。现社团招募志愿者为图典中的化石撰写介绍性文字，请你运用本单元所学说明文知识，为其贡献一份智慧吧。

要求：

（1）选取校园生物化石陈列室中感兴趣的一种化石，为其做文字说明。

（2）化石介绍要运用一定的说明方法围绕特征展开，语言严密、有条理。

（3）小组合作，为校园生物化石陈列室写一句介绍文字，重点突出，条理清晰，用文字吸引更多同学前来“打卡”。（选做）

提示

可以根据各地区、各学校实际情况选择区域博物馆、植物园、校园标本室等不同场所，说明对象可以为动物、植物等不同类型。总之，一切可以利用的周边资源皆可。

参考示例：

北京市大峪中学利用校园衍化园开展此次化石介绍，设计的《化石鉴赏图典》封面如下图所示。

（三）作业评价

随着单元学习内容的进行，逐步完成《生物化石鉴赏图典》的各项任务。

每位同学都要完成一份介绍作品，小组以作品合集的方式呈现。参照事物说明文创作评价表（见下表）开展评价，推选“最佳作品集”“最佳说明奖”，并以推荐语（一句话）的方式发表见解。

选做作业为小组合作完成，评价表标准同必做单元作业，即事物说明文创作评价表。

评价项目	评价内容	等级			
		优秀（5颗星）	良好（4颗星）	一般（2～3颗星）	待提高（1颗星）
说明对象	1. 说明对象明确，图文相配。 2. 能抓住说明对象的主要特征来说明和介绍，重点突出。				
说明方法	能够使用恰当的说明方法来突出对象的特征。				
说明语言	1. 说明语言准确严密，科学真实，流畅简洁。 2. 能够恰当地运用多种表达方式，形成自己的语言风格，有一定的感染力和可读性。				

续 表

评价项目	评价内容	等级			
		优秀（5 颗星）	良好（4 颗星）	一般（2 ～ 3 颗星）	待提高（1 颗星）
结构顺序	1. 能够根据说明目的和表达需要，安排合理的结构。 2. 能够使用提示性词语安排说明的顺序，详略得当，条理清晰。				

注：根据实际教学，可采用自评、互评和师评等多种评价方式。优秀作品 17 ～ 20 颗星，良好 13 ～ 16 颗星，合格 6 ～ 12 颗星，不合格 0 ～ 5 颗星。

“最佳说明奖”需要达到 17 颗星及以上；“最佳作品集”需要合集内的 80% 单篇作品达到 17 颗星及以上，且图文设计有一定的美感。

推荐语参考：

《饮食与中国文化》推荐语：从这里开始，探寻中华文明千年饮食记忆。

第二部分 作业说明

一、为什么设计这个作业

（一）设计依据

本单元属于“实用性阅读与交流”学习任务群。《义务教育语文课程标准（2022 年版）》在第四学段“阅读与鉴赏”语文实践活动中要求，阅读说明性文章，要能够“获取主要信息”。“表达与交流”语文实践活动中要求，写作时考虑不同的目的和对象，根据表达的需要，围绕中心，选择恰当的表达方式。因此，本单元要紧扣“实用性”的特点，结合日常生活的真实情境进行教学，充分利用身边的学习资源，引导学生提高语言理解与运用的能力，逐步增强语言的准确性和条理性，从而引导学生关注和探索身边的事物，培养求真求实的科学精神。

（二）教学内容分析

本单元的五篇文章类型丰富，语言风格又各有特点。比如，茅以昇是一位桥梁专家，因此在写作中会有许多科学数据的出现。叶圣陶是一位教育家、作家，写作时自然会运用规范的词语与句式，文章充满了规范的美感。周定舫是一位新闻工作者，他写的《人民英雄永垂不朽》是在采访实践中形成的，体现了极高的新闻素养。此外，为了表现“人民英雄永垂不朽”，他采用“瞻仰记”的形式一边瞻仰一边介绍，整篇文章不仅有很强的感染力，还给读者一种身临其境的感觉。法布尔虽然是一位昆虫学家，但他同时也是一位作家，他对动物有着发自内心的热爱，往往把昆虫当作人，把昆虫社会当作人类社会，因此他的文章不仅有极其细腻的观察，还倾注了抑制不住的喜爱之情。毛宁是一位作家，因此在他的眼里，《清明上河图》首先不是其具有的美术价值，而是其具有的文化和历史价值。正是五位作者身份的差异，造成了作品同中有异的审美风格。

（三）学情分析

八年级学生对说明文有一定的阅读基础，也积累了一些说明文的知识。阅读简单的说明性文章，学生能够抓住要点，了解文章的基本说明方法，能从材料中找出有价值的信息。学生对说明对象的理解停留在表面上，缺乏对事物特征的具体分析能力。借助说明性文章，我们对学生进行了学情前测。测试结果显示，学生在以下方面需要进行能力训练：

（1）提取、归纳、概括主要信息，把握信息之间的联系。

（2）理解掌握各种说明方法，并能根据表达需要恰当运用。

（3）揣摩体会说明文语言精当、准确，增强思维的条理性、严密性。

以校园生物化石介绍为活动载体，让学生在真实的任务情境中掌握说明文的特点并学习如何将一个事物介绍清楚。在跨学科的知识融合中实现“一只脚跨出去”，在生活中运用知识，实现“一只脚跨回来”，深入理解和掌握学科知识要素。

二、怎样完成这个作业

（一）整体框架说明

本单元教学以创编《生物化石鉴赏图典》为活动载体，以“介绍化石”为任务驱动，通过选定说明对象、提取说明对象特征、打磨语言等环节，掌握阅读事物说明文的方法，体会说明文的文体特点。

整个单元设计分为四大课段，分别是“说明文体我了解”“事物特征我清楚”“说明之法我探究”“说明文字我书写”。以校园生活真实情境为依托，读写结合，通过走访、写作、修改一系列活动完成化石文字介绍，引导学生在生活中运用所学知识解决问题，拓宽思维，发展探究精神，提高综合素养。

以下为本单元整体教学的框架图（见下页）。

探说明之法，寻文明印记
——八年级上册第五单元整体作业设计

基本问题	如何通过信息的筛选提取，把握说明对象及其特征？		→		如何根据说明目的，运用所学方法准确且有条理地介绍说明对象？	
核心任务	走进校园生物化石陈列室，为《生物化石鉴赏图典》撰写化石介绍文字，向广大师生普及生命科学知识，探寻文明印记。					
项目进程	发布任务	→	完成子任务		→	完善成果
学习课段	说明文体我了解（共 1 课时）	事物特征我清楚（共 1 课时）	说明之法我探究（共 3 课时）：说明方法我来辨	说明之法我探究（共 3 课时）：写作思路我理解	说明之法我探究（共 3 课时）：说明语言我品鉴	说明文字我书写（共 1 课时）
学习目标	1. 发布项目任务。 2. 通读文章，疏通字词。 3. 明确说明文文体特点，了解说明文相关知识。	整体感知，筛选、提取、概括重点信息，把握说明对象的主要特征。	结合具体语境，体会说明方法对展现事物特征所起的作用。	梳理，逐段研读，理清说明顺序，理解写作思路。	对比阅读，体会、揣摩不同文章风格下说明语言的准确、严密。	根据评价量表及修改建议，完善小组创作。
教学任务	明确项目相关要求，落实分组情况。 自读本单元文章，勾画字词，熟悉内容。	阅读《苏州园林》，通过勾画中心句，圈点提示性词语，在概括各段段意的基础上归纳说明对象的主要特征，感受苏州园林的图画美。	阅读《中国石拱桥》，运用做批注的方法，明确说明方法及对说明对象特征的作用。	阅读《苏州园林》《梦回繁华》，明确语句间、段落间层次关系，理解文章结构，明确写作顺序，体会这样安排的好处。	对比阅读《梦回繁华》《蝉》《人民英雄永垂不朽》，用删改词语的方法体会不同风格下说明文语言的准确、严谨。	小组内自评、互评、交流、修改。
作业设计	1. 回顾课上所学，制作说明文知识卡片。 2. 实地走访校园生物化石陈列室，寻找感兴趣的化石，并利用网络查找相关介绍。	1. 请运用课上所学方法，把握《中国石拱桥》中赵州桥、卢沟桥的特征，任选其一，画出它的示意图，并做必要标注说明。 2. 小组成员共享资料，确定化石介绍时所选取的材料，各自概括提炼说明对象的 2～3 个主要特征。	1. 在《苏州园林》中选择一处景物，寻找突出此景物特点的图片，说明方法的作用。 2. 运用恰当的说明方法，对所选化石主要特征进行说明。（200 字左右）	1. 阅读《蝉》，用流程图画出蝉的生命简史，并思考：为什么作者不是按照蝉的生命历程来介绍？ 2. 按一定的顺序，梳理并完善化石的说明介绍文字。要求：条理清晰，结构合理。（400 字左右）	依据写作目的，选择自己擅长的语言风格，初步完成化石的文字介绍。（400 字左右）	1. 根据评价量表及修改建议，完成化石的介绍并集结成册。 2. 小组合作完成作品集前言设计。

（二）作业实施说明

过程分解	第 1 课段	第 2 课段	第 3 课段	第 4 课段
课堂完成	明确项目任务，疏通字词，熟悉文章。	筛选提取信息，把握说明对象的特征。	体会说明方法、行文思路、说明文语言的安排与运用。	依据评价量表，修改写作内容。
课后完成	小组明确具体说明对象。	概括说明对象的 2 ～ 3 个特征。	运用所学方法，探究将事物介绍清楚的说明策略。	完成说明对象的文字介绍。

本作业设计围绕《生物化石鉴赏图典》中“介绍化石”这一学习任务群展开，课后作业是对课堂知识的补充和完善，在多个活动中完成事物说明文的阅读和写作。

单元作业在课时作业的基础上，筛选、汇总，以《生物化石鉴赏图典》电子图册的形式呈现。在设立小组之初，组长和组员要确定介绍的化石，从而明确说明对象，在实地走访、观察记录、查阅资料中建立对说明对象的认识，在课堂学习和探究交流过程中深入学习如何将说明对象介绍清楚的方法，最后借助成果检验学习的效果和完成情况，活动性、实践性、综合性最强。在这个过程中，学生思维能力和综合素养会得到多方面的提升。

作业使用应结合班级具体学情，有选择地使用，可适当添加或减少作业。授课内容与课时作业紧密结合，选取经典的篇目给学生引路，实现“教—学—评”一体化，用过程性评价帮助学生完善作业。同时，引导学生观察生活，观察自然，探索发现，激发学生的探索欲望和求知欲望。

（三）课时作业分解

第 1 课段　说明文体我了解（共 1 课时）

第 1 课时　说明文体我了解

课时作业目标

1. 通读文章，疏通字词。

2. 完成说明文知识卡片，明确说明文文体特点。

课时作业内容

1. 积累作业。

通读本单元课文，请在作业本上整理易错词语。

要求：能够工整、准确地读写。

示例：

易读错：记载（zǎi）、惟妙惟肖（xiào）、轧（yà）、遒劲（qiú jìng）、摄（shè）取。

易写错：桥墩、丘壑嶙峋、雕镂题跋、喧嚣、斟酌、摩肩接踵、自出心裁、春寒料峭、长途跋涉。

2. 知识整理作业。

回顾课上所学，制作说明文知识卡片。

示例：

说明文知识卡片	
定　义	
说明方法	
说明顺序	
说明语言	
结构安排	

3. 单元学习实践作业。

实地走访校园生物化石陈列室，寻找感兴趣的化石，并利用网络查找相关介绍。

课时作业评价

作业 1：积累作业评价标准见下表。

评价标准	评价等级
按时提交。	☆☆
按时提交，书写工整。	☆☆☆
按时提交，书写工整，准确无误。	☆☆☆☆
按时提交，书写工整，准确无误，体现个人思考。	☆☆☆☆☆

作业 2：知识整理作业评价标准如下。

评价指标	分值				自评	互评	师评
	优秀	良好	一般	待提高			
内容全面	20	15	10	5			
知识准确	20	15	10	5			
书写工整	20	15	10	5			
体现个人思考	20	15	10	5			

作业 3 是实践性作业，学生以小组为单位确定说明对象，能够积极主动准备，能查找相关介绍即可。

第 2 课段　事物特征我清楚（共 1 课时）

第 2 课时　事物特征我清楚

课时作业目标

整体感知，筛选、提取、概括重点信息，把握说明对象的主要特征。

课时作业内容

1. 阅读与信息提取作业。

请运用课上所学方法，把握《中国石拱桥》中说明对象的特征。根据你的理解，用示意图将说明对象的特征展示出现。

2. 单元学习实践作业、阅读与信息提取作业。

小组成员共享资料，确定化石介绍时所选取的材料，各自概括提炼说明对象的 2 ～ 3 个主要特征。

课时作业评价

本课时共两项作业。其中，作业 1 是课上学习方法的运用，是对文章信息的提取、概括、归纳、整理，并以示意图的形式呈现出来。

作业 1 的要求见下表。

评价指标	作业要求
标注	清晰、准确、全面。
画图	抓住说明对象的主要特征，准确地将文字信息转化为图画信息，信息全面，画图清晰。

评价标准见下表。

评价标准	评价等级
标注较为简单，对说明对象的特征理解不准确，图文转化不太相符。	☆
标注不太全面，能够抓住说明对象的部分特征将文字信息转化为图画信息，但信息不全面。	☆☆
标注基本准确、全面，能够抓住说明对象的主要特征，基本准确地将文字信息转化为图画信息，信息基本全面，画图基本清晰。	☆☆☆
标注比较准确、全面，能够抓住说明对象的主要特征，准确地将文字信息转化为图画信息，信息比较全面，画图基本清晰。	☆☆☆☆
标注清晰准确、全面，能够抓住说明对象的主要特征，准确地将文字信息转化为图画信息，信息全面，画图清晰。	☆☆☆☆☆

作业 2 是在任务情境中考查学生对信息的筛选提取，引导学生在生活中运用语文。作业中学生要抓住事物的主要特征，概括 2 ～ 3 条即可，不需面面俱到。

示例：

剑齿象化石：（1）牙齿长，体型大。（2）草食性陆地霸主。

第 3 课段　说明之法我探究（共 3 课时）

第 3 课时　说明方法我来辨

课时作业目标

整体梳理，逐段研读，理清说明顺序，理解写作思路。

课时作业内容

1. 思维发展与提升作业。

请你在《苏州园林》中，选择感兴趣的一处景物，如园林角落、花墙廊子、假山池沼、亭台轩榭等，从网络上寻找一张或一组突出此景物特点的图片。结合图片，分析文本中说明方法的作用。

这一张 / 组图片为我们展示了苏州园林的__________。从中感受到了______美。对应的文本内容为：

____

____

____。

这段文字运用了______________的说明方法，展现了苏州园林___

____

____。

2. 单元学习实践作业。

请运用恰当的说明方法，对所选化石主要特征进行具体介绍。（200字左右）

课时作业评价

作业1能结合文章内容明确景物特点，并理解说明方法对表现事物特征起到的作用即可。评价标准见下表。

评价指标	分值
能够准确描述图片与文本所体现出的一致的事物特征。	2
准确把握说明方法。	2
明确表达说明方法对展现事物特征起到的作用。	2

作业2：评价标准见下表。

文字介绍标准	分值
说明对象明确。	1
准确把握说明对象特征，重点突出。	3
恰当运用了多种说明方法。	4
语言准确、简练、易懂。	2

作业2参照示例：

三叶虫的形状大多为卵圆形或椭圆形，个体大小相差却很悬殊；乌拉裂肋虫长达70厘米，比一个标准橄榄球还大；而球接子却只有不到6毫米，还没有一粒大米大。

三叶虫最大的特征是它的外骨骼构造。三叶虫有一块完整且能弯曲的外骨骼，如同一件坚硬的铠甲，让三叶虫成为名副其实的“海底小坦克”。这副外骨骼也能支撑三叶虫的身体，让它可以挺起胸膛，从诸多羡慕万分的软体动物中脱颖而出。这副外骨骼也在中古生代时帮助三叶虫登陆，适应了陆地生活。

三叶虫会定期蜕壳，以形成新的外骨骼。每当三叶虫蜕过一次壳，它的新盔甲都会加上一节。最古老的石三叶虫，从幼虫到成虫就要蜕壳近10次，只有不再蜕壳，才算是成虫。

第 4 课时　写作思路我理解

课时作业目标

1. 整体梳理，研读段落间、语句间层次关系，理清说明顺序，理解写作思路。

2. 运用所学方法，学会安排与设计行文思路，完成说明文段的创作。

课时作业内容

1. 思维发展与提升作业。

阅读《蝉》，用流程图画出蝉的生命简史，并思考：为什么作者在结构安排上不是按照蝉的生命历程进行的？

2. 单元学习实践作业。

按照一定的顺序安排结构层次，补充完善化石的说明介绍文字，做到条理清晰，结构合理。（不少于 400 字）

课时作业评价

作业 1：评价标准见下表。

评价标准	评价等级
思维导图未能准确、全面、清晰地体现蝉的生命历程。	☆
思维导图基本准确、全面、清晰地体现蝉的生命历程。	☆☆
思维导图较为准确、全面、清晰地体现蝉的生命历程，有重点说明。	☆☆☆
思维导图准确、全面、清晰地体现蝉的生命历程，有重点说明。	☆☆☆☆
思维导图准确、全面、清晰地体现蝉的生命历程，有重点说明，书写工整。	☆☆☆☆☆

作业 2 是单元学习实践作业中的一个环节，借助作业要求清单，自查文字介绍作品的结构及行文思路的安排，以检验其合理性。

作业要求清单	
文章思路	首先__________，其次__________，再次__________，最后__________。
结构安排 （总分、分总、总分总）	段落： 篇章：
说明顺序 （时间顺序、空间顺序、逻辑顺序）	段落： 篇章：

第 5 课时　说明语言我品鉴

课时作业目标

在写作实践中体会、揣摩不同文章风格下说明语言的准确、严密，发扬求真精神。

课时作业内容

依据写作目的，在图典化石的介绍过程中选择自己擅长的语言风格，初步完成项目作业。

要求：用词准确、严密。（不少于 400 字）

课时作业评价

本课时作业评价采用学生自查和教师评价相结合的方法，学生初步自查并完成说明文写作技巧清单对照表中的内容，之后教师对照说明小片段评价表进行评价。

说明文写作技巧清单对照表如下。

项　目	自查项目
说明对象清晰，事物特征明确	是（　）否（　）特征：①________，②________，③________。
语言风格（平实 / 生动）	平实（　）生动（　）

续　表

项　目	自查项目
说明方法的运用	举例子（　）列数字（　）作比较（　） 打比方（　）分类别（　）画图表（　） 下定义（　）引资料（　）摹状貌（　）
表达方式的选择	记叙（　）描写（　）议论（　） 抒情（　）说明（　）
用词准确，语言简洁	修饰、限制词语的运用；语言简洁，不啰唆。
其他说明	

说明小片段评价表如下。

评价标准	分　值	得　分
说明对象清晰，事物特征明确。	4	
恰当运用多种说明方法。	3	
用词准确，语言简洁。	3	
运用多种表达方式，文章有吸引力。	2	
总得分：		

第 4 课段　说明文字我书写（共 1 课时）

第 6 课时　说明文字我书写

课时作业目标

根据评价量表及修改建议，完善说明文字的创作，实现审美创造。

课时作业内容

1. 根据评价量表及修改建议，完成化石解说的文字，补全图典，小组成员将作品集结，参加成果展示。

2. 以小组为单位，请你为小组作品集写一份前言介绍。（200 字左右）

学习支架

什么是前言

前言，也称前记、序、叙、绪、引、弁言，指写在书籍或文章前面的文字。书籍中的前言刊于正文前，主要说明基本内容、编著（译）意图、成书过程、学术价值及著译者的介绍等，由著、译、编选者自撰或他人撰写。文章中的前言，多用以说明文章的主旨或撰文的目的。前言，也可以理解为是所写内容的精华版。

参考示例：

富兰克林晚年根据自己的经历写成了《富兰克林自传》，这实际上是富兰克林写给儿子威廉·富兰克林的家书。两个多世纪以来，《富兰克林自传》一直是世界出版史上的优秀畅销书，影响了一代又一代的人。它所包含的人生奋斗与成功的真知灼见及诸种善与美的道德真谛，受到了成功学大师戴尔·卡耐基、拿破仑·希尔和奥格·曼狄诺的推崇；它也被世界各国青年当成“人生指导”读物，是举世公认的改变了无数人命运的美国精神读本。许多人因为这本自传而彻底改变了自己的人生，走上了成功之路，这也是我们出版此书的原因。愿每位手捧此书的朋友都能有所收获。

课时作业评价

本课时作业也是单元作业的最终呈现作品。作业 1 参考“单元整体作业设计”中“作业评价”相关量表进行评价。作业 2 为小组合作完成作品集的前言部分，作业布置的同时要为学生提供作品前言撰写要素参考表，以消除学生的畏难情绪，教师依照作品前言撰写评价量表进行评价及指导。

作品前言撰写要素参考表
1. 作品主题、主要内容。
2. 作品的完成过程或完成方式。
3. 作品的撰写目的或价值意义。

作品前言撰写评价量表如下。

评价维度	指标要求	完全符合（☆☆☆）	比较符合（☆☆）	基本符合（☆）	待改进
内容说明	介绍角度全面，重点突出。				
语言表达	语言简洁明了，言简意赅。				
层次条理	层次清晰，表述有条理。				

三、如何评价这个作业①

本单元作业设计创设指向育人目标的真实性跨学科学习情境。以活动为载体，以体验、感悟、探究为主要形式，挖掘身边的学习资源，在实践中将对课堂知识的感知、理解上升为生活情境中知识的迁移、拓展。

本单元作业设计将静态的知识变成学生的主动探究活动，思维能力经历了螺旋式上升过程。对生活和事物观察、思考、表达的整体观为未来创新打下了能力与品格方面的基础，促进了学生综合素养的提升。

同时，本单元作业设计关注恰当合理的跨学科知识与能力的整合运用。在“跨界”与“守界”之间找到了平衡点。以语文学科知识为基础的跨学科主题学习最终又返回到对语文学科知识的理解，进而实现了更高水平的跨学科知识的融会贯通。

北京市大峪中学　王　琢

① 点评者：宋淑英。

第三节

触摸科普作品，探寻生命力量

——《昆虫记》阅读之“撰写科普小品文”整体作业设计

第一部分

作业呈现

一、单元内容简介

《昆虫记》被誉为“昆虫的史诗”，是法国作家法布尔耗时30年完成的科普巨著，也是统编版语文教材八年级上册的必读名著。法布尔在书中编织了一个奇妙又有趣的昆虫世界：它们恪守自然规则，如同人类一样工作和休息；它们为了生存和繁衍不懈努力，值得我们尊敬；它们也有不同的生活习性和性格特点，有着别样的饮食习惯，等待着我们去观察、阅读、发现。第五单元名著导读学习意在阅读科普作品，联结课堂内外，综合运用多学科知识发现问题、分析问题、解决问题，培养学生跨学科学习的能力。

《昆虫记》除了展现出法布尔的科学素养、科学精神，还体现了他极高的文学才华，更有他对生命的热爱与关怀。因此本单元的学习，还将针对作品的形象、语言等方面展开探究，使学生获得个性化的审美体验，并尝试创作科普小品文。

二、单元整体作业设计

（一）作业目标

1. 梳理昆虫故事与生活习性，制作昆虫档案，感知昆虫知识，培养学生的梳理归纳和逻辑分类能力，为撰写科普小品文打下知识基础。

2. 基于单篇提炼观察方法，结合生活观察，学写观察日记，提高学生的观察能力和语言表达能力。

3. 感受作者在抒写昆虫生命时彰显的人文关怀，内化迁移至个人写作中，提高学生的审美创造能力，激发学生尊重生命、敬畏生命之情。

（二）作业内容

学校将举办“放飞科学梦，奋发向未来”一年一度校园科学文化节活动。现面向初二年级的学生征集科普小品文，集结成册《生命大观园》，并推优参与现场展示，以此致敬“昆虫界的荷马”法布尔。

习作要求：请同学们结合阅读经验和生活体验，以身边的动植物为对象，创作一篇科普小品文，为本次科学文化节做准备。不少于 600 字。

展示要求：请制作 PPT 或图片视频，分享从观察到记录再到成文的过程，并谈谈你在准备中的收获。

学习支架

何谓科普小品文

科普作品，是一种以向大众普及科学知识为主要目的的作品。其主要功能和目的就是宣传、普及科学知识，虽然写法各不相同，表现方式千差万别，但都要求通俗易懂，深入浅出，能引起普通读者的兴趣，展现科学魅力。

小品文，是一种散文文体，体制较为短小精练。体裁上不拘一格，内容上没有限制，创作风格趋于生活化、个性化。

科普小品文，是指用小品文的笔调，即借助某些文学写作手法，将科学内容生动、形象地表达出来。科普小品文以准确性说明为前提，体制一般短小精练，语言丰富多彩、通俗易懂。

（三）作业评价

随着单元学习的进程，依次完成科普小品文的观察、写作与展示。对照最终的汇报展示评价量化细则表（见下表），在组内及全班开展互评，并推荐优秀作品参与学校科学文化节展示活动。

选题名称：			
维　度	指　标	要　求	达成程度（0～5分）
观察记录	内容详实	为研究报告的撰写提供详实的资料。	
	角度新颖	提供新颖的角度对昆虫进行研究。	
	真实科学	所整理的资料真实可信，有科学性。	
科普小品文	顺序合理	能够按照时间、空间、逻辑等顺序组织文章。	
	内容科学	具有知识性和科学性，读后有所收获。	
	语言生动	语言表达生动，描写细致全面。	
	情感真挚	行文流畅自然，能读出作者的情思。	

续 表

维 度	指 标	要 求	达成程度（0～5分）
展示效果	流畅清晰	能够准确传递信息，吐字清晰，表达流畅。	
	吸引听众	能够运用肢体动作及语言等方式调动现场，有良好的倾听体验。	
	多媒体	能够运用文字、图片、影像、音频、实物等方式进行展示。	
总计：			

注："达成程度"赋分说明——优秀 5 分，良好 4 分，合格 3 分，不合格 0～2 分。

第二部分 作业说明

一、为什么设计这个作业

（一）设计依据

本单元属于"整本书阅读"学习任务群。《义务教育语文课程标准（2022 年版）》指出，整本书阅读的出发点与落脚点是"积累整本书阅读经验，养成良好阅读习惯，提高整体认知能力，丰富精神世界"。阅读《昆虫记》可以积累"科普性"作品的阅读经验，丰富知识，开阔视野，在学生心中种下一颗科学的种子。

此外，整本书阅读要求引导学生在语文实践活动中，"制订阅读计划，综合运用多种方法阅读整本书"。这要求教师在宏观引领时，组织多样的语文实践活动，建立读书共同体，交流读书心得，分享阅读经验；同时在微观理解上，要善于发现、保护和支持学生阅读中的独到见解。本次整本书阅读学程，以学生的自主阅读活动为主，教师指导为辅，关注整体与局部、局部与局部之间的关系，结合多样的读写实践活动、多学科融合的认知思维活动、多平台展示的交流分享活动、多角度的阅读评价活动，以期创设自由的阅读氛围，让学生收获独特的读写体验。

（二）教学内容分析

《昆虫记》具有四大特点：第一，知识性。《昆虫记》所述昆虫种类丰富、内容详实、特点鲜明，多为作者第一手观察资料。第二，科学性。法布尔多采用野外观察和实验的方法，展现出作者严谨求实、坚忍不拔的科学精神。第三，哲思性。书中所记昆虫虽然渺小却也伟大，他们拥有各自的生命意识，每种昆虫都有性格、有情感。第四，文学性。《昆虫记》笔法清新，诙谐幽默，刻画细致入微，运用多种修辞，打破了我们对于科普作品的刻板印象，有益于学生仿写与练笔。

综上，阅读《昆虫记》不仅是一场昆虫奥秘的探索与发现之旅，也是一场科学探究的体验与践行之旅，更是一场生命敬畏的哲思与感怀之旅。因此，可以从“科学内容与精神”和“人文关怀与表达”两个方面着手，带领学生深度触摸科普作品，自主探寻生命力量。

（三）学情分析

八年级学生对于昆虫世界充满好奇，因此大部分学生对于《昆虫记》具有天然的兴趣。通过学前调研可知，一半以上的学生不了解科普作品，一部分学生知道科普的含义，但只有一小部分学生能够列出阅读过的科普作品。在阅读《昆虫记》一书时，蝉、螳螂、萤火虫等生活中真实可感的昆虫，以及颠覆他们认知的昆虫，给学生留下的印象深刻。学生多关注昆虫故事，对于作品中的实验探究方法往往存在阅读困难，同时容易忽略作品的文学性表达。

整体而言，学生的科普作品阅读经验不足，无法自主把握《昆虫记》的四大特点。因此在教学与作业设计中，我们既要关注学生的理性思维，又要把握作品的文学价值，通过跨学科学习的方式，拓宽思维，提高学生综合能力。

二、怎样完成这个作业

（一）整体框架说明

整本书阅读学程主题为“触摸科普作品，探寻生命力量”，从科普作品的知识性、科学性与文学性入手，可以让更多的学生了解科普作品、爱上科普阅读。因此，《昆虫记》整本书阅读的基本问题可定为：如何在阅读与写作中感悟、理解科普作品的科学性与文学性。从整本书的导读到单篇作品的例读，再到群文比读，最终指向单元最终的任务——依据阅读和生活经验，创作一篇科普小品文。

以下为《昆虫记》整本书阅读整体教学的框架图。

触摸科普作品，探寻生命力量

学习课段	导读激趣，走进昆虫世界	例读文本，学写观察日记	比读文本，感悟生命情怀	以读导写，创写科普小品
课堂教学设计	1. 畅谈所识昆虫。 2. 破解昆虫谜团。 3. 浅读韵味文字。 4. 浏览目录计划。 5. 发布任务启程。	1. 建立昆虫档案。 2. 明确观察视角。 3. 了解探究实验。 4. 理解科学精神。 5. 学写观察日记。	探究本作品超越一般科普的原因。 1. 品鉴诗意语言。 2. 人性关照虫性。 3. 虫性投射人生。 4. 感悟尊重生命。	1. 写出生物特征。 2. 把握语言风格。 3. 点缀议论评价。 4. 撰写作品提纲。 5. 依据量表完善。
作业设计	1. 通读感知全书。 2. 认领昆虫身份，选读相关章节，组建昆虫朋友圈。	1. 制作昆虫档案。（自选书内昆虫） 2. 书写观察日记。（自选身边生物）	1. 填表：人性话题关照虫性表现。 2. 感悟：谈谈对名家点评的理解。 3. 思辨：有理据地评价。（选做）	1. 完善提纲构思。 2. 创写科普小品。 3. 组内互评推优，准备展示交流。
	阅读激趣	理解感知	梳理探究	迁移应用

（二）作业实施说明

过程分解	第1课段	第2课段	第3课段	第4课段
课堂完成	激趣导读，制订阅读计划。	单篇阅读，总结观察实验方法。	文本比读，感悟人文关怀。	以读导写，列出写作提纲。
课后完成	通读全书，整体感知，了解科普小品文。	完成观察日记或实验，关注动植物特点，初步完成作品。	运用多种表达方式与修辞，修改并深化作品。	完成科普小品，展示汇报。

本作业的核心任务为科普小品文的撰写，课上任务着力于总结方法，在整本书的精读与跳读中，总结出观察方法、实验步骤、语言表达；课后作业着力于迁移运用，将课堂所学在单元整体任务的实现中实践运用。

第1课段作业为长期作业，如通读全书。由于版本不同，《昆虫记》的选篇也存在不同，建议教师统一版本阅读或提供版本选择。由于本书涉及较多的昆虫知识和专业术语，所以在开始阅读时可能速度较慢，可以根据具体学情制定阅读进程。第2、第3课段，则需要选取相关章节进行精读，注意梳理与归纳，并记下阅读时的思考与收获。

本作业设计关注学习过程，可以结合班级具体情况，有选择地使用，可适当添加或减少，适当地给出范例，加以引导。关于整本书阅读的作业，鼓励学生尽可能多地完成。关于评价设计，除了文学常识性的题目有标准答案，其他开放性题目则仅设参考答案，教师应当结合学生的整个学习过程，判断其学习质量，指导其学习行为。

（三）课时作业分解

第1课段　导读激趣，走进昆虫世界（共1课时）

第1课时　走进昆虫世界

课时作业目标

1. 按照计划通读全书，完成初读，圈点批注，了解昆虫故事。

2. 依据喜好选读昆虫，创设自由阅读氛围，发现昆虫特性。

3. 依据生物角度分类，加入四个“昆虫群组”，讲述昆虫生活。

课时作业内容

1. 长期作业：通读全书并做笔记。

同学们，昆虫的生存有好多不为人知的小秘密，法布尔已经为你画好了地图，等待你去书中探寻。翻开《昆虫记》，按照制订的计划阅读。在阅读过程中适当地做笔记，圈点勾画并批注，开启《昆虫记》的阅读探索之旅吧！

参考阅读计划表（以人民教育出版社出版的《昆虫记》为例）如下。

第一周	篇　目	第二周	篇　目
周一	《昆虫的装死》	周一	《意大利蟋蟀》《田野地头的蟋蟀》《萤火虫》
周二	《蝉和蚂蚁的寓言》《蝉出地洞》	周二	《圣甲虫》《圣甲虫的梨形粪球》《圣甲虫的造型术》
周三	《螳螂捕食》《灰蝗虫》《绿蝈蝈》	周三	《西班牙蜣螂》《米诺多蒂菲》《南美潘帕斯草原的食粪虫》
周四	《大孔雀蝶》《小阔条纹蝶》	周四	《粪金龟和公共卫生》《隧蜂》《隧蜂门卫》
周五	《象态橡栗象》《豌豆象》	周五	《老象虫》《朗格多克蝎的家庭》《朗格多克蝎》
周六	《菜豆象》《金步甲的婚俗》《松树鳃角金龟》	周六	整理读书笔记
周日	《荒石园》、整理读书笔记	周日	整理读书笔记

读书笔记示例：

原文摘录：

一到七月初，蝉就占据了我门前的树。我是屋里的主人，它却是门外的统治者。有了它的统治，这里无论怎样都是不安静的。

我的批注：“统治”一词在这里很有趣，作者将蝉拟人化了，因为蝉在夏天歌唱得响亮而且时间长久，仿佛夏天都是它的。“统治”一词就体现出蝉在夏天有很高的地位，更加生动形象。

2. 导读作业：讲昆虫故事。

每位同学认领一个昆虫身份，从书中挑选相关章节进行阅读，完成以下任务。（至少选择两项完成）

任务一：为你喜欢的昆虫设计微信个性签名。

要求：个性化签名要突出昆虫特点，要有文本依据。

任务二：以第一人称的口吻发布一则朋友圈，展示昆虫的独特魅力。

要求：朋友圈可以发文字或文字加配图（配图可手绘或用文字进行描述）；朋友圈内容要符合昆虫的习性特征。

任务三：请选择加入下列四个微信群：习性与食性、求偶与婚配、繁殖与育儿、生存与寿命，并模拟自己的昆虫身份，讲出自己的故事。

课时作业评价

作业为长期作业，可采取每日自我评价与完成后五星评价相结合的方式进行。

自我评价鉴定

今日计划阅读时长：________　　今日实际阅读时长：________

今日阅读章节：________________

是否对今日内容感兴趣？□十分感兴趣　□一般　□不感兴趣

原因：____

我的读书笔记：

原文摘抄：	我的批注：

两周阅读结束后，根据五星评价法对读书笔记进行评价（见下表）。

评价标准	评价等级
圈点勾画及相应批注不少于 4 处或只圈点勾画没有批注。	☆
圈点勾画及相应批注不少于 6 处，或只圈点勾画没有批注。	☆☆
圈点勾画及相应批注不少于 10 处。	☆☆☆
圈点勾画及相应批注不少于 15 处。	☆☆☆☆
圈点勾画及相应批注不少于 20 处。	☆☆☆☆☆

作业 2 为短期作业，采用五星评价法进行评价，具体标准如下表。

评价标准	评价等级
个性签名未显示昆虫特点，朋友圈 / 群组讨论内容与昆虫习性无关。	☆☆
个性签名比较符合昆虫特点，朋友圈 / 群组讨论内容部分符合所选昆虫习性。	☆☆☆
个性签名符合所选昆虫特点，朋友圈 / 群组讨论内容基本符合所选昆虫习性。	☆☆☆☆
个性签名突出所选昆虫特点，朋友圈 / 群组讨论内容十分符合所选昆虫习性。	☆☆☆☆☆

第 2 课段　例读文本，学写观察日记（共 2 课时）

第 2 课时　跟着法布尔学观察

课时作业目标

1. 梳理整合，制作昆虫档案，了解书中昆虫知识。

2. 持续观察，书写观察日记，展示所选生物的生命过程。

3. 在阅读、观察与记录中，培养学生的质疑精神、实证精神。

课时作业内容

1. 制作昆虫档案。

请选择你最喜欢的昆虫，为其绘制漫画图像，并制作昆虫档案。绘制完毕后班内传阅，并为你最喜欢的五幅作品点赞。

要求：突出书中昆虫的特点，并结合文本内容说明你的设计意图。

（昆虫漫画画像）	（昆虫特性）
	评价：______________________________ ______________________________

昆虫特性梳理角度包括外形、住所、特长、习性、性格、食性、求偶、繁殖、寿命。

可选昆虫：

螳螂——美丽的“杀手”；蝉——勤勉的歌唱家；

舍腰蜂——辛苦忙碌的泥水匠；萤火虫——屁股上挂灯笼的猎人；

斑纹蜂——挖隧道的矿蜂；西班牙蜣螂（圣甲虫）——清洁卫士；

蟋蟀——田园中的提琴家；蝗虫——追逐阳光的歌手；

蚱蜢——面恶心善的“小鬼”；松毛虫——气象播报员……

示例：

西班牙蜣螂（圣甲虫）

昵称：搬粪界的“千年老二”

外形：小巧玲珑、整洁光滑、短状体型、三对足。

习性：

1. 推粪球：后腿搂住粪球，且扎进去，当旋转轴，中腿支撑，前腿是杠杆，倒着运。

2. 抢粪球：同伴过来主动帮忙，其实是趁火打劫。

评价：搬粪界的“千年老二”。

2. 书写观察日记。

近距离观察身边的某一生物（动植物均可），为期一个月，完善观察记录表（如下表），书写至少四篇观察日记。整理观察日记，关注说明对象的特征，改写成一段科普性文字，字数 200 字左右。

观察主体	观察角度	具体信息
观察对象	基本情况	称谓、渊源、观察原因等
	观察角度一：基本形态	外形、姿态、品种、色泽等
		日常行为、习性、生命周期等
	观察角度二：多重感官	整体观察、局部观察等
		听其声、嗅其味、摸其肤等
	观察角度三：问题探究	大胆假设：提出问题
		小心求证：资料、观察、实验
	其他角度	其他角度的描写或说明
观察者	评价	议论与抒情

示例：

2022 年 5 月 8 日　　　　星期日　　　　晴

吾家有狗

我家狗狗的品种是牧羊犬，它有一张“瓜子脸”，下巴尖尖的，眼珠子黑黢黢的，笑起来像只狐狸，但不是狡猾的，而是傻气的，因为它吐着舌头，怎么看都不聪明。它毛发旺盛，有一圈白色的“围脖”，和其他部位的棕色毛发截然不同。

细细看，我家狗狗的尾巴最有特点。它的尾巴很长，总是向下耷拉着，和别的狗不一样，并不时常翘起来。走起路来尾巴只会左右微晃，和猫走路时那骄傲的尾巴截然不同。我曾用手轻轻抚摸它的尾巴，很柔软，像河岸边飘荡的芦苇。

狗狗的声音高低往往和情绪的变化相关。当它不满、生气时，有时会咬牙，从喉咙里传出低哑的声音，细听似乎是“咕噜咕噜”的，好像鼻子也在吐着气，但并不会大声吼出来。当它开心时，它的叫声轻快高昂，嘴巴会张开成一个笑的弧度，尾巴也开始摆起来，屁股一扭一扭地向我跑来，在我的怀里一蹭一蹭的，好可爱！

课时作业评价

作业 1：根据昆虫档案评价量表（见下表），为自己和组员打分。将同学们的作品拍照上传，发起投票，选择自己最喜欢的五份昆虫档案，为他点赞。

特　性	评分内容	自　评	组内互评
准确性	名称、种类等科学知识准确。（2 分）		
	昆虫各方面特征介绍准确。（2 分）		
简洁性	特征介绍要点突出。（2 分）		
	介绍语言简洁、明晰。（2 分）		
艺术性	绘画或图片与昆虫形象吻合。（1 分）		
	整体效果良好。（1 分）		
总评：			

注：9～10 分为优秀，7～8 分为良好，5～6 分为一般，4 分及以下为待提高。

作业 2：观察日记在此阶段以优秀作品分享为主。先在小组中分享，推荐优秀篇目在班内朗读分享，作业栏张贴展示。学生按时完成，书写工整，体现观察记录表的内容即可。

第 3 课时　跟着法布尔做实验

课时作业目标

通过设计探究实验，了解所选动植物的特性，为科普小品文的写作打基础，发展学生的科学探究思维。

课时作业内容

按照法布尔的科学探究步骤，针对你所观察的动植物，确定你感兴趣的问题，设计对照实验方案，完成实验步骤填写（下表）。有需要的同学，可与生物老师联系。

记录人	
研究对象	（与观察对象保持一致）
提出问题	
做出假设	
实验探究	实验组：　　　　　　　　对照组： 提示：（1）设计实验时要注意控制变量； （2）设计实验不应伤害小动物，时刻关注道德与伦理。
得出结论	
备　注	

课时作业评价

提出问题是科学探究的起点，而问题的来源多见于生活的观察。设计探究实验时，应结合以下关注点，进行自评与组内补充。

1. 科学探究步骤（提出问题—做出假设—实验探究—得出结论）是否齐全？

2. 所提问题是否具有研究价值？

3. 实验是否做到控制变量？是否设计了实验组和对照组？

4. 实验步骤是否合理而有序？

5. 所得结论是否恰当？

6. 你能否在科普小品文作品中巧妙引用了本实验探究？

第 3 课段　比读文本，感悟生命情怀（共 1 课时）

第 4 课时　感受《昆虫记》的人文关怀

课时作业目标

1. 填写预习作业中的表格，梳理昆虫母爱、婚恋、成长等相关章节，为课堂分享做准备。

2. 结合名家评价，理解本作品超越一般科普作品的独特之处。

3. 思辨阅读，在思维碰撞中形成自己对《昆虫记》的独特评价。

课时作业内容

1. 预习作业：回顾梳理，填写表格。

回顾整本书，梳理三大主题下的昆虫表现，选择你印象最深刻的昆虫，完成以下表格内容的填写。

亲　情					
昆虫种类	繁衍季节	选址	产卵形态时长	产卵后的妈妈行为	情　感
西班牙蜣螂					

婚　恋				
昆虫种类	雌性	雄性	吸引方式	结　局
螳螂				

成　长			
昆虫种类	成长过程	人生态度	结　局
蝗虫			

2. 思辨作业：请你结合《昆虫记》的具体内容，谈谈你对于以下名家阅读体会的看法与理解。（三选一）

> 法布尔的书中所讲是昆虫的生活，但我们读了却觉得比看那些无聊的小说戏剧更有趣味，更有意义。
>
> ——周作人

《昆虫记》融作者毕生的研究成果和人生感悟于一炉，以人性观察虫性，将昆虫世界化作供人类获取知识、趣味、美感和思想的美文。

——巴金

他的著作还有两种缺点：一是嗤笑解剖学家，二是用人类道德于昆虫界。但倘无解剖，就不能有他那样精到的观察，因为观察的基础，也还是解剖学；农学者根据对于人类的利害，分昆虫为益虫和害虫，是有理可说的，但凭了当时的人类的道德和法律，定昆虫为善虫或坏虫，却是多余了。有些严正的科学者，对于法布尔的有微词，实也并非无故。但倘若对这两点先加警戒，那么，他的大著作《昆虫记》十卷，读起来也还是一部很有趣，也很有益的书。

——鲁迅

课时作业评价

作业 1 为预习作业，需在书中找寻答案。表格填写完整后，进行组内交流，统一答案，以备课上组间分享。

作业 2 的思辨作业为开放性作业，评价量表如下。

是否理解他人观点	是否明确个人观点	是否能结合具体内容论述个人观点	评价等级
不理解名家对本书的评价。	没有个人观点。	未阐述观点支撑的内容。	☆
基本不理解名家对本书的评价。	个人观点不清。	不能结合作品内容，只是泛泛而谈。	☆☆
基本理解但未阐明名家评价。	个人观点表达不清。	能够结合作品大致内容进行阐述。	☆☆☆
能够理解并基本阐述名家评价。	有相对明确的个人观点。	能够结合作品具体内容进行阐述。	☆☆☆☆
能够理解名家评价。	有明确的个人观点。	能够结合作品具体内容，准确阐述个人观点。	☆☆☆☆☆

第 4 课段　以读导写，创写科普小品（共 2 课时）

第 5 课时　构思科普小品文

课时作业目标

1. 完成提纲，构思科普小品文。

2. 依据观察日记和实验探究，添加修辞等文学化表达的写作手法，完成一篇科普小品文的撰写。

3. 依据评价量表，组内互评互改，推荐优秀作品。

课时作业内容

1. 完善《生命大观之来去匆匆的苍蝇》写作提纲，构思科普小品文。

示例：

写作对象	来去匆匆的苍蝇
说明顺序	逻辑顺序（外在形象、生活习性）
突出特征	飞得快；身着条纹外衣；眼睛鲜红、滚圆；喜欢抢夺食物；喜欢搓手，落脚前肢就会挨在一起。
语言风格	（科学性：专业名词、数据征引、查阅资料） 它有一对翅，三对足，是生物学上正宗的“节肢动物”，而且足的末端要比中间粗。
语言风格	绿蝇，顾名思义，它的身体呈绿色，而且还会“反光”，眼睛大而黑。 （文学性：遣词造句、多样的表达方式、修辞、说明方法） 它们很喜欢搓手！一旦落脚前肢就会挨在一起，不停地搓来搓去，样子还挺可爱的，仿佛思想者，在思考它们的“蝇生”。
议论评价	它们搓手的样子还挺可爱。 一旦它们成群结队地来，就是在提醒你，该收拾卫生了！

2. 感受语言魅力，修改完成科普小品文。

（1）法布尔将昆虫当成人来写，赋予它们以人的心性和精神，让人读来趣味横生。对比以下两组材料中文字的异同，总结《昆虫记》的语言特色。

【材料一】

身体轻盈，淡绿的体色，长长的翅膀像纱罗一样。没有张开来像剪刀一样的凶狠的大鄂，小嘴尖尖。前足腿节像个扁平的梭子，内侧有两行钢锯。

——《昆虫记·螳螂捕食》

胸部具翅二对、足三对；前胸细长，生有粗大呈镰刀状的前足一对，其腿节和胫节有钩状刺，用以捕捉害虫。

——《辞海·螳螂》

【材料二】

夫妻双双以同样高涨的热情，共同参与为儿子们准备面包的劳动，揉面团，运回家，入烤炉，样样都干。前爪上的小刀用力一划，一块大小正合适的粪屎切下来，供它们加工用。这时候，做父亲的和做母亲的齐心协力，共同摆弄切下的小粪块，轻轻地拍打，加力按压，制作成大豌豆粒般的小丸。

——《昆虫记·西班牙蜣螂》

产卵后，雌雄共同推曳粪土将卵包裹而转成丸状。

——《中药大辞典·蜣螂》

（2）创写科普小品文。

示例：

生命大观之来去匆匆的苍蝇

要仔细观察苍蝇，必须得有足够的能耐！因为这种烦人的东西总是飞来飞去，没有一个落脚点，哪怕停下，也是迟早一两秒后飞走的事儿。

好不容易盼着它停下来歇歇脚，我立马给它来了个“特写”，并仔细瞧了瞧它的模样——它的身体，是灰色和白色相交的，而且条纹也不相同。身体前部的条纹，是有规律的竖线，而身体后半段，则是无规律的线条。它的眼睛长在前面，不但是“网红爆眼”，而且是鲜红色的。后来我查到它是家蝇。它有一对翅，三对足，是生物学上正宗的“节肢动物”，而且足的末端要比中间粗。

我还发现了另一种苍蝇——绿蝇，顾名思义，它的身体呈绿色，而且还会“反光”，眼睛大而黑。

苍蝇对不同种类的同胞好像不太友好，特别是在争夺食物的时候，仿佛想要一下子冲过去把其他争夺者撞飞。

有趣的是，我发现了苍蝇的一个习性，它们很喜欢搓手！一旦落脚前肢就会挨在一起，不停地搓来搓去，样子还挺可爱的，仿佛思想者，在思考它们的“蝇生”。不知道是在思考着如何进食，还是在思考下一次在哪落脚呢！偶尔一只，你不用去理睬，然而一旦它们成群结队地来，就是在提醒你，该收拾卫生了！

3. 组内互评，推荐优秀科普小品文。

课时作业评价

作业1中的写作提纲，根据学生具体观察探究情况完成，要尽可能详尽。

作业2：

（1）对比总结语言特色。参考答案如下：

第一组中，相较于《辞海》语言的简洁，《昆虫记》中比喻手法的运用使得螳螂的外形更易被读者想象。第二组中，法布尔运用了拟人手法及一系列准确的动词，把西绪福斯虫夫妇同心协力制作粪球的过程刻画得细腻、生动，画面感极强。将艰涩的昆虫学知识化为生动活泼的画面。法布尔的文笔除了清楚准确，还生动形象，富有趣味。

（2）科普小品文评价标准见下表。

评价维度	评价内容	小组评分	教师评分
层次结构	结构清晰，层次分明；过渡自然不突兀。（2分）		

续　表

评价维度	评价内容	小组评分	教师评分
思想内容	有一定的知识性、科普性；呈现问题提出、探究过程及得出结果的过程；联系生活经验，从观察中有启发和收获。（4分）		
语言表达	描写细致，遵循事实；用词形象准确，体现生物特征；综合运用修辞和多种描写方法，语言生动。（4分）		
总评：			

注：9～10分为优秀，7～8分为良好，5～6分为一般，4分及以下为待提高。

第6课时　集结并展示文集

课时作业目标

1. 补充配图、配乐等，准备科普小品文汇报展示材料，在学校科学文化节中进行展示。

2. 设计《生命大观园》科普小品文集封面与封底，阐明原因与个人收获。

3. 补录《昆虫记》，加入相关昆虫新研究，持续焕发科普作品价值。

课时作业内容

1. 制作PPT、补充配图与配乐，准备科普小品文汇报展示材料（展示当图文并茂，观察视角可以照片、视频等形式呈现）。

2. 汇总优秀作品，集结科普小品文集《生命大观园》，并征集文集的封面与封底设计。

要求：请附设计说明，封面设计要突出主题；封底设计征集个人对《昆虫记》整本书学程的收获与感悟。

3. 补录《昆虫记》。（选做）

高鹗续写《红楼梦》成就百态人生，郑玄作注集汉代经学大成。随着时代的发展，我们对昆虫也有了更为全面的了解，请你学习作者的写作手法及特点，补录《昆虫记》。

要求：

（1）依据原著写作风格续写。

（2）可以选择一个原著未写到的昆虫，也可以用现代生物科学的视角，再重写一个原著中提及的昆虫。

（3）字数在 400 字以上。

课时作业评价

作业 1 为单元任务，参见“单元整体作业设计”中“作业评价”的相关评价规则。

作业 2：封面与封底设计评价标准见下表。

评价标准	评价等级
封面无主题，且个人感受与本书无关。	☆
封面主题不清，且感受表达不清。	☆☆
封面主题不突出，且感受泛泛而谈。	☆☆☆
封面主题较突出，且写到个人感受。	☆☆☆☆
封面设计和设计说明突出主题，且封底有个人感悟。	☆☆☆☆☆

作业 3 为开放性作业，可根据学生实际情况布置。作品应延续法布尔的写作风格，同时具备知识性、科学性、哲思性和文学性更佳。

三、如何评价这个作业[①]

独立作业是学生必备的学习能力，因此，适量适度的作业可以在激活作业育人功能的同时，培养他们的独立能力，发展智力与才能。

首先，“做”中“读”，在语文实践活动中激发学生的阅读兴趣。本单元

① 点评教师：李玉兰。

围绕驱动性问题“撰写科普小品文”，引导学生进行持续的阅读与实践，在“做—读—思—写”的活动中，真正走进并理解“科普作品的科学性和人文性”。

其次，在单元学习中整合内容，发展思维。通过让学生设计观察表、整理“昆虫档案”等活动，促进学生语文核心素养的发展。

最后，在真实情境中，探索跨学科学习的路径。针对学生没有条件近距离、深入观察和了解昆虫这一实际问题，教师打破学科壁垒，与生物课程整合，让学生从科学的角度，设计观察实验表，撰写研究报告；然后，融入个人情感，完成科普小品文的写作，感悟生命力量。在“生命课程”的探讨中，综合运用多学科知识，分析问题、解决问题，提高学生语言文字运用的能力。

本单元作业设计，以生活为基础，以语文实践活动为主线，针对科普作品的特点，面向全体学生，确立学习主题，设计任务，将科学性与人文性的学习内容进行整合，分享整本书阅读经验和心得，探讨问题，提升素养，丰富精神世界。

北京市第八中学永定实验学校　李　云

第四章

乡土民俗悟情思，古诗古文知审美

第一节

触类而长读乡土，匠心独具悟情思

——八年级下册第一单元“我为家乡代言”整体作业设计

第一部分 作业呈现

一、单元内容简介

本单元的人文主题为“民俗文化”，单元选篇或表现各地的风土人情，或展示特定物品上寄予的文化传统，旨在让学生透过人物的情感世界，发掘乡土民俗的精神土壤和精神源泉，从而深入理解其价值与意义。语文要素关注“表达方式”，要“注意体会作者是如何根据需要综合运用多种表达方式的”，还要注意“感受作者寄寓的情思”。结合单元写作要求，用“仿写”的方式进行语言的建构和运用，实现审美创造。本单元对继承和弘扬中华优秀传统文化提出了要求，要能够“理解和借鉴不同民族和地区的文化”，即走进各地民俗文化，以此开拓学生的视野，增强文化自觉，提高文化自信。

二、单元整体作业设计

（一）作业目标

1. 制作“家乡民俗简历”，梳理本单元不同地方独特的生活方式蕴含的地域文化及风土人情，体会作者寄寓其中的独特情思，提高信息搜集与梳理概括的能力。

2. 完成“民俗体验汇报”，品味富于表现力的文学语言，理解作者依据需要综合运用多种表达方式来表达个人情感的写法，进而借鉴、迁移、运用到个人写作与表达当中，提高学生的审美品位和鉴赏能力。

3. 书写“我读到的家乡”，仿写一篇有关自己家乡民俗文化的文章，成为民俗乡土文化的守护人，提高学生的审美创造能力。

4. 组织“我为家乡代言”民俗专场活动，以多种形式挖掘并弘扬蕴藏在身边的民俗文化，加深学生对家乡生活方式和民俗风情的认知，提高审美情趣，提升文化自信。

（二）作业内容

民俗是由民众创造并世代传承的民间文化，遥远的先民遗风，时下的世态人情，尽在其中。阅读本单元，你将畅游绍兴，去看一看鲁镇举办的迎神赛会；或是到延安、到西北，感受酣畅淋漓的情感抒怀；或是举一盏灯笼，照亮一方内心的净土；或是呷一口豆汁儿，品味老北京的独特味道……每个人的心底，总有一方魂牵梦萦的土地，那里的故事、那里的风物，不免让人时时想起，那就是我们的家乡啊！

寒假归来，春节刚过，想必家乡的种种风景还在眼前。借此机会，八年级将举行“我为家乡代言”民俗专场活动，调研我们的家乡民俗，表达个人的乡土情思，让我们一起开启探索民俗之旅吧。

（三）作业评价

完成单元学习后，整理并展示个人的乡土民俗作品。对照“我为家乡代言”系列活动评价标准（见下页表）打分，并评选出“最佳代言人”。

等　级		优秀（8～10分）	良好（5～7分）	待提高（4分及以下）
习作：讲好家乡故事《我读到的________》	主　题	主题积极向上，有个人的独特见解或情感。	主题积极向上，能表达出个人的看法或情感。	主题积极但极为普通，情感表达不清晰。
	选　材	能围绕家乡风俗选材，内容充实，能很好地代表家乡的某种文化或风貌。	基本能围绕家乡风俗选材，内容较充实，能较好地体现家乡某种文化或风貌。	不能围绕家乡风俗选材，内容单薄，无代表性。
	结　构	结构清晰，有明确的文体意识，恰当运用仿写。	结构基本清晰，文体意识基本明确，有仿写。	结构混乱，文体不清，无仿写。
	语　言	语言流畅自然，在用词、句式、修辞等写法上有多处可圈可点之处。	语言较流畅，在用词、句式、修辞等写法上有1～2处亮点。	语言干涩、不流畅或语病较多。
	表达方式	能够根据需要，综合运用至少三种表达方式。	能够根据需要，综合运用两种表达方式。	仅运用一种表达方式。
展示：我为家乡代言	感情基调	感情基调准确。	感情基调有所偏差。	感情基调不准确。
	语　气	语气恰当，节奏得当，抑扬顿挫，有助于传情达意。	语气较恰当，节奏基本得当，重音与停连较为自然。	语气单一、寡淡，节奏不当，无重音、停连等。
	体　态	肢体动作自然大方。	肢体动作较自然。	肢体动作生硬。
	多媒体	恰当地使用多媒体辅助展示。	简单使用多媒体辅助展示。	未使用多媒体。
	感染力	能达到情感共鸣，有较强表现力、感染力。	有一定的表现力和感染力。	基本没有感染力。

第二部分 作业说明

一、为什么设计这个作业

（一）设计依据

本单元属于“文学阅读与创意表达”学习任务群。《义务教育语文课程标准（2022年版）》指出，本学习任务群旨在引导学生“欣赏和评价语言文字作品”，第四学段要求“阅读表现人与社会、人与他人的古今优秀诗歌、散文、小说、戏剧等文学作品，学习欣赏、品味作品的语言、形象等”，因而要注重培养学生感受、欣赏、品味和评价的能力，培养学生的审美鉴赏能力与审美创作能力。此外，课标还指出：“文化自信是指学生认同中华文化，对中华文化的生命力有坚定信心。”当我们在探讨民俗时，其实说的就是文化。因此，单元作业要抓住“民俗文化”元素，但又不局限于民俗。要在落实人文素养的同时，引导学生运用语文学科甚至跨学科的技能，解决实际问题，培养学生的核心素养。

（二）教学内容分析

综观本单元课文内容，相似之处主要有：第一，作品都反映了各地区独具特色的乡土风俗，如《社戏》和《灯笼》回顾了往昔故乡的生活景象，《回延安》和《安塞腰鼓》都是表现当代陕北民俗；第二，作品都表现了文中人物的精神面貌，鲜明可感，如《社戏》中乡邻伙伴的质朴热情，《安塞腰鼓》中黄土高原的后生勇猛阳刚；第三，作品都表达了作者对乡土民风的热爱与赞美，而这份赤诚挚爱其实源自作者的家国情怀。因此，文本解读时，不仅要感知景象和细节，更要透过形式，深入内心，体察人物的精神世界，挖掘乡土民俗的精神土壤。

（三）学情分析

八年级学生对文体有了一定的认识，对于不同表达方式的效果也有初步的了解。但由于文章年代、地域与学生相隔甚远，学生对于作者在乡土风俗中寄寓的情思并不能完全理解。

我校有不少学生是随父母到校就读的，他们来自全国各地，因此能够接触到不同地域的民俗文化。然而，学生对民俗文化仅停留在知识和活动层面，对民俗的价值和意义感悟不深，需要教师进一步引导和启发。此外，学生在民俗主题写作上较为欠缺，可以依托单元文章进行仿写，化他山之石为己用，从而借乡土民俗表达个人情感。

二、怎样完成这个作业

（一）整体框架说明

本单元主题为“触类而长读乡土，匠心独具悟情思”。纵向由点到面，着眼于“这一篇”的独特，从感受乡土的一个典范形象到一组人物（事物）群像，体悟作者愈发厚重的情思和逐渐深化的主题；横向由点到面，着眼于共同的人文主题，从感悟一位作者的怀乡之情到编织一张中国乡土情思网，体味愈发繁杂的乡土之思和跌宕起伏的家国情怀。

首先，思维导图梳理行文，整体感知，异中求同；其次，披文入情，细读单元课文，体会作者情思；再次，知人论世，探寻情思根脉，发现不同乡土情结背后共同的精神源泉——家国情怀；最后，“我为家乡代言”民俗专场，讲述家乡故事，畅谈风土人情，激发学生的乡土情怀。

以下为本单元整体教学的框架图（见下页）。

触类而长读乡土，匠心独具悟情思

——八年级下册第一单元整体作业设计

学习课段	初读入境： 发现共同的热爱 （共 1 课时）	细读入情： 以情纬文终不同 （共 4 课时）				探读知人： 何人不起故园情 （共 1 课时）	仿写与宣传： 乡土中国永流传 （共 1 课时）	
课时名称	整体感知	感悟《社戏》的诗意真情	理解《社戏》的叙事视角	感受信天游的多样抒情	诵读《安塞腰鼓》的热烈激情	群文对比阅读	写作：学习仿写	完善与备展
课堂教学	1. 初读文章，明确民俗。 2. 运用思维导图，梳理行文思路。 3. 对比异同，感受情思。	1. 以文导文，激发阅读兴趣。 2. 总结那夜的戏“好”在哪里。 3. 朗读感悟家乡里的人物形象。	1. 圈点批注，感受诗化的语言。 2. 揣摩心理，感受童真童趣。 3. 了解写作背景，体会写作意图。	1. 音乐图片导入，谈个人感受。 2. 朗诵诗歌，体会浓郁地方特色。 3. 互文阅读，理解延安精神。	1. 观看腰鼓表演场面，直观感受。 2. 品析腰鼓表演、高原后生的特点。 3. 阅读材料，理解文章主题。	1. 回顾课文情思，体会各自乡愁。 2. 知人论世，了解写作背景。 3. 寻根溯源，感悟作者对家乡、民族的热爱。	1. 片段仿写，注重场面描写和人物塑造。 2. 篇章布局仿写，绘制个人行文构思图。 3. 完成写作提纲。	1. 依据评价标准，生生互评，完善民俗写作。 2. 小组讨论，举荐民俗推荐人。 3. 小组讨论民俗专场展示分工与筹备。
作业设计	1. 字词积累作业。 2. 初读感受文章语言风格。 3. 绘制本单元其他课文思维导图。	1. 完成单元篇目“民俗简历”。 2. 圈点批注赏语言。 3. 对比不同看戏经历，体会不同的情思。	1. 项目作业：设计个人家乡民俗简历。 2. 从儿童与成人两个视角，品读文章主题。	1. 项目作业：依据文本，完成民俗体验汇报表。 2. 撰写家乡民俗推荐卡。	1. 项目作业：赏析排比句段，总结排比仿写“小贴士”。 2. 设计朗读，并阐明设计意图。	1. 查资料，探究乡土民俗给作者带来的深远影响。 2. 拓展阅读，选读其他民俗篇目。	项目作业：依据课堂提纲，完成《我读到的______》习作，成为家乡民俗记录者。	1. 依据习作评价标准，进行作文修改。 2. 项目作业：小组讨论推荐民俗推荐人，筹备专场展示。

（二）作业实施说明

过程分解	第 1 课段	第 2 课段	第 3 课段	第 4 课段
课堂完成	精读课文的行文思路图。	精读课文的民俗简历及体验汇报。	知人论世，群文比较读异同。	书写家乡民俗，并修改完善。
课后完成	其他文章行文思路结构图。	个人家乡民俗简历和推荐语。	论述乡土民俗对作者的影响。	以各种形式准备民俗专场展。

本作业设计聚焦课后作业，着眼于本节课的巩固延伸、与下节课的衔接，以及单元整体核心任务的落地完成。以“双减”政策下的作业形式要求为指引，立足单元大概念与学情，将整个作业设计成项目化的作业成果，并加以推进。整个单元学习阶段的作业分为必做基础作业、实践作业、弹性选做作业和跨学科作业，改变了以往作业与教学分离的状态，促使教、学、评尽可能达到一致。

作业使用应结合班级具体学情，有选择地使用，可适当添加或减少作业，适当给出范例，加以引导。本作业设计应使用过程性评价，从难度、数量、助读材料及评价方式等多方面，提供作业分层。

（三）课时作业分解

第 1 课段　初读入境：发现共同的热爱（共 1 课时）

第 1 课时　整体感知

课时作业目标

1. 完成字词识记、理解的积累任务。
2. 绘制行文结构图，概括课文内容，完成单元课文整体感知。

课时作业内容

1. 积累作业。

请同学们先将课文朗读一遍，再朗读下列句子。根据拼音和注释，使用正楷字书写词语。然后与课文一一对照，若有错误请用红笔订正。如果还有你认为有必要积累的字词，请模仿此方法，补充在“补充栏”里。

书写栏	订正栏	补充栏
1. 那时我的祖母虽然还康健，但母亲也已分担了些家务，所以夏期便不能多日的________（guī xǐng：回家探望父母）了。 2. 我们年纪都相仿，但论起________（háng bèi：辈分）来，却至少是叔子。 3. 十几个别的少年也大悟，立刻________（cuān duo：从旁鼓动人做某事）起来，说可以坐了这航船和我一同去。 4. 这十多个少年，委实没有一个不会________（fú shuǐ：游泳）的，而且两三个还是弄潮的好手。 5. 这腰鼓，……使困倦的世界立即变得________（kàng fèn：极度兴奋）了。 6. 容不得束缚，容不得________（jī bàn：缠住不能脱身），容不得闭塞。 7. 每一个舞姿都使人战栗在浓烈的艺术享受中，使人________（tàn wéi guān zhǐ：赞美看到的事物好到了极点）。 8. 当它________（jiá rán ér zhǐ：声音突然中止）的时候，世界出奇地寂静，以至使人感到对她十分陌生了。 9. 那时自己对________（rén qíng shì gù：为人处世的道理）还不懂，好听点说，心还像素丝样纯洁。 10. 那种熙熙然庭院的________（jìng mù：安静庄严），是一辈子________（sī mù：思念自己敬仰的人）着的。 11. 每每想起小时候在村里上灯学，要挑了灯笼走去挑了灯笼走回的事，便深深感到________（chàng wǎng：惆怅迷惘）。		

2. 预习作业。

每一位作家都有独树一帜的语言风格。请阅读本单元的四篇课文，在下面的语言风格词库中，你认为哪些可以用来描述课文？如果没有符合你心意的词语，也可以进行补充。

学习支架

什么是语言风格

语言风格是作家通过作品表现出来的创作语言特有的格调，常常体现在作家的遣词造句和语言运用的特有方式上。

语言风格词库

清新自然、豪迈奔放、质朴无华、笔调明快、简洁流畅、通俗易懂、含蓄隽永、幽默诙谐、苍凉雄浑、笔法冷峻、绚丽多彩、细腻入微、亲切自然、乡土气息、讽刺、低沉、恬淡、雅致、京味儿十足……

《社戏》一文的语言风格是________的；情感基调是________的。

《回延安》一文的语言风格是________的；情感基调是________的。

《安塞腰鼓》一文的语言风格是________的；情感基调是________的。

《灯笼》一文的语言风格是________的；情感基调是________的。

3. 必做作业。

请仿照课堂上《社戏》和《回延安》的行文结构图示例，用思维导图的形式绘制其他课文的行文结构图，了解文章的主要内容和行文思路。

示例（《回延安》）：

课时作业评价

本课时共三项作业，其中作业 1 为字词积累作业，作业 2 为初步感知的预习作业，作业 3 为课堂延续作业。三项作业均为本单元的学习奠定了基础。

作业1：积累作业评价标准见下表。

书写要求	作业准确度	提交情况	等　级
不工整或不能用楷书书写，字迹潦草、不清晰。	字词填写有一半以上错误，或未订正。	未按时提交。	待提高（1～2颗星）
能够用楷书书写，字迹较为清晰美观。	字词填写有部分错误，并用红笔订正。	按时提交并完成。	良好（3颗星）
能够用楷书工整地书写，字迹清晰美观。	字词填写准确无误，或存在少量错误并已用红笔订正。	按时提交，保质保量。	优秀（4～5颗星）

作业2：预习作业按以下维度进行自评。

1. 是否理解语言风格词库中的词语含义？若不理解，是否做到查字典或通过其他工具书了解？

2. 是否认真阅读文章后，再在语言风格及情感基调词库中进行选择？

3. 与小组同学产生意见分歧时，是否能够交流得出最后的答案？

作业3：思维导图评价标准见下表。

内　容	形　式	等　级
内容不全面或存在重大错误，未理清行文，梳理混乱。	总体不美观，重点不突出。	待提高（1～2颗星）
内容较全面，行文结构的梳理较清晰。	用思维导图的形式，总体较美观，重点较突出。	良好（3颗星）
内容全面，行文结构的梳理清晰明了。	用思维导图的形式，总体美观，重点突出。	优秀（4～5颗星）

第 2 课段　细读入情：以情纬文终不同（共 4 课时）

第 2 课时　感悟《社戏》的诗意真情

课时作业目标

1. 制作“家乡民俗简历”，梳理本单元课文中不同地方的地域文化及风土人情，提高学生信息梳理与提取的能力，发展学生思维。

2. 圈点批注赏析诗意语言，为下一课时的深化理解打基础。

3. 对比儿时与成年的看戏经历，理解作者通过写不同看戏经历所表达的情思，提高学生的审美鉴赏能力。

课时作业内容

1. 项目作业。

通读本单元课文，仿照《社戏》的“民俗简历”，设计他乡民俗简历，梳理陕西延安、陕西安塞、山东莱芜在课文中所提及的特色民俗，以及人、事、物（景）、情。完成后，请在小组内分享并给出小组评分。

民俗简历		
课文篇目	《社戏》	（绘制或粘贴民俗图片）
地　点	浙江绍兴鲁镇	
特色民俗	社戏	
这儿的人	双喜、阿发、六一公公等	
这儿的事	借船划、去看戏、偷豆吃	民俗印象：
这儿的物或景	罗汉豆、江南月夜	
这儿的情	天真的孩童、质朴的民风	

2. 必做作业。

《社戏》虽是小说，却有诗一般的语言。这种田园牧歌式的抒情基调和诗意隽永的语言风格，在鲁迅的文章当中并不多见。请有感情地朗读课文，采用批注的方式，赏析本文的语言风格，至少选择三处。

示例：

原文：	批注：
一出门，便望见月下的平桥内泊着一支白篷的航船，大家跳下船，双喜拔前篙，阿发拔后篙，年幼的都陪我坐在舱中，较大的聚在船尾。母亲送出来吩咐“要小心”的时候，我们已经点开船，在桥石上一磕，退后几尺，即又上前出了桥。	作者通过“望、跳、拔、点、磕”等一连串的动词，把大家欢喜雀跃、急切看戏的心情写了出来。同时，也展现了孩子们超高的驭水划船能力和率真、能干的特点。

3. 选做作业。

本课为删减版文章，写的是“我”童年时在农村的河边看社戏的美好体验。而实际在原文的开始，还有两段关于“我”成年后在剧场看戏的经历。比读课文与删减部分，体会作者通过写不同的看戏经历，表达了一种怎样的情思。

课时作业评价

作业 1 为基础作业，基于课堂教学范例，完成后面文章的阅读和民俗信息的整理。具体评价见下表，看看你能点亮几颗星。

学生姓名： 评价同学：	
评价要素描述	星 级
字迹工整，整洁美观。	☆☆☆☆☆
基本准确地梳理文中的人、事、物（景）、情。	☆☆☆☆☆
图片能体现民俗特点。	☆☆☆☆☆
初印象能写出民俗对作者的影响和意义。	☆☆☆☆☆

作业 2 目的在于初步欣赏文章的语言，为下节课的赏析和叙事视角的学习打下基础。只要学生能做到圈点勾画，并写出个人感受即可。

作业 3 为深度阅读作业，评价时应针对不同层次的学生给出评价。能结合删减部分，感受到“我”的烦闷不安，甚至恐惧即可。

第 3 课时　理解《社戏》的叙事视角

课时作业目标

1. 调研个人的家乡风俗，制作个人家乡民俗简历，激发学生的家乡自豪感。

2. 分析创作视角，理解儿童视角背后的成人反思，提升学生的思维能力。

课时作业内容

1. 项目作业。

通过走访老人、查阅资料或回忆个人经历，设计家乡的民俗简历，用特色民俗串起家乡的人、事、物（景）、情。

要求：所写民俗要真实，情感表达要真挚，图片选择要有代表性。

民俗简历		
我的家乡		（绘制或粘贴民俗图片）
地　点		
特色民俗		
这儿的人		
这儿的事		民俗印象：
这儿的物或景		
这儿的情		

2.《社戏》采用成人与儿童相结合的视角，以儿童视角讲故事，背后也包含成年人的思考。课上，我们赏析了充满童真童趣的语言。现在，让我们体会作者对现实生活的审视。请仿照示例，再在文中找出一处并赏析。

示例：

课文内容：

这真是大市镇里出来的读过书的人才识货！我的豆种是粒粒挑选过的，乡下人不识好歹，还说我的豆比不上别人的呢。

品析：在童年的“我”看来，六一公公热情质朴，自家的豆子被偷非但不急，还说“我”识货。而在成年视角下，“我”看到的是六一公公种豆不易，生活艰辛。

课时作业评价

作业 1 的评价参照第 2 课时作业 1 评价表。

作业 2 能够从文中找到相关语句，并从儿童视角和成人视角来品析，言之有理即可。

第 4 课时　感受信天游的多样抒情

课时作业目标

1. 品味文字的语言特色，完成“民俗体验汇报表”，感受文章语言特色，理解不同表达方式的表达效果，提高学生的审美品位。

2. 创写“民俗推荐卡”，用两种及以上表达方式撰写家乡民俗推荐语。

课时作业内容

1. 项目作业。

精读四篇课文，仿照《回延安》的民俗体验汇报笔记，任选其一品读其独特的语言形式，完成“民俗体验汇报表”。

民俗体验汇报表			
体验篇目	《回延安》	**汇报人**	
文章体裁	诗歌		
语言特色	“信天游”的语言表达形式。		
	地方特色词语	“白羊肚手巾红腰带”“米酒油馍木炭火，团团围定炕上坐”。	
	多种抒情方式	直接抒情：“千声万声呼唤你”； 间接抒情：“手抓黄土我不放”。	
	多种修辞手法	拟人：“杜甫川唱来柳林铺笑”； 夸张：“千万条腿来千万只眼”； 复叠：“几回回梦里回延安”。	

2. 言语训练。

结合“家乡民俗简历”，仿照示例，将你的家乡民俗写在“民俗推荐卡”上。

要求：至少运用两种表达方式进行推荐。

示例：

延安推荐卡

母亲延安是黄色的，小米饭养活了一代代孩童和羔羊；

母亲延安是褐色的，家家都有敦实的窑洞和温热的土炕。

母亲延安是白色的，那汗珠珠滴落在白羊肚手巾上；

母亲延安是红色的，群山怀抱结成了坚固的革命屏障。

延安啊延安，你的名字将万古流芳；

延安啊延安，我们爱你就像追逐日光。

课时作业评价

作业 1 可以仿照示例进行研读体验，也可以自行绘制增改体验项目。《社戏》的语言特色是“诗化小说”，《安塞腰鼓》在于大量的排比与铺陈，而《灯笼》文白相间，语言典雅。可以参考以下几个维度，进行小组内互评。

1. 是否抓住了本文最大的语言特点？
2. 是否准确找到文中有代表性的词句？
3. 是否能结合文章内容进行赏析，并感受到作者表达的情思？

作业 2 在民俗简历的基础上，进一步深入家乡民俗特色。只有深入体验和调查后，才能言之有物、言之有情。具体评价见下表，看看你能点亮几颗星。

学生姓名：	评价同学：	
评价要素描述	星　级	修改建议
言之有物，写出家乡民俗特色。	☆☆☆☆☆	
言之有情，表达了个人对于家乡民俗的特定感情。	☆☆☆☆☆	
言之有法，能够用两种及以上表达方式进行表达。	☆☆☆☆☆	
语言自然流畅，提倡个性化的表达。	☆☆☆☆☆	

第 5 课时　诵读《安塞腰鼓》的热烈激情

课时作业目标

1. 赏析文中的排比句与排比段，整理排比仿写“小贴士”，提高语言运用能力。

2. 设计朗读脚本，配乐录制朗读音频，提高朗读能力，丰富审美体验。

课时作业内容

1. 项目作业。

《安塞腰鼓》是对高原生命的礼赞，呈现出一派壮美雄奇、气势磅礴的意境。课文中运用了大量的排比，句子之内、句子之间、段落之间，排比的修辞无处不在。请试着赏析排比的表达效果，并总结出排比仿写“小贴士”。

典型摘抄	我的发现	仿写“小贴士”
这腰鼓，使冰冷的空气立即变得燥热了，使恬静的阳光立即变得飞溅了，使困倦的世界立即变得亢奋了。	这个排比句中，每句都有一组反义词，给人以强烈的视觉冲击，突出了安塞腰鼓磅礴激昂的状态和力量。	在排比中运用同义词或反义词，能带来更大的冲击。

2. 朗读作业。

同学们，请运用以下朗读标记，选择你最喜欢的部分进行朗诵设计，完成朗读脚本，体会文章的诗意美。

学习支架

朗读标记

停顿 | 　连读＿＿＿ 　轻音重音 . 　语速快 ○

语速慢△ 　语气渐强〈 　语气渐弱〉

原文句段	朗读设计	设计意图
一捶起来就发狠了，忘情了，没命了！	句子语气渐强，轻音进入，而“发狠”“忘情”“没命”加重。	语气渐强是因为作者极力铺陈，用一连串的短语使文章节奏紧凑，愈发激动。而重音处理，体现了安塞腰鼓勃发的生命力。

课时作业评价

作业 1 是修辞手法排比的仿写分析，为下节课打下基础。具体评价见下表，看看你能点亮几颗星。

评价要素描述	星　级
能够准确无误地找到排比句段并摘抄。	☆☆☆☆☆
能够发现此处运用排比的表达效果和独到之处。	☆☆☆☆☆
能够从中总结出排比的仿写经验。	☆☆☆☆☆

作业 2 能选择喜欢的段落，并用朗读标记进行朗读设计、说明理由即可。

第3课段　探读知人：何人不起故园情（共1课时）

第6课时　群文对比阅读

课时作业目标

探究乡土民俗对作者带来的深远影响，理解深植于民俗背后的爱国、爱家之心，增强民族自豪感和文化自信。

课时作业内容

1. 深化阅读。

本单元课文的作者——鲁迅、贺敬之、刘成章、吴伯箫——他们受到乡土民俗的何种影响？是否在困顿之际从故乡风土中得以慰藉？课下请自行查阅资料，并写出你的看法，不少于100字。

示例：

资料积累

鲁迅先生的死，不仅是中国失去了一个青年的最勇敢的领导者，也是我们失去了一个最真挚、最热忱的朋友。

——郑振铎

我有一时，曾经屡次忆起儿时在故乡所吃的蔬果：菱角、罗汉豆、茭白、香瓜。凡这些，都是极其鲜美可口的，都曾是使我思乡的蛊惑。后来，我在久别之后尝到了，也不过如此；惟独在记忆上，还有旧来的意味留存。他们也许要哄骗我一生，使我时时反顾。

——《朝花夕拾·小引》

星斗其文，赤子其心，鲁迅就是一位怀有真性情的文学家、思想家。鲁迅被称为“最真挚”的朋友，正是他至真、至纯性情的表现。而真性情的养成，大概是受小时候鲁镇的孩童，如双喜、阿发的影响。他常常给人一种冷峻的感受，但写到平桥村和那里的人，却变得诗意、温情又有趣了。他不趋炎附势，茕茕孑立，定是受“思乡的蛊惑”，让他对儿时至真至善的人性“时时反顾”。

2. 拓展阅读。（选做）

推荐篇目：丰子恺《清明》、叶君健《看戏》、萧乾《吆喝》、巴金《灯》。

推荐思考：（1）这篇文章展现了何种乡土民俗？（2）文章表达了作者怎样的乡土情思？（3）文章的语言有何特色？是如何表达作者情思的？（4）推荐阅读篇目能与本单元课文中的哪一篇或哪几篇进行对比阅读？

可以自行设计问题，考一考本班的其他同学。

课时作业评价

本课时作业需要学生自行查阅相关资料，深入了解作者之后才能得出结论。由于学生层次不同，所以评价应该基于学生的现有水平，有所进步就应当给予肯定。具体评价见下表，看看你能得几颗星。

评价要素描述	星级
能够查找到作者的生平、作品及他人评价等资料。	☆☆☆☆☆
能够结合课文中的乡土民俗，理解作者作品、为人处世。	☆☆☆☆☆
能够结合材料和课文内容，阐述乡土民俗对作者带来的深远影响。	☆☆☆☆☆

第 4 课段　仿写与宣讲：乡土中国咏流传（共 2 课时）

第 7 课时　写作：学习仿写

课时作业目标

选取一个最典型的家乡民俗文化，完善提纲，在布局谋篇、表达方式和叙事视角等方面构思作文，完成《我读到的________》习作，提高学生的语言建构和审美创造能力。

课时作业内容

每个人的家乡都是一本读不尽的书。走进特色建筑，读出当地的历史与文化；重走返乡之路，勾起似曾相识的回忆；参加民俗活动，读到当地人的性情与礼仪；阅读文学作品，感受故土的精神品格……翻开乡土民俗这本书，你读到了什么？以“我读到的________”为题作文。

要求：

（1）在横线处填写家乡或典型民俗名称。

（2）仿写或创作一篇有关于自己家乡民俗文化的文章。

（3）不少于 600 字，文体不限，诗歌除外。

学习支架

民俗资料库

1. 课本资源：八年级下册第一单元。

2. 阅读资源：丰子恺《清明》、叶君健《看戏》、萧乾《吆喝》、巴金《灯》。

3. 视频资源：中国民俗学网、《乡土中国》栏目、《记住乡愁》栏目。

课时作业评价

习作评价量表参见“单元整体作业设计”中的“作业评价”。

第 8 课时　完善与备展

课时作业目标

1. 梳理并完善个人单元项目作业：民俗简历、体验汇报、民俗推荐、民俗写作。推选本组的优秀作品，参与民俗文化专场展示。

2. 筹备“我为家乡代言”民俗专场活动，以多种形式挖掘并展现蕴藏在身边的民俗文化，传承与发扬民俗文化，提高学生的文化自信。

课时作业内容

1. 个人梳理并完善本单元的项目作业。小组内推选本组优秀作品，参与民俗文化专场展示。优秀作业推荐要求如下：

（1）项目作业要全，完成态度认真；

（2）作业修改后，每项的评价至少为四星及以上；

（3）民俗写作的推荐权重占全部作业的 50%；

（4）如果一组内出现多个作品值得推荐，在时间允许的情况下，应推尽推。

2. 筹备“我为家乡代言”民俗专场活动，以多种形式挖掘并展现藏在身边的民俗文化。

专场活动提供多媒体设施，参考形式如下：

（1）制作展板：绘制乡土民俗的宣传海报或手抄报，在班级文化墙上进行展出，以供全年级的师生了解祖国各地的民俗文化。

（2）录制视频网络日志（vlog）：制作电子相册或录制 vlog，录制走访过程，实地拍摄家乡的风土人情，可采访 1 ～ 2 位当地的老人，多角度了解人们对民俗文化的看法。

（3）现场宣讲：以演讲的方式，讲述“我”与家乡民俗的渊源。可采用 PPT、背景音乐、相关照片与图片辅助宣讲，宣讲时间 5 分钟左右。

（4）文创展示：制成乡土民俗文创产品，如“捏出来的古村落”“家乡建筑微缩模型”“书签里的民俗文化”“好一本民俗介绍手册”等，发挥同学们的聪明才智，制作并介绍你的设计意图。

（5）其他。

课时作业评价

作业 1 为单元的回顾与整理，具体评价要求见每课时的作业评价。

作业 2：如需要，可参见“单元整体作业设计”中“作业评价”量表中的“展示：我为家乡代言”部分。

“我为家乡代言”民俗专场活动开放投票渠道，为最喜欢的三位民俗推荐人及其推荐点赞。具体推荐标准见下表。

项　目	推荐标准	星　级
推荐民俗	家乡民俗的推荐是否典型、充分（具体内涵、民俗活动、当下的发展等）。	☆☆☆☆☆
推荐形式	推荐形式与内容是否相符，是否展示出推荐理由，是否新颖。	☆☆☆☆☆
推荐效果	推荐人的整体表现力如何，该民俗是否给你留下了较为深刻的印象。	☆☆☆☆☆

三、如何评价这个作业[①]

本单元作业设计立足单元“民风民俗”的人文主题与学情，将单元作业设计为“我为家乡代言”民俗专场活动。作业中有基础作业、实践作业、拓展作业和跨学科作业等多种类型；有自评、组内互评、教师评价等多样的评价方式；内容涉及“民俗简历”“体验汇报”“仿写文章”等多种活动。不管是单元作业还是课时作业，都是课堂的延展，提高了学生的学习兴趣，力争达到教、学、评的一致性。

作业注重大情境下的小情境创设。由于单元学习跨度时间较长，单一的情境不足以让学生保持良好的学习热情。因此，在每个课段都设计了大主题下的小情境与小任务。学生完成整套活动后，如同经历了一场“民俗寻踪之旅”，从而深入理解自己家乡民俗的意义，发自内心地爱上中国乡土文化，爱上各地的民风民俗。

最后的民俗专场活动，也可根据实际情况采用多种形式，可以是真实体验后的图文分享，可以是为家乡民俗制作文创产品等。这样多学科融合的展示活动，能够基本实现学生在课堂上的民俗体验，加深学生对家乡生活方式和民俗风情的认知，激发学生心底的那份热爱家乡、热爱祖国的情感。

北京市第八中学永定实验学校　李　云

① 点评教师：张静。

第二节

岁月虽已逝，今古共河山

——八年级下册第三单元“撰写读后感”整体作业设计

第一部分 作业呈现

一、单元内容简介

本单元编排了《桃花源记》《小石潭记》《核舟记》《〈诗经〉二首》四篇课文。它们或描写理想中的美好生活，或记述自己徜徉于自然之境时的所见所思所感，或赞叹古代艺人的精湛技艺，或吟咏个人的情感追求。通过学习，了解古人的思想、情趣，感受其智慧，体会其笔下的美好境界。学习本单元，在反复诵读、整体感知的基础上，借助注释和工具书通读课文；反复诵读，把握诗文的丰富内涵，体味语言之美；同时，要结合作者生平或写作背景把握文本的内涵，感知古人的思想、情趣与智慧。

二、单元整体作业设计

（一）作业目标

1. 朗读录音，检验学生对诗文的理解与感悟，培养学生的提取概括与整体感知能力。

2. 积累“比”“兴”事物，感受《诗经》的丰富内涵，培养学生正确理解语言文字的能力。

3. 以海报图、文物名片、诗歌创作等多种形式，展示古人的思想、情趣与智慧，初步掌握比较、分析、概括等思维方法，有理有据、负责任地表达自己的观点，养成实事求是、崇尚真知的态度。

4. 总结提升，落实巩固叙事传情、借景抒情、借物抒情的抒情方式，激发学生对现代生活的热爱之情，培养学生发现美、表现美和创造美的能力，形成健康的审美情趣。

（二）作业内容

自然美景，幸福生活，人所向往；奇绝艺人，精湛技艺，令人赞叹。本单元我们欣赏了“记事”的《桃花源记》，“记游”的《小石潭记》，“记物”的《核舟记》，了解到古人的思想、情趣与智慧。

“今古共河山”雅集会馆开展了“鉴古赏今，遇见美好”读书沙龙，并提供了三个话题（见下图）。请结合你对“记”的理解，就本单元学习的三篇“记”，写一篇读后感，并在读书沙龙上进行分享。

（三）作业评价

“鉴古赏今，遇见美好”读书沙龙评价标准见下表。

分享话题：		
维　度	要　求	达成程度（0～5分）
内容	紧扣主题，分享独特感受；与本单元文章联系紧密，深入思考；富有趣味；以多种形式和听众互动。	
条理	开始即点明主题，结构清晰，有过度和总结。	
语调和语速	声音高低起伏，能用抑扬顿挫突出重点、传达感情；速度快慢适中，发音清晰，没有口头禅。	
肢体语言	和听众有充分的目光接触，手势、点头等肢体语言很自然。	
语法	语法无错误，句式结构富于变化。	
总体评价：		
最终等级：		

注：“达成程度”赋分说明——优秀 5 分，良好 4 分，合格 3 分，不合格 0～2 分。

第二部分 作业说明

一、为什么设计这个作业

（一）设计依据

本单元为文言文单元，在语言的形式上契合“语言文字积累与梳理”学习任务群的要求，在表达的内容上契合“文学阅读与创意表达”学习任务群的要求。“语言文字积累与梳理”在第四学段旨在引导学生“在语言文字运用情境中，发现、感受和表现语言文字的魅力”，并“欣赏优秀作品的语言表达技巧”；“文学阅读与创意表达”第四学段旨在引导学生通过阅读古诗文名篇，“体会作品的情感和思想内涵”“体会作者通过语言和形象构建的艺术世界”。因此，关注语言鉴赏和语言表达两个方面的内容，应是本单元作业设计的落脚点。

（二）教学内容分析

综观本单元课文内容，相似之处主要有：（1）从主题上看，感受古人的思想、智慧，内涵丰富，获得美的熏陶和感染；（2）从内容上看，所描绘的自然美景、雕刻工艺、志趣追求等折射出古代文人雅士的生活情趣；（3）从写法上看，属古代的“记”文体，如《桃花源记》记事，《小石潭记》记游，《核舟记》记物，内容各异，但文章的写作思路清晰，便于学生了解古人的思想、情趣与智慧。

利用这些相似之处，我们可以通过渔人行踪、作者游踪、介绍顺序等梳理文章内容；结合文本的分析，联系社会及作者背景，多角度解读文章主题；训练学生思维的发散性、深刻性、批判性、辩证性；感受古人的思想、智慧，获得美的熏陶和感染，品味、理解中国古典文言之美，更好地学习和传承中华文化。

（三）学情分析

学生在八年级上册的学习中，已经对山水游记文章有了一定的了解。但本单元审美对象不再局限于八年级上册第三单元的“山水”，转向了更广阔的自然、生活、艺术，进而祈求在不如意的生活中探寻美。审美对象的泛化和抽象化，意味着学生的学习重心也向先人们的生命历程与生活智慧转移。因此教师要充分考虑学情，为学生提供学习的支架。

初中生形象思维能力强，想象丰富。因此学习本单元时，适宜让学生展开想象感受景物之美，体会作者的感情。因此本单元作业设计特开展以“今古共河山”为主题的雅集会馆情境学习，针对本单元课文进行研读，激发学生的想象力，帮助学生更快地融入对文章的学习；在作业设计方面遵循单元整体思路，以单元写作的大任务驱动，通过丰富多彩的单课时作业组成一个完整的学习单元。

二、怎样完成这个作业

（一）整体框架说明

本单元主题为“岁月虽已逝，今古共河山”，通过梳理所描绘的自然美景、雕刻工艺、志趣追求等内容，了解古代文人雅士的生活情趣，获得美的熏陶和感染，品味、理解中国古典文言之美，更好地学习和传承中华文化。

本单元设计了三个课段：“反复诵读，梳理文本”“深入文本，探究内涵”“赏析探究，撰写文章”。三个课段通过精读文本、拓展阅读、梳理筛选、积累应用、思考探究、写作等课堂任务驱动，打通课堂教学与课时作业、课时作业与单元作业的界限，将“教—学—评”统一起来。

以下为本单元整体教学的框架图（见下页）。

岁月虽已逝，今古共河山

——八年级下册第三单元整体作业设计

项目进程	发布任务	分会馆				成果展示
分管名称	启动仪式	桃源世界	石潭幽境	核舟天地	寻觅挚爱	雅集成册
课题名称	承古人之雅韵 开时代之生面	《桃花源记》 心中若有桃花源 何处不是水云间	《小石潭记》 一腔心事付幽胜 多少凄楚留心中	《核舟记》 方寸天地展乾坤 大千世界舟中寻	《〈诗经〉二首》 衣带渐宽终不悔 为伊消得人憔悴	江山留胜迹 我辈复登临
学习内容	雅集会馆开幕 了解会馆篇目 交流朗读要点 合作梳理文意 回顾制图方法 整理制作结构 依图进行展示	走进会馆　初识作者 绘游览图　讲桃源事 所见所感　初探情思 桃源绝境　景美人乐 真实世界　战乱离散 对比辨析　体会心境	阅读标语　进入情境 绘游览图　讲述见闻 对比景物　感受变化 对比辨析　由乐转悲 阅读经历　感悟悲怆 制作海报　展示特色	展示会馆收藏文物 制作核舟文物名片 依文绘制核舟草图 介绍核舟基本情况 探究雕刻技艺之高 赞语书写致敬技艺	举办诗歌比赛 吟诵交流要点 绘制诗歌结构 细致描绘画面 学习知识卡片 文章对比异同 配乐朗诵情感	选题 撰写 演说 评审 修改 定稿 成册
作业目标	1. 朗读录音，检验学生对诗文的理解与感悟。 2. 修正“核舟图”，检验学生对重点实词和虚词的掌握。 3. 以海报、文物名片、诗词创作等多种形式，展示古人的思想、情趣与智慧。 4. 总结提升，落实巩固抒情方式，激发学生现代生活的热爱之情。					
单元作业	请结合你对“记”的理解，就本单元学习的三篇“记”，写一篇读后感。					
作业设计	规划制作任务单 音频录制展能力	对话补全未尽意 插图巧绘文中景 妙笔书写内心事	录音频展文章情 海报图绘绮丽景 宣传稿述家乡情	核舟名片辨真伪 访谈推介物传承	重点字音反复读 旧词新唱巧改编 诗歌创作传真情	依文撰写读后感 鉴古赏今齐分享
评价量规	依据作业特点，设置内容、手法、中心、创意等多个维度，借助评价量表等手段对作业进行自评、组评、班评、师评。					

（二）作业实施说明

过程分解	第 1 课段	第 2 课段	第 3 课段
课堂完成	反复诵读，梳理文本。	梳理文本。	赏析、探究、感悟。
课后完成	朗读音频。	检验课堂所学，联系实际创作。	撰写文章读后感。

本作业设计以单元任务为线串起整个作业过程，单元任务是对课时学习成果的有效检验。

作业使用时要结合班级具体学情，有选择地使用，适当地给出范例，加以引导；同时要充分发挥学生的自主性，依据个人情况，有选择地完成作业。

（三）课时作业分解

第 1 课段　反复诵读，梳理文本（共 1 课时）

第 1 课时　单元任务启动

课时作业目标

1. 制作课程任务单，明确学习任务。
2. 录制朗读音频，整体感知文章内容。

课时作业内容

1. “岁月虽已逝，今古共河山”，本节课为此次任务的“启动仪式”，请大家为接下来的课程制作任务进度单。

示例：

“鉴古赏今，遇见美好”——撰写读后感课程任务进度单					
活动阶段	时　间	学习任务	地　点	学习方式	自　评
活动准备					
桃源世界					
石潭幽境					

续 表

活动阶段	时 间	学习任务	地 点	学习方式	自 评
核舟天地					
寻觅挚爱					
评论修订					
公开成果					

2. “旧书不厌百回读，熟读深思子自知”是才华横溢的苏轼所言。“大抵观书须先熟读，使其言皆出于吾之口；继以精思，使其意皆若出于吾之心”是宋代教育家朱熹所言。请你依据自己的理解与感悟，对本单元文章进行朗读，并将朗读录音发送给老师。

课时作业评价

作业 2：评价标准见下表。

指 标	评价标准	分 值
字音	全文字音正确，吐字清晰。（5 分）	
	正确把握诗文节奏，停顿合理。（10 分）	
	不漏字，不添字，不重复，不颠倒。（10 分）	
节奏	声音清脆、响亮，满足听众需要。（5 分）	
	通篇顺畅，没有断读现象。（10 分）	
	停顿恰当，句子停顿与标点停顿符合要求。（10 分）	
	语速恰当，能根据文章内容合理调整语速。（10 分）	
情感	重音明确，能根据传情达意的需要，突出重音。（10 分）	
	语调适中，能根据情感的不同，自然运用不同语调。（10 分）	
	读出不同的语音、语气，能根据语言环境调整语音、语气。（10 分）	
	感情表达准确，能通过朗读直观展现文章情感的变化。（10 分）	
等级：		

注：等级说明——优秀 85～100 分，良好 70～84 分，合格 60～69 分，不合格 0～59 分。

第 2 课段　深入文本，探究内涵（共 8 课时）

第 2 课时　《桃花源记》整体感知

课时作业目标

1. 想象对话，检验学生对课文内容的理解，培养学生提取、概括的能力。

2. 绘制插图，检验学生对课文内容和重点语句的掌握情况，培养学生正确理解语言文字的能力。

课时作业内容

1. 对话补全未尽意。

渔人“具答”的是什么？桃花源中人为何“叹惋”？“诣太守，说如此”，都说了哪些内容？请你结合文章内容及写作背景展开想象，补全对话。

2. 插图巧绘文中景。

渔人发现桃花源、进入桃花源、离开桃花源、再寻桃花源这一过程中，哪个情景给你留下了深刻的印象？请你把它画出来。

要求：图文结合，认真绘制。

课时作业评价

作业 2：“插图巧绘文中景”评价标准见下表。

评价标准	等　级			
	优　秀	良　好	合　格	不合格
图文搭配				
绘制用心				
书写工整				
修改建议：				

第 3 课时　《桃花源记》体会情思

课时作业目标

书写自己心中最感动的事情，展现现代社会的和谐美好，表达自己的感受与思考，提高审美品位。

课时作业内容

我们现在生活的国家没有苛捐杂税，没有频繁战争，老有所养，幼有所依，这不正是陶渊明心中桃花源的真实呈现吗？在这美丽的“桃花源”中一定发生过许多互帮互助、美好和谐的事情吧，请选取令你最感动的一件事写出来，以“美丽桃源美好事”为题进行分享。（不少于 200 字）

课时作业评价

课时作业评价标准见下表。

评价标准	等　级			
	优　秀	良　好	合　格	不合格
中心突出。				
事件描写具体。				
书写工整、无误。				
构思巧妙，条理清楚。				
语言生动，语句通顺。				
教师建议：				
同学建议：				

第 4 课时　《小石潭记》整体感知

课时作业目标

录制朗读音频，展示对课文情感的理解。

课时作业内容

政治失意，亲朋逝世，一颗孤独悲凉的心与竹林深处的潭相遇，一个小小的石潭承载了柳宗元的梦。梦中的情感交织，凝结在小石潭的水、树、鱼、石上，最终成就了这篇千古美文。请你带着对文章情感的理解，选取意境相符的背景音乐，朗读课文，并录制音频。

课时作业评价

录制朗读音频作业评价标准见下表。

评价标准	等级			
	优　秀	良　好	合　格	不合格
字音正确，吐字清晰。				
语速恰当，依文调整。				
朗读直观展现文章情感的变化。				
教师建议：				
同学建议：				

第 5 课时　《小石潭记》体验游记

课时作业目标

1. 绘制海报路线图，整体明确《小石潭记》的游踪。
2. 概括介绍景点，并选取一处景物特点进行细致描绘。
3. “我笔写我心”，表达自己在游览过程中的感受。

课时作业内容

1. 制作旅游宣传海报。

一个深藏在竹林深处、名不见经传的小石潭，承载着柳宗元的梦，在柳宗元意境浑成、秀美文字之下，现已成为永州市著名观光胜地。

你所成长的这片土地，也承载着你成长过程中的每个梦。请结合自己的游历经历，绘制本地一条游览路线，制作旅游宣传海报。

2. 书写旅游宣传稿。

为大力发展家乡旅游事业，请你选择路线中的一处景点，仿照《小石潭记》中描写水、石、树的写作手法，将一处美景介绍给大家吧！

要求：

（1）使用借景抒情、托物言志等手法。

（2）描写细致，抒情真挚。

（3）200 字左右。

课时作业评价

作业 1 和作业 2 的评价标准见下表。

具体作业	评价标准	等级			
		优秀	良好	合格	不合格
旅游宣传海报	格式规范，要素齐全。				
	海报图美观，路线图准确。				
	设计新颖，富有创意。				
旅游宣传稿	标点正确，书写无误。				
	选点适切，情景交融。				
	构思巧妙，条理清楚。				
	重点突出，描写具体。				
	语言生动，语句通顺。				
教师建议：					
同学建议：					

第 6 课时　《核舟记》整体感知

课时作业目标

制作核舟名片，感知文章主要内容，培养学生的提取、概括能力。

课时作业内容

为了让公众更直观地了解王叔远所雕刻的核舟，请你根据本节课所学内容制作一张核舟名片。

课时作业评价

“核舟名片”评价细则见下表。

等　级	等级描述
不合格	概括内容较少或概括错误，任务单大部分空缺。
合格	能概括出文章部分内容，掌握本课少量常见实词和虚词。
良好	能概括出文章大部分内容，掌握本课部分常见实词和虚词。
优秀	能准确、全面地概括文章内容，掌握本课所有常见实词和虚词。

第 7 课时　《核舟记》感悟传统技艺

课时作业目标

写推介任务单，了解现代奇人奇物，增强民族自豪感和自信心。

课时作业内容

了解了古人精湛的技艺、高尚的思想情感，我们把目光转向现在所处的时代：时代在变，传承不变，我辈有责任使之发扬光大。请你搜寻现在流传下来的传统技艺，完成下面任务。

传统手工艺名称：

工艺解说：

艺术匠心：

文物名片：

课时作业评价

“文物推介”评价细则见下表。

等级	等级描述
不合格	介绍物品顺序混乱。 没有说明物品特征。 文中没有表达感情的语句或表达情感语句出现错误。
合格	介绍物品时，按顺序介绍。 能够说明物品的某一特征。 文中有表达正确的感情倾向的语句。
良好	能够按照一定的顺序合理介绍物品。 能准确地说明物品“奇巧”特征。 文章中有向现代能工巧匠致敬，为祖国自豪的语句。
优秀	能够按照一定的顺序介绍物品，层次分明。 能生动、形象地说明物品“奇巧”特征。 文章表达出向现代能工巧匠致敬，为祖国自豪的充沛情感。

第 8 课时　《〈诗经〉二首》整体感知

课时作业目标

1. 录制朗诵音频，在声音的节奏变化和音调起伏中感受诗歌中的情绪变化和情感表达，体会诗歌语言的美感。

2. 通过填空的形式对《蒹葭》中重点字音、字形的学习进行巩固，培养学生正确理解语言文字的能力。

课时作业内容

1. 请你带着对诗歌情感的理解，选取意境相符的背景音乐，朗读两首诗歌。

2.《蒹葭》描写了一个热恋者对心中爱人的追求，但始终是可望而不可即。全诗字里行间流露出主人公望穿秋水而又追求不得的失望、惆怅之情。请你根据自己对《蒹葭》的学习和理解，结合诗歌的意境，在下面括号中根据注音，补全《蒹葭》内容或给重点字注音。

(　　)(　　)

蒹　葭

cāng cāng bái lù wéi shuāng
蒹葭苍苍，白露为霜。
suǒ wèi yī rén zài shuǐ yī fāng
所谓伊人，在水一方。
sù huí cóng zhī dào zǔ qiě cháng
(　　)从之，道阻且长；
sù yóu cóng zhī wǎn zài shuǐ zhōng yāng
溯游从之，宛在水中央。

qī qī bái lù wèi (　)
蒹葭(　　)，白露未晞。
suǒ wèi yī rén zài shuǐ zhī (　)
所谓伊人，在水之湄。
sù huí cóng zhī dào zǔ qiě jī
溯洄从之，道阻且(　)；
sù yóu cóng zhī wǎn zài shuǐ zhōng (　)
溯游从之，宛在水中坻。

cǎi cǎi bái lù wèi yǐ
蒹葭采采，白露未(　)，
suǒ wèi yī rén zài shuǐ zhī sì
所谓伊人，在水之(　)。
sù huí cóng zhī dào zǔ qiě yòu
溯洄从之，道阻且右；
sù yóu cóng zhī wǎn zài shuǐ zhōng (　)
溯游从之，宛在水中沚。

课时作业评价

作业 1：评级标准见下表。

评级标准	自评	互评	师评
字音准确，吐字清晰。			
情绪饱满，有表现力、感染力。			
重音、语速处理恰当，能充分体现诗歌中情绪的变化。			

作业 2：重点字词注音评价标准见下表。

评价标准	等级		
	优秀	良好	合格
填补的字音、字形正确。			
朗读字音正确。			
朗读停顿恰当，情感准确。			
教师建议：			
同学建议：			

第 9 课时　《〈诗经〉二首》体会情感

课时作业目标

1. 在《关雎》的基础上，进行现代歌曲改编创作，于创作实践中体会《诗经》的形式特点，感受诗歌语言的美感。

2. 通过主题诗歌的创作，练习使用课上学到的重章叠句、赋比兴等写作手法，进一步感悟《诗经》中记录的古人对美好爱情的向往和追求，并延伸到感悟当代社会中感人至深的情感，同时也能够培养学生观察生活、享受生活的能力。

课时作业内容

1. 现在有很多歌词取材于古代诗词歌赋，这些国风歌曲受到很多人的喜爱，如《将进酒》《少年中国》《声律启蒙》等。请你尝试对《关雎》进行歌词创编，将其改编成一首现代歌曲。

2. 请你用《诗经》的四言句式，适当用上我们学到的重章叠句、赋比兴等表现手法，写一首小诗。

课时作业评价

作业 1:《关雎》歌曲改编分层式作业评价标准见下表。

层次等级	评价内容	评价标准（每一条目下，由高到低划分 ABC 三个等级）	自 评	互 评	师 评
层次 1	内容意境	表达对美好事物的向往。			
		歌曲意境符合“乐而不淫，哀而不伤”的诗歌特点。			
层次 2	节奏	运用回环复沓的手法。			
		运用双声叠韵的手法。			
		关注到句子结尾的押韵。			
层次 3	谱曲	利用编曲软件输出音频作品。			
		对于原创编曲、演唱，录制音频作品。			

作业 2:《蒹葭》诗歌创作评价标准见下表。

评价标准	等 级		
	优 秀	良 好	合 格
标点正确，书写无误。			
具有重章叠句的音韵美感。			
运用赋比兴的写作手法。			
主题生动，展现现代美好。			
语言生动，具备美感。			
教师建议：			
同学建议：			

第3课段　赏析探究，撰写文章（共1课时）

第10课时　撰写读后感

课时作业目标

写读后感，分享提升，激发学生对现代生活的热爱之情，培养学生发现美、表现美和创造美的能力，形成健康的审美情趣。

课时作业内容

“今古共河山”雅集会馆开展了“鉴古赏今，遇见美好”读书沙龙，并提供了三个话题（见“单元整体作业设计”中的“作业内容”），请结合你对“记”的理解，就本单元学习的三篇“记”，写一篇读后感，并在读书沙龙上进行分享。

课时作业评价

参见“单元整体作业设计”中的“作业评价”。

三、如何评价这个作业①

在“减负提质”、促进教育高质量发展的新时代背景下，设计突出核心素养立意的作业尤为重要。本单元作业设计着眼于增强课程实施的情境性，促进学习方式变革这一内容，从学生语文生活实际出发，设计了系列化的具有挑战性的学习任务。

首先，在联想想象中获得个性化的审美体验。教师指导学生在策划、想象、实践、体验等语文活动中，学习知识，发展思维，提高审美品位，让学生体会到学习、创作与欣赏的快乐。

其次，在丰富多样的学习情境中体会情感和思想内涵。单元作业设计形式多样，包含音频录制、插图绘制、海报图制作、文物名片制作等多种形式，既

① 点评教师：李玉兰。

有关照不同层次学生的个性化的任务，也有体现学生基础能力的朗读录音，还有展示学生文采的艺术创作。在有效落实课堂任务的同时，激发了学生做作业的积极性，让他们愿意做作业，喜欢做作业。

最后，在借鉴写作手法中自由表达。本单元的写作以单课时的作业任务为基础，让学生在独立完成单课时任务的基础上，广泛收集材料进行单元创作，既激发了学生的写作热情，又充分体现了单元整体性。评价方式详细具体，体现了客观、公平、公正的原则。

北京市门头沟区京师实验中学　高梦伟

第五章

国旗下谈我们，小说中议人生

第一节

明理思法，说理用法

——九年级上册第二单元“共圆中国梦，青年当何为”国旗下演讲整体作业设计

第一部分 作业呈现

一、单元内容简介

本单元的人文主题是“砥砺思想”，单元选篇都是议论性文章，它们或谈人生，或议社会，或论教养，都鲜明地表达了作者的观点，无不闪耀着思想的光芒。语文要素强调“了解议论性文章的特点”，把握作者的观点，区分观点和材料，理清论证的思路，学习论证的方法。结合单元写作要求，以“探究议论性文章如何清晰说理”作为单元核心内容进行语言的建构和运用，培养学生的思辨能力和审美创造能力；同时文章在阐述观点时，论述严密，有很强的说服力，可以深化学生对社会、他人、人生、自我精神世界的认识，从而树立正确的人生观和价值观。

二、单元整体作业设计

（一）作业目标

1. 画思维导图，把握不同类型的议论性文章的观点和说理层次，并以此梳理自己所写的演讲稿的说理层次，提高思辨能力。

2. 品析论证方法、关键词句，把握其对清晰说理的推动性，填写对照表，准确自查演讲稿是否使用不同角度的语言技巧，提高学生语言运用能力和审美创造能力。

3. 借助议论性文章说理清晰评价表和同学们的建议修改完善自己的演讲稿，做到观点明确、说理清晰，从而树立正确的人生观和价值观。

（二）作业内容

我校为规范学生行为习惯、提高学生核心素养，依托班级成长小组开展了“五日教育”。两周后是“学社会楷模，养君子美德”的主题教育日和文化交流日，恰逢班级升旗值周，需要一名同学在升旗仪式上进行演讲，班级采取演讲竞选的形式进行选拔。

请你结合主题“共圆中国梦，青年当____”撰写国旗下演讲稿，积极参与，小组胜出者的作品将张贴在校园文化墙上，班级胜出者可作为代表在学校升旗仪式上进行国旗下演讲，个人作品收集汇总形成班级成长纪念册——演讲集。

学习支架

演讲稿及特点

演讲稿，也叫演讲词，它是在较为隆重的仪式上和某些公众场合发表的讲话文稿。演讲稿是进行演讲的依据，是对演讲内容和形式的规范和提示，它体现了演讲的目的和手段。

演讲稿论点鲜明、逻辑性强，具有宣传、鼓动、教育和欣赏等作用。它可以把演讲者的观点、主张与思想感情传达给听众以及读者，使他们信服并在思想感情上产生共鸣。

怎样撰写演讲稿

- 要有针对性，做到“心中有听众”。
- 注意写好开头，吸引听众的关注。
- 明确表达观点，把思路展现出来。
- 精心设计结语，提升演讲的效果。
- 着力锤炼语言，增强演讲的感染力。

（三）作业评价

完成单元学习后，依据议论性文章说理清晰评价表和演讲评价表进行打分、修改、推荐、整理，汇集成册。

议论性文章说理清晰评价表如下。

评价内容		自　评	组　评	师　评	推荐指数
观点表达	正确简洁				
	有针对性				
结构层次	结构完整				
	层次有逻辑				
论证方法	使用两种以上方法				
	增强说服力				
语言技巧	表明态度				
	推进论证				
	转换话题				
	提示思路				

注：评价说明——A 好，B 较好，C 合格，D 待加强。推荐说明——按等级 A 出现次数计算总数就是推荐指数。后同。

演讲评价表如下。

评价内容		分值	自评	组评	师评
演讲内容	主题鲜明，有现实性	10			
	观点明确，有针对性	10			
	思路清晰，有逻辑性	10			
	论述充分，有说服性	10			
	语言生动，有鼓动性	10			
现场表现	体态沉稳，有自信力	10			
	抑扬顿挫，有吸引力	10			
	表情自然，有亲和力	10			
	脱稿流畅，有表现力	10			
	时间精准，有把控力	10			
总分		100			

第二部分

作业说明

一、为什么设计这个作业

（一）设计依据

本单元属于“思辨性阅读与表达”学习任务群。《义务教育语文课程标准（2022 年版）》指出，本学习任务群要引导学生“通过阅读、比较、推断、质疑、讨论等方式，梳理观点、事实与材料及其关系；辨析态度与立场，辨别是非、善恶、美丑”“负责任、有中心、有条理、重证据地表达，培养理性思维和理性精神”；第四学段强调“阅读关于生活感悟、生活哲理方面的优秀作品，学习思考与表达的方法，结合生活经验和阅读材料，阐述自己的感悟和观点”，学习“经典的思辨性文本，理解作者的立场、观点与方法”。因而注重培养学生有观点、有条理地表达，从而提高思辨能力，是本单元阅读和写作教学的重点。同时在语文学习过程中，感受语言文字的美，感悟作品的思想内涵，形成正确的人生观、价值观。

（二）教学内容分析

在统编版语文教材中，议论性文章并不是第一次出现，但是议论性文章的提法及相关知识以单元重点学习的形式在九年级上册第一次出现。九年级上册有第二单元和第五单元两个议论性文章阅读单元，第二单元侧重了解议论性文章的基本特点，把握作者的观点，区分观点和材料，理清论证思路；第五单元侧重对观点和材料做出分析，理解二者之间的关系，论证要合理。这两个单元之间呈递进关系。不仅如此，这两个单元还具体地从不同角度展现了议论性文章如何清晰说理，如第二单元侧重结构层次、语言技巧方面的外在表现，第五单元侧重材料与观点和论证方法方面的内在联系。

本单元所选课文，有演讲词、书信，还有说理为主的散文，共同点是都有观点、讲道理。它们有的直接提出观点，有的在字里行间就表达了爱憎分明的态度；它们的说理方式有“总—分—总”式、层层推进式；它们在论证时有用具体事例论证、形象比喻论证等论证方法，也有用关键词句段来提示论证思路，进而推进论证。但这些选文无不闪耀着思想的光芒，在精神建构、自我教养、从事职业、社会责任等方面都对学生给予引领，有助于学生树立正确的人生观和价值观。

基于此，本单元以“探究议论性文章如何清晰说理”为基本问题，落实语文要素，引导学生形成“议论性文章清晰说理评价表”，并以此修改完善演讲稿，提高思路清晰的辨识度，从而提高思辨能力，并树立正确的人生观和价值观。

（三）学情分析

九年级学生在八年级下册第四单元已经学写了简单的演讲稿，对议论性文章的特点有一些了解，但是对议论性文章的知识缺乏系统性的把握，思辨能力较弱，在写演讲稿时，往往思路不够清晰，尤其缺乏思路的“辨识度”。而无论是阅读议论性文章，还是写简单的议论性文章，都需要一定的思辨能力。因此在本单元教学中，通过阅读、比较、质疑等方式，重视培养学生的思辨能力和审美能力。

二、怎样完成这个作业

（一）整体框架说明

本单元主题为“明理思法，说理用法”。通过对本单元议论性文章的学习，让学生了解其特点，能够把握文章观点，理清说理思路，写作时思路清晰、有辨识度，并深化对社会、人生的认识，提高思辨能力。

本单元教学分为“任务发布：问题呈现”“任务推进：明理思法”“任务完善：说理用法”三大课段，以修改完善国旗下演讲稿为学习任务，打通课时作业与单元作业的界限，将“教—学—评”统一起来。

以下为本单元整体教学的框架图（见下页）。

明理思法，说理用法

——探究议论性文章如何清晰说理

基本问题	议论性文章如何清晰说理						
学习课段	任务发布：问题呈现（共 1 课时）	任务推进：明理思法（共 4 课时）				任务完善：说理用法（共 2 课时）	
学习内容	国旗演讲初稿现问题	初识议论文章找观点	再读议论文章理结构	辨析论证方法有理趣	品味关键词句增理趣	共拟说理标准巧修改	依标鉴评佳作明事理
典型任务	1. 宣布主题，布置主题演讲竞选和要求。 2. 完成演讲稿“共圆中国梦，青年当________”的初稿。 3. 依据评价表进行自评、互评。	1. 阅读材料补全议论性文章知识结构图。 2. 默读《敬业与乐业》《就英法联军远征中国致巴特勒上尉的信》，找观点（提取或概括）。 3. 明理思法：怎样找（概括）准观点。	1. 再读《敬业与乐业》《就英法联军远征中国致巴特勒上尉的信》，画结构。 2. 辨析两文层次能否调顺序。 3. 明理思法：议论性文章论证层次的特点。	1. 精读分析《敬业与乐业》所用论证方法及作用。 2. 拓展迁移《就英法联军远征中国致巴特勒上尉的信》。 3. 明理思法：论证方法在说理中的作用。	1. 精读引领《就英法联军远征中国致巴特勒上尉的信》，品味关键词句。 2. 拓展迁移《敬业与乐业》。 3. 明理思法：使说理更清晰的语言技巧有哪些。	1. 回顾所学，共拟议论性文章说理清晰评价表。 2. 小组依据评价表，针对演讲稿评价，并提出修改建议。 3. 小组依标做推荐语。	1. 小组展示：组长宣读推荐语，被推荐者演讲。 2. 其他小组依演讲评价表打分，并提出修改建议。 3. 宣布结果。
学习评价	1. 能够根据主题独立完成一篇不少于 600 字的演讲稿。 2. 可以依据评价表自评、互评演讲稿。	1. 把握议论性文章相关知识。 2. 能够找准或概括文章观点。	1. 能够梳理文章结构。 2. 能够理解文章层次的逻辑性。	1.能够辨别论证方法。 2. 能够分析论证方法在说理中的作用。	1. 把握品味关键词句的不同角度。 2. 能分析关键词句在说理中起到的作用。	1. 把握说理清晰的“四讲究”。 2. 能够依据评价表评价他人演讲稿，并提出修改建议。	能够依标客观评价他人演讲，并提出改进建议。
作业设计	1. 通读本单元四篇文章，准确读写并查找作者资料。 2. 思考：撰写演讲稿时的困惑和评价时发现的问题。	1. 依据课上所学方法和语文书单元写作知识，阅读《论教养》《精神的三间小屋》，准确找出或概括观点。 2. 自查演讲稿观点是否明确、简洁。	1. 再读《论教养》《精神的三间小屋》，任选一文画思维导图。 2. 自查演讲稿结构层次是否清晰合理。	1.《论教养》《精神的三间小屋》任选一文，分析所用论证方法及作用。 2. 自查演讲稿是否运用至少一种论证方法，并在说理中起到一定作用。	1.《论教养》《精神的三间小屋》任选一文，从不同角度分析关键词句的作用。 2. 自查演讲稿是否使用语言技巧并填写表格，如果没有，可添加或修改一两处。	二选一： 1. 小组推荐者依演讲评价表准备演讲。 2. 其他组员借助议论性文章说理清晰评价表和小组意见，修改自己的演讲稿。	1. 继续完善演讲稿并上交电子版，收集汇总形成班级成长纪念册。（必做） 2. 录制演讲小视频发班级群。（选做）
核心任务	依据制定的议论性文章说理清晰评价表修改演讲稿“共圆中国梦，青年当________”，收集成册并推荐在国旗下演讲。						

（二）作业实施说明

过程分解	第 1 课段	第 2 课段	第 3 课段
课堂完成	完成演讲稿初稿，自评、互评，发现问题。	以本单元课文为例，探究议论性文章如何清晰说理。	依据演讲评价表，推荐演讲者。
课后完成	通读本单元课文，完成语言、文学常识积累。	拓展自读课文，巩固、自查并完善演讲稿。	修改、完善和收集。

本作业设计聚焦初写演讲稿时出现的问题——思路呈现不清晰，缺乏辨识度，着眼于每节课所学内容的巩固延伸，又为下节课做好衔接，环环相扣，促进单元基本问题“议论性文章如何清晰说理”的解决。

单元作业是将学习任务分成不同的子任务，根据相应课时内容的学习进行巩固和自查修改。随着子任务的推进，完成单元任务水到渠成，最终展示任务成果。因此，本作业设计可按照对应课时，布置相应作业内容。

作业使用应结合班级具体学情，有选择地使用，可适当添加或减少作业，也可做分层作业，适宜使用过程性评价。

（三）课时作业分解

第 1 课段　任务发布：问题呈现（共 1 课时）

第 1 课时　发现初稿问题

课时作业目标

1. 整理本单元成语和名言，丰富语言积累，培养学生正确理解祖国语言文字的能力。

2. 填写文学常识表格，培养学生多种渠道搜集和整理信息的能力。

3. 通过自我反思在撰写和评价演讲稿中出现的问题，培养学生发现问题的能力，激发学生的好奇心和求知欲。

课时作业内容

1. 预习作业。

本单元所选四篇文章或谈人生，或谈社会，或论教养，无不闪耀着思想的光芒。请你通读本单元文章，借助课下注释、书报资料或网络，完成成语、名言和文学常识积累。

（1）成语积累（至少五个）。

成语	解释
断章取义	不顾全篇文章的内容，而只根据需要，孤立地截取其中一段或一句话的意思。

（2）名言积累（至少三则）。

名言	含义
《礼记》“敬业乐群”	专心于学业，与朋友和睦相处。

（3）文学常识积累（可按照名、时、地、评、作这五个方面进行积累）。

课文	作者介绍（名、时、地、评、作）	备注
《敬业与乐业》		
《就英法联军远征中国致巴特勒上尉的信》		
《论教养》		
《精神的三间小屋》		

2. 单元作业：思考自己在撰写演讲稿时的困惑和评价时发现的问题。

课时作业评价

本课时共两项作业，其中作业 1 是预习积累作业，也是为单元学习扫清语言障碍的基础。作业 2 是第 2 课时的问题导入，也是单元基本问题的核心。

作业 1：评价见下表。

评价内容			自　评	师　评
整体	字迹清楚，工整美观			
预习积累	成语、名言	说明		
		释义准确		
	文学常识	五个方面内容准确		
		详实具体		
困惑或问题	有条理			
	有价值			

第 2 课段　任务推进：明理思法（共 4 课时）

第 2 课时　初识议论文章——找观点

课时作业目标

1. 自读单元写作知识，学会提炼观点，力求明晰、简明，提高思辨能力。

2. 结合单元写作知识和课上所学，能把握不同类型的议论性文章的观点并能使自己的演讲稿做到观点明确。

课时作业内容

1. 依据课上所学方法和语文书单元写作知识，阅读《论教养》《精神的三间小屋》，准确找出或概括文章观点。

2. 针对上节课已经完成的演讲稿，自查是否有明确且简洁的观点。

课时作业评价

本课时共两项作业，其中作业 1 是课上巩固所学内容，拓展延伸自读课文找出或概括观点。作业 2 是单元作业的一部分，单元学习结束后再进行具体评价。

作业 1：评价内容见下表。

评价内容		自评	师评
整体	字迹清楚，工整美观		
《论教养》	观点准确		
	观点简洁		
《精神的三间小屋》	观点准确		
	观点简洁		
演讲稿	有观点		
	观点简洁		

第 3 课时 再读议论文章——理结构

课时作业目标

1. 画思维导图，把握不同类型的议论性文章的说理层次，提高思辨能力。

2. 根据课上所学梳理自己所写演讲稿的说理层次，做到层次清晰。

课时作业内容

1. 再读《论教养》《精神的三间小屋》，任选一文画出思维导图。

2. 自查演讲稿结构层次是否清晰合理。

课时作业评价

本课时共两项作业，其中作业 1 是巩固课上所学，拓展延伸到自读课文，用画思维导图的方式把握文章的结构布局、说理层次。作业 2 是单元作业的一部分，单元学习结束后再进行具体评价。

作业 1：评价内容见下表。

评价内容		自评	师评
整体	字迹清楚，工整美观		
《论教养》或《精神的三间小屋》	概括准确		
	结构清楚		
	构图美观		

续表

评价内容		自评	师评
演讲稿	结构、层次清晰合理		

第4课时　辨析论证方法——有理趣

课时作业目标

1. 准确判断文章所用论证方法类型并分析其在说理中的作用，提高思辨能力。

2. 根据课上所学，判断并梳理演讲稿所用方法及作用，做到论证方法准确而鲜明。

课时作业内容

1. 在《论教养》《精神的三间小屋》中任选一文，分析所用论证方法及作用（至少写出两种）。

2. 自查演讲稿是否运用至少一种论证方法，并在说理中起到一定作用。

课时作业评价

本课时共两项作业，其中作业1巩固课上所学，拓展延伸自读课文，分析所用论证方法及作用。作业2是单元作业的一部分，单元学习结束后再进行具体评价。

作业1：评价内容见下表。

评价内容		自评	师评
整体	字迹清楚，工整美观		
《论教养》或《精神的三间小屋》	两种以上论证方法		
	判断准确		
	分析清晰		
演讲稿	至少运用一种论证方法		
	有助说理		

第5课时　品味关键词句——增理趣

课时作业目标

1. 依据课上所学，能够从不同角度分析议论性文章中所使用的语言技巧在清晰说理中起到的作用，提高思辨能力，并为下节课拟定说理清晰评价表做铺垫。

2. 填写对照表格，准确自查演讲稿是否使用不同角度的语言技巧，并把握其对说理清晰的作用，提高学生语言运用能力和审美创造能力。

课时作业内容

1.《论教养》和《精神的三间小屋》中使用了很多语言技巧，使说理更清晰，你能任选一篇文章，从不同角度各找出一例进行分析吗？（至少两个角度）

2. 今天我们学习了通过语言技巧来表明自己鲜明的态度，并推进论证过程，让层次更分明，使说理更清晰。请你根据自查表，自查演讲稿中是否使用一定的语言技巧并有一定的作用。如有，请在相应的位置画"√"。如没有，可添加或修改一两处，使自己的演讲稿在局部说理更清晰。

课时作业评价

作业1：评价内容见下表。

评价内容		自　评	师　评
整体	字迹清楚，工整美观		
《论教养》或《精神的三间小屋》	词句准确		
	角度不同		
	作用准确		
演讲稿	使用两种以上语言技巧		
	语言技巧有作用		

作业2：演讲稿中合理使用语言技巧自查表如下。

语言技巧	使　用	有作用
词语的感情色彩		
序数词		
关联词		
前后照应		
特殊句式		
修辞		

第 3 课段　任务完善：说理用法（共 2 课时）

第 6 课时　共拟说理标准——巧修改

课时作业目标

1. 借助议论性文章说理清晰评价表和同学的建议，修改完善演讲稿。

2. 依据演讲评价表做准备，做到观点明确、说理清晰。

课时作业内容

以下作业二选一。

1. 小组推荐者依演讲评价表准备演讲。

2. 其他组员借助议论性文章说理清晰评价表和小组意见，修改自己的演讲稿。

课时作业评价

本课时两项作业是二选一，针对不同层次的学生完成。其中作业 1 是针对组内演讲稿写得出色的同学，评价请参见演讲评价表；作业 2 是针对组内演讲稿还需要进一步改进的同学，评价请参见议论性文章说理清晰评价表。

第 7 课时　依标鉴评佳作

课时作业目标

1. 修改完善演讲稿，做到表达负责任、有中心、有条理、重证据，培养学生的理性思维和理性精神。

2. 借助不同媒介表达自己的见闻和感受，学习发现美、表现美和创造美，形成健康的审美情趣。

课时作业内容

1. 继续完善演讲稿并上交电子版，收集汇总形成班级成长纪念册——演讲集。（必做）

2. 录制演讲小视频发班级群。（选做）

课时作业评价

本课时作业分为必做和选做，针对不同层次的学生完成。其中作业 1 是针对所有学生，评价请参见议论性文章说理清晰评价表；作业 2 是针对一些有表现力的同学，评价请参见演讲评价表。

三、如何评价这个作业①

《义务教育语文课程标准（2022 年版）》中指出："评价要有利于促进学生学习，改进教师教学，全面落实语文课程目标。"本单元作业设计围绕核心素养表现，基于作业目标设置评价标准。

首先，关注学习过程，注重评价的促进与激励作用。作业设计着眼于实现作业的发展功能，凸显系列化、多样化和层次化的特点。基于单元整体教学框架，结合授课内容，教师引导学生由浅入深、层层递进。引导学生借助评价表和同学建议，修改自己的演讲稿，做到说理清晰。把单元核心驱动任务放在真实的大语文环境中，帮助学生在学校升旗仪式上进行演讲做充分准备，增强学生的自信心。

其次，关注学习状况，注重考查学生语言文字运用能力。本单元的课时作业内容环环相扣，巩固所学，学以致用。有必做作业，学生根据课上所学拓展

---

① 点评教师：李玉兰。

迁移至自读课文，进行巩固；有分层作业，学生根据自己的能力强弱选择，让每一个层次的学生都能完成并得到提升；有项目子作业，对应课时所学，推进任务完成。

最后，关注学习水平，注重评价的多元互动。在作业评价中改变教师单向评价，采用多向评价和等级评价，让学生积极参与到评价中来，成为评价主体；培养学生的参与意识，并养成正确对待自己和他人的习惯；树立信心，取长补短，获取知识，提升素养。

建议：驱动任务设计时应该更有深度，让每一个学生都有机会上台展示，激发所有学生的积极性。

北京市大峪中学分校　杜海鹰

第二节

走进小说天地，体会别样人生

——九年级上册第四单元“创编成长故事”整体作业设计

第一部分 作业呈现

一、单元内容简介

本单元的人文主题为“自我成长”。从内容上看，单元选文都写了少年时代的经历，这些不同的人生经历构成小说外显的情节线索；同时，正是这些人生经历与体验，让一个人发现世界、认识社会，从而推动自我的成长，这又构成小说内隐的思想线索。语文要素强调“感知理解”，要梳理小说情节，初步感知小说的叙事手法，尝试分析人物形象；结合自己的生活体验，理解小说的主题；感受小说中展示的人生经验，加深对社会和人生的理解，获得自我成长的教益。

二、单元整体作业设计

（一）作业目标

1. 通过“小说创作锦囊”的制作，理解小说知识，欣赏和初步评价小说作品，丰富自己的情感体验和精神世界，提高鉴赏小说的能力。

2. 根据小说知识，结合自己的经验，创编《我的成长故事》，获得自我成长的教益，提升语言运用能力和创新能力。

（二）作业内容

从古至今，故事一直是人类沟通和交流的重要方式。一个好的故事，不仅能让我们获得愉悦和趣味，更能触动人心、启迪智慧，甚至改变一个人的命运和展现一个民族的形象。小说创作有很多方法，如故事设定、人物视角、情节推动等。合理运用这些方法进行创作可以起到事半功倍的效果。请大家制作小说锦囊（包含“小说知识卡片”“小说情节卡片”“小说人物卡片”“小说描写卡片”等），同时结合自己的生活体验，以“我的成长故事”为主题创编故事，并进行分享，感受成长故事给予人的力量。

（三）作业评价

单元作业评价标准见下表。

评价标准		自　评	组内互评	师　评
思想内容	主题明确且积极。	☆☆☆☆☆	☆☆☆☆☆	☆☆☆☆☆
	情节具体且完整，有高潮。	☆☆☆☆☆	☆☆☆☆☆	☆☆☆☆☆
	人物描写细致，特点突出。	☆☆☆☆☆	☆☆☆☆☆	☆☆☆☆☆
	有环境描写，对突出主题或人物形象或情节发展有作用。	☆☆☆☆☆	☆☆☆☆☆	☆☆☆☆☆
	选材真实，有成长启示。	☆☆☆☆☆	☆☆☆☆☆	☆☆☆☆☆
层级结构	叙述条理清晰，详略得当。	☆☆☆☆☆	☆☆☆☆☆	☆☆☆☆☆
语言表达	能运用多种表达方式，语言生动，有感染力。	☆☆☆☆☆	☆☆☆☆☆	☆☆☆☆☆

第二部分 作业说明

一、为什么设计这个作业

（一）设计依据

本单元属于“文学阅读与创意表达”学习任务群。《义务教育语文课程标准（2022 年版）》指出，本学习任务群要引导学生“感受文学语言和形象的独特魅力”“欣赏和评价语言文字作品，提高审美品位”，第四学段还指出，“阅读表现人与社会、人与他人的古今优秀诗歌、散文、小说、戏剧等文学作品，学习欣赏、品味作品的语言、形象等”，因而注重培养学生感受、欣赏、品味和评价的能力，是本单元阅读教学的重点；“交流审美感受，体会作品的情感和思想内涵”是学生阅读文学作品并获得自己情感体验的基础，从而获得对社会、人生的有益启示，“表达自己独特的体验与思考”，这是本单元写作教学的落脚点。

（二）教学内容分析

综观本单元的课文内容，相似之处主要有：（1）从主题上看，感受小说展示的人生经验，加深对社会和人生的理解，获得自我成长的教益；（2）从内容上看，都写了少年时代的经历；（3）从写法上看，叙述和描写是小说展开故事的基本手法，情节的发展主要是由人物的语言、行为、心理描写，以及适切的环境描写来推动的。

利用这些相似之处，我们可以通过情节、人物的分析，联系生活体验，多角度解读小说主题；训练学生思维的发散性、深刻性、批判性、辩证性；感受小说展示的人生经验，加深对社会和人生的理解，获得自我成长的教益。

（三）学情分析

对于小说，九年级的学生已有一定的积累，并不会感到陌生，但对小说这种文体的了解，学生还是第一次接触。教师要让学生关注小说的体裁知识以及与作品相关的背景知识，并对阅读方法进行引导，从而深化阅读感受，丰富阅读体验。

另外，正值青春期的他们，开始将关注的重点转向自身，但是由于年龄和阅历的制约，其自我认识往往会出现过低或过高的偏差。此时，他们或自卑，认为自己不如别人，缺乏信心，也不愿别人了解自己，生怕被人看不起；或清高，对别人不屑一顾，认为别人根本不理解自己，不愿倾吐内心的秘密，进而产生与他人难以沟通和了解的感受，觉得被忽视、被边缘化。基于此，教师要多方激活学生已有的生活阅历，寻找成长启示，加深人生理解，获得自我教益。

二、怎样完成这个作业

（一）整体框架说明

本单元主题为“走进小说天地，体会别样人生”，通过梳理小说情节，分析人物形象，品味小说语言，感受小说展示的人生经验，加深对社会和人生的理解，获得自我成长的教益。

本单元教学分为“制作故事大纲”“学习创编故事”“分享成长故事”三大课段，以创编故事为任务，打通课堂教学与课时作业、课时作业与单元作业的界限，将“教—学—评”统一起来。

以下为本单元整体教学的框架图（见下页）。

走进小说天地，体会别样人生

——九年级上册第四单元整体作业设计

<table>
<tr><td>基本问题</td><td colspan="6">如何通过理解小说主题，加深对社会和人生的理解，更好地促进自我成长？</td></tr>
<tr><td>项目进程</td><td>发布任务</td><td colspan="4">⇨ 完成任务 ⇨</td><td>分享及评价</td></tr>
<tr><td>学习课段</td><td>制作故事大纲（共 1 课时）</td><td colspan="4">学习创编故事（共 4 课时）</td><td>分享成长故事（共 1 课时）</td></tr>
<tr><td>课时名称</td><td>明任务，识大意</td><td>理情节，知脉络</td><td>析人物，品形象</td><td>品语言，强语感</td><td>悟主题，谈感受</td><td>巧创作，善分享</td></tr>
<tr><td>典型任务</td><td>1. 发布以“我的成长故事”为主题的创编故事任务，明确任务流程。
2. 学生初步分享自己的故事。
3. 朗读三篇课文，初识文章大意。</td><td>1. 读《故乡》《我的叔叔于勒》《孤独之旅》，学习梳理情节，复述故事。
2. 体会小说在情节安排上体现出的精彩的叙事技巧（悬念、对比、详略、视角等）。</td><td>1. 寻找人物关系，探究分析人物形象的方法。
2. 结合人物描写的方法，品析人物的性格特点。</td><td>1. 读课文，找出环境描写的段落并说明其在文中的表达效果。
2. 探究环境描写对情节结构、人物塑造、主题表达等方面的作用。</td><td>1. 读课文，讨论三篇课文的主旨以及带给你的思考。
2. 绘制三篇小说的人物、情节、主旨的结构图。</td><td>1. 总结本单元学习到的方法。
2. 依据评价表，结合自己的生活体验，修改《我的成长故事》。</td></tr>
<tr><td>作业设计</td><td>1. 完成本单元字词的积累。
2. 查找资料，汇总小说知识，制作“小说知识卡片”。
3. 完成故事大纲。</td><td>1. 口述小说情节。
2. 总结小说的情节结构和叙事技巧，制作“小说情节卡片”。
3. 运用叙事技巧，描写成长故事中最重要的情节。</td><td>1. 总结小说塑造人物的方法，制作“小说人物卡片”。
2. 运用塑造人物的方法，描写成长故事中对自己影响较大的人。</td><td>1. 制作“小说环境描写卡片”。
2. 完成成长故事中的环境描写片段。</td><td>1. 制作“小说主题卡片”。
2. 组稿，完成《我的成长故事》写作。</td><td>继续完善故事，并用一句话概括自己的成长启示，为“成长故事会”评选做好准备。</td></tr>
<tr><td>创作资源</td><td colspan="6">依据“小说知识卡片”“小说情节卡片”“小说人物卡片”“小说描写卡片”，制作“小说创作锦囊”。</td></tr>
<tr><td>核心任务</td><td colspan="6">基于对本单元小说的学习，结合自己的生活体验，以“我的成长故事”为主题创编故事，并进行分享，传达自己的思考。</td></tr>
</table>

（二）作业实施说明

过程分解	第 1 课段	第 2 课段	第 3 课段
课前完成	完成字词积累。	品读课文。	完成故事初稿。
课堂完成	分享故事，理清课文大意。	理情节、析人物、品语言、明主题。	修改故事。
课后完成	汇总小说知识，完成故事大纲。	制作“小说创作锦囊”，完成片段写作。	完善故事，概括成长启示。

本单元作业分三条主线完成：一条是“课前完成”，为课堂上任务的完成打好基础；一条是“课堂完成”，主要围绕小说人物、情节、主题进行详细分析，为课后作业的完成做铺垫；一条是“课后完成”，主要围绕制作“小说创作锦囊”以及片段写作进行，为创编故事打好基础。

本单元作业不仅引导学生了解小说知识，而且鼓励学生结合自己的成长经历创编故事。这样的作业，更能丰富学生的内心世界，使他们获得有益的启示，从而更好地成长。

（三）课时作业分解

第 1 课段　制作故事大纲（共 1 课时）

第 1 课时　明任务，识大意

课时作业目标

1. 借助注释和工具书抄写并理解词语，丰富语言积累，培养学生正确理解祖国语言文字的能力。

2. 查找资料，了解小说的文体知识，并制作“小说知识卡片”。

课时作业内容

1. 预习作业：在作业本上完成第四单元重点字词的字音和词义积累。

2. 查找资料，汇总小说知识，制作“小说知识卡片”。表格、思维导图均可。

示例：

小说是以刻画人物形象为中心，通过完整的故事情节和环境描写来反映社会生活的文学体裁。

小说三要素
- 人物
  - 主要人物和次要人物
  - 人物描写
    - 肖像描写
    - 语言描写
    - 动作描写
    - 心理描写
- 情节
  - 开端
  - 发展
  - 高潮
  - 结局
- 环境
  - 社会环境
  - 自然环境

→ 反映社会生活

3. 根据课上分享，完成单元整体任务《我的成长故事》的写作大纲。要求选取的素材是成长过程中印象深刻的人物及事件，突出自我成长。

故事名称	
情　节	开端： 发展： 高潮： 结局：
人物及主要关系	
故事背景	
想表达的主题	

课时作业评价

作业 1：评价标准见下表。

等　级	评价标准
A	准时提交，内容准确，字迹工整。
B	准时提交，内容准确。
C	准时提交。

作业 2："小说知识卡片"评价标准见下表。

评价标准	自　评	组内互评	师　评	星级总数
资料全面。	☆☆☆☆☆	☆☆☆☆☆	☆☆☆☆☆	
陈述准确。	☆☆☆☆☆	☆☆☆☆☆	☆☆☆☆☆	
卡片设计美观，字迹工整。	☆☆☆☆☆	☆☆☆☆☆	☆☆☆☆☆	
对学习小说有帮助。	☆☆☆☆☆	☆☆☆☆☆	☆☆☆☆☆	

作业 3 作为单元整体任务的一部分，最后统一评价。

第 2 课段　学习创编故事（共 4 课时）

第 2 课时　理情节，知脉络

课时作业目标

1. 复述故事情节，熟悉小说的情节脉络。

2. 制作"小说情节卡片"，了解小说在情节安排（如悬念、对比、详略、视角等）上的技巧。

课时作业内容

1. 再读《故乡》《我的叔叔于勒》《孤独之旅》，口述故事情节。

2. 任选一篇课文，制作"小说情节卡片"。

示例：

《＿＿＿＿＿＿＿＿》小说情节卡片		
结　构	开端	
	发展	
	高潮	
	结局	
技　巧	使用技巧	
	举例	
	作用分析	

3. 片段描写：运用课上所学的叙事技巧，描写自己成长故事中最重要的情节。

要求：情节完整、有高潮，运用课上学习的写作手法。

课时作业评价

作业 1，学生在复述故事的过程中，不仅梳理了情节，熟悉了小说的脉络，而且进一步了解了故事内容。作业 2，通过制作“小说情节卡片”，让学生知道情节叙述的内容。作业 3，片段描写运用课上学习的技巧，情节完整、有高潮即可。

作业 1：自我评价维度如下。

1. 我是否再次认真阅读了课文，熟悉了文章的情节？
2. 我对故事情节的叙述是否清晰、完整？
3. 我的复述是否突出了课文中使用的叙事技巧？

作业 2：“小说情节卡片”评价标准见下表。

评价标准	组内互评	师　评
内容全面	☆☆☆☆☆	☆☆☆☆☆

续　表

评价标准	组内互评	师　评
陈述准确	☆☆☆☆☆	☆☆☆☆☆
字迹工整	☆☆☆☆☆	☆☆☆☆☆

第 3 课时　析人物，品形象

课时作业目标

从人物关系中了解人物形象，总结小说塑造人物的方法，品析人物的性格特点，制作“小说人物卡片”。

课时作业内容

1. 任选一篇小说中你感兴趣的人物，制作“小说人物卡片”。

姓名：

出处：

外貌特征：

人物关系：

典型事件：

人物点评：

塑造人物的方法：

2. 片段描写：运用塑造人物的方法，描写成长故事中对自己影响较大的人。

课时作业评价

作业 1，制作“小说人物卡片”让学生了解丰富多彩的人物形象，陶冶性情，净化心灵，寻找更多的成长启示。

“小说人物卡片”评价要素见下表。

评价标准	星　级
外貌特征描述准确。	☆☆☆☆☆
人物关系清晰明确。	☆☆☆☆☆
典型事件概括准确。	☆☆☆☆☆
点评中突出人物特色。	☆☆☆☆☆
准确描述塑造人物的方法。	☆☆☆☆☆
卡片图文并茂，能引起读者兴趣。	☆☆☆☆☆

作业 2 利用所学方法，进行片段描写，让学生学有所用。本作业作为单元整体作业的一部分，最后综合评价。可采用组内互评的方式。运用塑造人物的方法，突出人物特点即可。

第 4 课时　品语言，强语感

课时作业目标

制作“小说环境描写卡片”，赏析环境描写的段落，体会其在文中的表达效果。

课时作业内容

1. 找出课文中环境描写的语句，并体会其在文中的表达效果，制作“小说环境描写卡片”。

示例：

课　文	环境描写语句	作用（情节结构、人物塑造、主题表达等方面）
《故乡》		
《我的叔叔于勒》		
《孤独之旅》		

2. 片段描写：完成《我的成长故事》中最重要部分的环境描写（主要指自然环境描写）片段，要求能烘托人物心情。

课时作业评价

作业 1:“小说环境描写卡片”评价标准见下表。

评价标准	星　级
能正确且全面提取出课文中的环境描写语句。	☆☆☆☆☆
能结合原文进行分析。	☆☆☆☆☆
分析准确、全面。	☆☆☆☆☆
语言表达清晰。	☆☆☆☆☆

作业 2 结合自己的亲身经历描写环境，了解环境描写的重要性，明确环境描写对烘托人物心情、突出人物品质的重要性。

第 5 课时　悟主题，谈感受

课时作业目标

1. 明确三篇课文的主旨以及带给读者的思考，制作“小说主题卡片”。

2. 组稿完成《我的成长故事》。

课时作业内容

1. 制作“小说主题卡片”。

课　文	探究主题		概括主题
	角度 1：人物、情节、环境等	角度 2：写作背景、作者观点及创作意图等	
《故乡》			
《我的叔叔于勒》			
《孤独之旅》			

2. 利用之前的写作片段，组稿完成《我的成长故事》。

课时作业评价

“小说主题卡片”评价标准见下表。

评价标准	星　级
角度 1 能结合原文进行分析，分析全面准确。	☆☆☆☆☆
角度 2 分析恰当、有依据。	☆☆☆☆☆
主题分析准确。	☆☆☆☆☆
语言表达清晰。	☆☆☆☆☆

第 3 课段　分享成长故事（共 1 课时）

第 6 课时　巧创作，善分享

课时作业目标

依据课上总结的方法，修改完善《我的成长故事》，以此获得自我成长的教益。

课时作业内容

依据学到的方法、评价量表及同学建议，修改完善自己的成长故事，并用一句话概括自己的成长启示，为“成长故事会”评选做准备。

课时作业评价

参见“单元整体作业设计”中的“作业评价”。

三、如何评价这个作业[①]

单元作业以创编《我的成长故事》为任务，通过“小说创作锦囊”把学习内容和作业内容紧密联系起来，不仅让学生感知理解小说世界，感受小说中展示的人生经验，而且思考个人成长中收获的诸多启示，加深自己对社会和人生的理解。

作业内容紧扣学习内容，贴合紧密且实用。随着教学的推进、文本探究的

① 点评教师：张静。

深入，分析汇总对应的小说知识和写作手法、鉴赏方法就自然成为作业内容，从而形成每个学生独具特色的“小说创作锦囊”。

单元整体作业分解成小任务，分布在不同的课时作业中，不仅让学生每节课都能体会到学有所用的满足感，更重要的是减轻了学生负担，而且教师也能通过课时作业的完成随时检测学生单元任务的进度，从而做出适宜的教学决策，保证教学成效。

任务情境紧密联系学生实际生活。成长故事的设定基于学生的实际心理特点和学习生活，以“小说创作锦囊”作为片段描写的写作支架，力争多方位激活学生已有的生活阅历，让学生思考自己的成长经历，深入剖析内心，以获得自我教益。

建议：基础性作业设计比较薄弱，类型应多样化，以削弱学生对基础性作业的“不喜”感。

北京市门头沟区京师实验中学　韩文英

第三节

品人物百态，识英雄好汉

——《水浒传》整本书阅读整体作业设计

第一部分 作业呈现

一、内容简介

《水浒传》是统编版语文教材九年级上册的推荐阅读名著，是我国古代四大文学名著之一，属于长篇白话章回体小说。作品以北宋末年宋江为首的梁山农民起义为素材加工而成。通过对农民起义经过的描写，表现宋朝末年政治的腐败和社会的黑暗，揭示“官逼民反”的主题，是一部反抗封建暴政的英雄传奇小说。

《水浒传》在初中名著导读中占据重要的地位。小说人物形象鲜明、生动，惟妙惟肖，且采取了先分后合的链式结构，使小说的故事情节环环相扣，虽头绪众多，但线索分明。语言上，《水浒传》采用古代白话，描写生动形象，活灵活现。教材中也给出了读书方法指导：把握题材特点，了解古代白话小说的艺术手法，分析人物形象，体会语言风格。根据教材推荐，教师开展专题探究，引导学生做个性化阅读，通过自己独特的阅读体验与思考，感受经典名著的艺术魅力，丰富自己的精神世界。

二、单元整体作业设计

（一）作业目标

1. 借助工具书与网络，把握体裁特点，理清作品的情节发展，把握作品主旨。

2. 分类解读人物本质，借助绘制人物图谱、探究人物绰号，培养学生分析、梳理、概括的综合能力。

3. 通过挖掘人物语言、细节刻画，借助水浒英雄故事会、情景剧表演、赞诗编撰，培养学生的审美鉴赏能力与审美创造能力。

（二）作业内容

为提升学生对《水浒传》的阅读热情，在阅读中体会人物百态，学校计划于近期举办一次“水浒大讲堂”的名著阅读活动，活动主题为“品人物百态，识英雄好汉”。通过此次活动，引导学生增强对作品的理解，提升对英雄人物的感知，把握《水浒传》的内涵。具体要求如下：

（1）通过查阅资料，了解《水浒传》的相关背景知识，细读回目，讲述英雄故事。

（2）通过勾画、梳理、细节分析、对比分析，制作英雄档案卡片，同时进行人物对比分析。

（3）结合人物的细节描写、绰号探秘，绘制英雄画像。

（4）小组合作，摘录人物语言描写，揣摩人物心理，编写情景剧本并制作水浒微电影。

（5）评选自己最喜爱的英雄人物并为其撰写英雄赞诗或传记，汇编成册。

（三）作业评价

完成整本书的阅读与学习后，完成“水浒大讲堂”的各项任务。结合活动任务，设计以下评价标准。

"水浒故事我来讲"评价标准见下表。

评价项目	评价标准	分值	得分
水浒英雄故事会	切合主题。	15	
	情节完整、曲折。	25	
	语言规范、流畅。	25	
	动作、表情丰富。	25	
	节奏快慢适宜。	10	

"水浒英雄我来识"评价标准见下表。

评价项目	评价标准	分值	得分
水浒英雄卡	人物信息准确。	20	
	人像符合描述。	20	
	人物经历概括完整。	30	
	语言准确、简练、易懂。	30	
水浒英雄对比表	人物信息准确。	20	
	人物共性概括完整。	30	
	从多种维度分析人物个性。	50	

"水浒英雄我来绘"评价标准见下表。

评价项目	评价标准	评价等级
水浒英雄画像	画像未能准确、清晰地体现人物特征。	—
	画像能准确、清晰地体现人物特征。	☆
	画像颜色有区分度，能准确、清晰地体现人物特征。	☆☆
	画像颜色有区分度，细节突出，能准确、清晰地体现人物特征。	☆☆☆
	画像颜色有区分度，细节突出，能准确、清晰地体现人物特征；能够搭配文字（绰号、主要情节等）。	☆☆☆☆

续 表

评价项目	评价标准	评价等级
水浒英雄画像	画像颜色有区分度，细节突出，能准确、清晰地体现人物特征；能够搭配文字（绰号、主要情节等），文字能贴切地解释配图，图文并茂，美观大方，主题突出。	☆☆☆☆☆

“水浒英雄我来演”之“水浒剧本写作”评价标准见下表。

评价项目	评价内容		评价等级
	情节设置	写作格式	
水浒剧本写作	故事情节基本完整，基本符合原著。	对白设计自然流畅，标注清晰，人物特征明显。	合格
	故事情节相对完整，线索清晰，符合原著。	对白设计相对有特色，自然流畅，标注清晰，人物特征明显。	良好
	故事情节完整，线索清晰，符合原著，自然流畅。	对白设计有特色，自然流畅，标注清晰、全面，人物特征比较明显。	优秀

“水浒英雄我来演”之“水浒微电影制作”评价标准见下表。

评价项目	评价内容			评价等级
	表演方面	服化道方面	后期方面	
水浒微电影制作	表演精彩，符合原著。未脱稿表演，人物神态、动作、语言基本能够体现英雄人物的性格特点。	组织相对有序，小组合作愉快。服装、道具、造型等不齐全。	后期没有剪辑、特效等。	☆☆
	表演精彩，符合原著。半脱稿表演，人物神态、动作、语言基本能够体现英雄人物的性格特点。	组织相对有序，小组合作愉快。服装、道具、造型等不齐全。	后期没有剪辑、特效等。	☆☆☆

续　表

评价项目	评价内容			评价等级
	表演方面	服化道方面	后期方面	
水浒微电影制作	表演比较精彩，符合原著。脱稿表演，人物神态传神，动作到位，语言流畅自然，基本能够体现英雄人物的性格特点。	组织相对有序，小组合作愉快。服装、道具、造型等比较齐全。	后期剪辑、特效等制作精美，用心用情。	☆☆☆☆
	表演特别精彩，符合原著。脱稿表演，人物神态传神，动作到位，语言流畅自然，能够准确体现英雄人物的性格特点。	组织有序，小组合作愉快。服装、道具、造型等齐全。	后期剪辑、特效等制作精美，用心用情。	☆☆☆☆☆

“水浒英雄我来赞”评价标准见下表。

评价项目	评价标准	评价等级
水浒英雄赞诗或传记创作	创作不能结合原著。	☆
	创作基本能结合原著，但语言不精练，情感不真挚。	☆☆
	创作基本能结合原著，语句精练，恰当合理，感情真挚。	☆☆☆
	创作能结合原著，能利用英雄人物绰号、经历等信息进行创作，语句精练，恰当合理，感情真挚。	☆☆☆☆

第二部分

作业说明

一、为什么设计这个作业

（一）设计依据

《水浒传》是统编版语文教材九年级上册的推荐阅读名著。《义务教育语文课程标准（2022 年版）》指出："每学年阅读两三部名著，探索个性化的阅读方法，分享阅读感受，开展专题探究，建构阅读整本书的经验""能借助不同媒介表达自己的见闻和感受，学习发现美、表现美和创造美，形成健康的审美情趣"。因此，教师要鼓励学生做个性化阅读，通过自己独特的阅读体验与思考，构建自己的阅读经验，提升自我审美情趣。

（二）教学内容分析

《水浒传》是统编版语文教材九年级上册推荐的一部必读名著。作为中国历史上第一部用白话文写成的长篇章回体小说，《水浒传》记载了梁山好汉们从起义到兴盛再到最终失败的全过程。小说通过写众多草莽英雄不同的人生经历和反抗道路，鲜明地表现了"官逼民反"的主题。小说善于浓墨重彩刻画人物形象，塑造了数百位栩栩如生的英雄人物，他们的性格既有共性，又各具神采。阅读《水浒传》，不但能够引领学生了解古代生活，丰富人生体验，还可以从中汲取思想、艺术方面的养分。

（三）学情分析

九年级的学生具备了一定的阅读能力和理解能力，但《水浒传》篇幅比较长，情节跌宕起伏，错综复杂，语言文白参半，多方言、俚语，晦涩难懂。因此，在开展整本书阅读之前应做学情调查。调查结果显示，大部分学生有阅读习惯，能够自主阅读，但部分学生把阅读当作一项艰巨的任务，缺乏基本的阅读兴趣，阅读效果不好。任务驱动教学法作为名著阅读的主要手段，让阅读主体、活动主体、评价主体都成为学生，教师以共读成员的身份参与，激发学生的阅读兴趣，从而让学生形成自己的阅读经验。

二、怎样完成这个作业

（一）整体框架说明

本单元教学以“品人物百态，识英雄好汉”为主题，以任务驱动为主要手段，通过举办“水浒英雄故事会”“绘制英雄图像”“表演英雄剧目”“撰写英雄赞歌”等活动，引导学生对《水浒传》的内容进行整体把握，深入解读作品中的人物百态，在综合活动中逐层递进地把握作品主旨。同时，适时补充剧本知识、诗歌写作知识，加强学生名著阅读活动的方向性与实践性。

以下为《水浒传》整本书阅读整体教学的框架图（见下页）。

“水浒大讲堂”

——《水浒传》整本书阅读整体作业设计

学习课段	水浒故事我来讲（共 1 课时）	水浒英雄我来识（共 2 课时）	水浒英雄我来绘（共 1 课时）	水浒英雄我来演（共 2 课时）	水浒英雄我来赞（共 1 课时）
典型任务	1. 初读作品明基础。 2. 细读回目理情节。	1. 初始背景现人物。 2. 同中见异析性格。	1. 赏读人物本质，绘制英雄形象。 2. 探秘人物绰号，归类人物特征。	1. 筛选典型细节，撰写人物台词。 2. 补充剧本知识，完善舞台表现。	1. 评选英雄人物，撰写英雄赞歌。 2. 优化学生作品，形成水浒文集。
学习评价	圈点、勾画重要情节，准确把握文章主线。	结合背景细节，准确剖析人物性格变化，对比分析、理解人物个性。	能够结合人物的细节描写、绰号，绘制人物图。	能够准确把握人物的语言特色，富有舞台表现力。	能够结合人物刻画、情节剖析、主题探究编写赞歌。
作业设计	1. 初读文章，完成相关阅读进度表。 2. 以思维导图的形式梳理并讲述英雄故事。	1. 以卡片的形式为英雄建立档案。 2. 以表格形式进行人物对比。	为喜欢的英雄人物绘制画像，全面、立体地分析人物。	1. 编写情景剧本。 2. 制作水浒微电影。	1. 精选人物素材。 2. 编写人物赞诗或传记。 3. 作品汇集成册。
核心任务	把握作品内容，深入理解人物百态，把握作品主旨。				

《水浒传》整体作业的设计、实施、发布与完成，需在学生阅读感知的基础上进行。因此，在《水浒传》整体作业实施前，教师应引导学生制作阅读规划进度表（见下表），引导学生完成作品初读，培养学生的作品感知能力。

周　次	阅读时间	阅读范围	阅读任务	辅助资源	阅读心得	自我评价
1						
2						
3						
4						

（二）作业实施说明

过程分解	第 1 课段	第 2 课段	第 3 课段	第 4 课段	第 5 课段
课前完成	引领学生递进式阅读，借助工具书、网络等查阅作品基本信息。	精读最喜欢的英雄人物，寻找同类型的英雄人物。	精读勾画英雄人物的细节描写，搜集整理英雄人物的绰号。	筛选典型事件，摘录富有表现力的语言。	选择人物素材。
课堂完成	以图表形式梳理并讲述英雄故事。	英雄人物建档，英雄人物对比。	细节处赏读人物特点，探究人物绰号内涵。	赏读人物语言，体会人物心理，学习剧本知识。	编写人物赞诗或小传。
课后完成	故事评比。	完善人物建档表与对比表。	绘制人物图谱。	编排、剪辑水浒微电影。	汇编成册。

本作业设计围绕“水浒大讲堂”这一活动展开，预习作业为课堂教学做好铺垫和准备，课后作业是对课堂任务的补充和完善，在多个活动中完成对《水浒传》的阅读和认知。

《水浒传》单元作业以表格梳理分类、描摹人物画像、演绎英雄故事、撰写英雄赞歌等多种方式进行。通过对主任务的分解，引导学生在阅读中有所感知，在感知中有所分析，在分析中有所实践，充分调动学生参与的积极性，丰富其独特的审美体验，形成独特的阅读经验。

作业的设计与实施应结合班级具体学情，有选择、有针对性地使用，可适当增加或者减少，适时提供支架，引导、帮助学生阅读整本书。在评价中，应当注意过程性评价，引导学生注重过程性阅读体验的生成，注重形成自己独特的作业作品。

（三）课时作业分解

第 1 课段　水浒故事我来讲（共 1 课时）

第 1 课时　初识作品

课时作业目标

1. 借助工具书、网络等了解作品的文体特征、作者信息与作品信息，提高信息搜集与整理能力。

2. 细读回目，梳理、概括各章节情节脉络，梳理重要情节，培养学生的梳理、概括能力。

3. 举办班级“水浒英雄故事会”，让学生围绕一个英雄故事进行讲述，培养学生的表达能力。

课时作业内容

1. 预习作业。

（1）积累作业——文体辨析。

搜集小说的文体知识，完成小说文体资料卡。

小说文体资料卡	
概　念	
要　素	

续　表

分　类	按篇幅和容量	
	按表现内容	
	按体例	
	按语言内容	
主　题		

（2）信息整合作业——《水浒传》作者、作品信息资料卡。

借助工具书与网络，完善作者、作品信息资料卡。

《水浒传》作者、作品信息卡			
作　者		时　代	
作品类型			
内容简介			
写作背景			
作品影响			

2. 思维发展与提升作业。

《水浒传》是在民间说唱艺术的基础上写成的章回体小说。章回体小说的特点是分回叙事，回目概述了该章的主要人物和情节。初读作品，请你紧扣回目名，借助下表梳理、概括其基本情节，明确作品主题。

章回组合	情节概括	情节梳理
1—40 回	上梁山	
41—70 回	水泊梁山大聚义	
71—80 回		英雄排座次—
81—120 回		招安后，征辽—

3. 综合实践作业。

《水浒传》的故事情节生动有趣，引人入胜。这些情节往往有很多精彩的场面，并集中塑造了很多人物形象。初读《水浒传》，选择感兴趣的一个场面，以思维导图的形式梳理并讲述一个英雄故事，举办班级“水浒英雄故事会”。

课时作业评价

本课时共三项作业，其中作业 1 为预习作业，可安排在课前完成。作业 1 和作业 2 要求学生依据自身情况在完成整本书初读感知的基础上，借助工具书和网络进行文体知识、作品信息的整理以及对主要情节的梳理。对于作业 3，教师应引导学生选择自己印象最深的场面，以思维导图的形式进行梳理与概括，并进行水浒英雄故事的讲解。

作业 1：

（1）《水浒传》文体资料卡评价标准见下表。

评价标准	评价等级
按时提交。	☆☆☆
按时提交，书写工整。	☆☆☆☆
按时提交，书写工整，准确无误。	☆☆☆☆☆

（2）《水浒传》作者、作品信息评价标准见下表。

评价标准	评价等级
按时提交。	☆☆☆
按时提交，书写工整。	☆☆☆☆
按时提交，书写工整，准确无误。	☆☆☆☆☆

作业 2：参考答案见下表。

章回组合	情节概括	情节梳理
1—40 回	上梁山	史进夜走华阴县—鲁智深倒拔垂杨柳—林冲取投名状—杨志智取生辰纲—吴用宋江投奔柴进—武松行义—宋江刺配江州
41—70 回	水泊梁山大聚义	三打祝家庄—三山聚义打青州—智取大名府—夜打曾头市

续 表

章回组合	情节概括	情节梳理
71—80 回	威慑朝廷退围剿	英雄排座次—两赢童贯—三败高俅
81—120 回	归顺朝廷四方征讨	招安后，征辽—征田虎—征王庆—征方腊—失败

作业 3：参见“单元整体作业设计”中的“作业评价”之“水浒故事我来讲”评价表。

第 2 课段　水浒英雄我来识（共 2 课时）

第 2 课时　深入了解人物形象

课时作业目标

根据回目跳读整本小说，了解人物形象，制作水浒英雄卡，培养学生的信息提取与整合能力。

课时作业内容

水泊梁山共 108 位好汉，请根据第 1 课段的“水浒英雄故事会”，跳读相应回目，选择你最感兴趣的一位英雄人物，制作水浒英雄卡。

姓　名		绰　号		（人像）
籍　贯		座　次		
擅长武器		兴趣爱好		
性格特点				
相关经历				

课时作业评价

本课时作业在第 1 课段的基础上进行单个英雄人物的分析，引导学生通过跳读，将不同章节中同一个人物进行梳理，培养学生的信息提取与整合能力。评价标准见“单元整体作业设计”中的“作业评价”之“水浒英雄我来识”评价表。

第 3 课时　对比分析不同人物

课时作业目标

结合人物基本信息与典型事例，对具有性格共性的人物进行对比分析，培养学生的对比分析能力。

课时作业内容

“世界上没有两片完全相同的叶子。”在施耐庵的笔下，许多人物性格同中见异。请将人物置身于其处的历史环境中，结合身份、经历和典型事例，通过对比探究人物个性。

维　度	人物 1	人物 2
姓名		
身份		
经历		
相同点		
不同点		

课时作业评价

本课时作业在第 2 课时作业的基础上，引导学生进行不同人物的对比分析，帮助学生理解《水浒传》中人物塑造上“同中见异”手法的运用，培养学生的整合、对比分析能力。评价标准见“单元整体作业设计”中的“作业评价”之“水浒英雄我来识”评价表。

第3课段　水浒英雄我来绘（共1课时）

第4课时　绘制人物画像

课时作业目标

1. 识记作品中主要人物的绰号及来历，有助于掌握故事情节及人物性格。

2. 通过典型事件明确英雄人物性格特点，从而全面、立体地分析人物。

3. 结合人物身份和性格特点，个性化绘制人物画像。

课时作业内容

1. 品读鉴赏作业。

从人物绰号或个人兴趣角度选择自己喜欢的英雄人物，梳理人物的典型事件，在作品里圈画批注，在笔记本上综合分析并记录人物特点。

示例：

我感兴趣的人物是宋江。他有四个绰号：黑宋江、孝义黑三郎、及时雨、呼保义。而他的每一个绰号，都表现了他相应的特点，同时也表现出这个人物的复杂性。

他原为山东郓城县一刀笔小吏，面目黝黑，身材矮小，在《水浒传》第18回宋江刚出场的时候，作者就对他有一个全面的介绍：他世代务农，世世代代种地，守一些田园生活；他自幼攻读经史，受到传统文化的教养；他在县衙里当一名押司。从他的家境、出身、所受的文化教养及所从事的职业，我们可以判断，他的家境出身使他有一定的正义感，他的职业让他形成处事谨小慎微、随机应变的性格特征，也造成了他喜欢玩弄权术。

晁盖七人劫了生辰纲，不料事情败露，官府派何观察前去捉捕。宋江当时任押司，得知此事后先把何观察稳住，借禀告知府之际快马赶到晁盖处告之此事。后又急忙赶回，劝知府晚上再去捉人以给晁盖等人逃离争取时间。当时的正副都头朱仝、雷横都是宋江的兄弟，也一直佩服晁盖的为人，朱仝故意摔了一跤拖慢了追捕的速度，使得晁盖得以安然脱身。在这个故事中体现了宋江不畏权贵、好结交朋友的性格。

阎婆惜为了埋葬父亲而去卖身，宋江帮助了她。阎母知宋江未婚，将女许配，宋江动同情之心而答应。宋江听闻何富囤积粮食就与阿梅商议，而阎婆惜以为二人有暧昧关系，就与宋江学生张文远私通。宋江的机密文件和黄金被盗，阎婆惜以官司相逼，宋江一怒之下意气用事杀了阎婆惜。这一故事体现了宋江不畏强权、重情重义的性格。

梁山好汉因杨雄、石秀上山，决意攻打祝家庄。宋江带兵一打祝家庄失利，到二打祝家庄，仍然失利，但活捉了扈三娘，再到三打祝家庄，用计骗得祝家相信，最后攻破祝家庄，得胜回山。从中可以看出宋江英勇善战，不惧危险，不怕艰难，有谋有略。

在破连环马的事件中，朝廷派名将之后双鞭呼延灼攻打梁山，呼延灼出动奇兵连环马打败宋江。宋江得知金枪手徐宁的钩镰枪可以破连环马，派时迁偷走徐宁的宝甲，将徐宁骗上梁山。在徐宁的训练下，梁山好汉操练钩镰枪，大破连环马，呼延灼单骑逃走。这个故事突出了宋江善于思考，有自己的主张和见解，面对困难临危不惧，沉着冷静。

在“石将军村店寄书　小李广梁山射雁”中，宋江打开石勇带来的家书，见后面写道“父亲于今年正月初头因病身故，见今做丧在家，专等哥哥来家迁葬。千万千万！一切不可误！弟清泣血奉书”时，“叫声苦，不知高低，自把胸脯捶将起来，自骂道：不孝逆子做下非为！老父身亡，不能尽人子之道，畜生何异”，还自把头去壁上磕撞，大哭起来。哭得昏迷，半晌方苏醒。最后，不顾一切地回家奔丧。从中可以看出宋江极为孝顺。

从这些故事中可以看出宋江喜好结交朋友，不畏强权，有勇有谋，坚守一颗毫不动摇的心，仗义疏财；他善于思考，具有非凡的组织管理才能和军事才能，且为人孝顺。这些都值得每个人学习借鉴，这也让宋江成为梁山泊的首领。这就是宋江，一位优秀的领导者，创造了梁山泊轰轰烈烈的事业。

在排座次后还有一个比较重要的故事，那就是宋江三败高俅。第一战，高俅的势力强大，但宋江打败其中两人。第二战，高俅亲自出马，宋江大胜，高俅狼狈而归。第三次，宋江主动出击，将高俅俘上山。宋江对高俅以礼相待，尽述委屈之情，表示招安之意。通过这件事可以看出，宋江是一位不怕困难、坚持不懈、有计策的人，即使遇到多次挫折也不放弃。

正是宋江这种复杂多样的情感，结合前面提到的他的家境、出身和职位，以及受良好教育的熏染，才让宋江有了归顺朝廷成为正规军的想法。并且当时梁山的规模已经容不得更多的人来加入，只有投靠朝廷才能给梁山诸位兄弟一个最好的归宿，因为大多数梁山兄弟原来都是朝廷命官。如果和朝廷对抗，发起农民起义，这也不符合宋江本人的性格。宋江就是这么一个会为他人着想、有不放弃精神的人。正因如此，才成就了他的辉煌。当然，他也有冲动、狡猾等缺点。但他仍然是我最喜欢的水浒人物。

2. 综合实践作业。

结合人物绰号、人物性格或故事情节，给你喜欢的人物画张画像，可以通过颜色、装扮、肢体动作等细节突出你对英雄人物的理解。

课时作业评价

本课时共有两项作业。作业 1 要求学生课上课下都要读书，把握作品中主要人物的故事情节和人物特征。作业 2 在作业 1 的基础上进行深入理解和个性化的绘图，从而全面、立体地分析人物。

作业 1:“品读鉴赏作业”评价标准见下表。

评价标准	分 值
能在作品中找出人物的相关故事情节未做批注。	1
能在作品中找出人物的相关故事情节并做批注，没有整理笔记。	2
能在作品中找出人物的相关故事情节并做批注，在笔记本上简要做赏析，言之有理。	3
能在作品中准确找出人物的相关故事情节并做批注，在笔记本上适当做赏析，言之有理。	4
能在作品中准确找出人物的相关故事情节并做批注，在笔记本上做赏析，有理有据。	5

作业 2：参见“单元整体作业设计”中的“作业评价”之“水浒英雄我来

绘”评价表。

第5课段　水浒英雄我来演（共2课时）

第5课时　创作剧本

课时作业目标

选择典型情节或自己喜欢的情节，小组合作，编排剧本。

课时作业内容

选择典型情节或自己喜欢的情节，结合在作品里的圈画批注和笔记本上的综合分析，进行剧本创作。

学习支架

何为剧本

剧本是一种文学形式，是戏剧艺术创作的文本基础，编导与演员根据剧本进行演出。它以代言体方式为主，表现故事情节的文学样式。

剧本主要由台词和舞台指示组成。对话、独白、旁白都采用代言体，在戏曲、歌剧中则常用唱词来表现。剧本中的舞台指示是以剧作者的口气来写的叙述性的文字说明，包括对剧情发生的时间、地点的交代，对剧中人物的形象特征、形体动作及内心活动的描述，对场景、气氛的说明，以及对布景、灯光、音响效果等方面的要求。

整个剧本以对话的形式展现，剧本的中间用中括号的形式提示当时的情景，用括号的形式提示当时人物的动作、神态等。

课时作业评价

本课时作业需要学生在剧本学习支架的基础上，结合对英雄人物的理解、情节的分析来进行编写。评价标准见“单元作业整体设计”中的“作业评价”之“水浒剧本写作”评价表。

第 6 课时　拍摄微电影

课时作业目标

结合影视知识加油站，拍摄微电影，加深对人物及情节的理解。

课时作业内容

根据剧本内容，小组合作，拍摄水浒微电影。

学习支架

拍摄微电影，需要注意以下三点：

（1）准备微电影制作拍摄所需要的服装、道具、造型、相应人员等。

（2）一切准备就绪后可以按照计划拍摄，导演、演员、设备等就位。

（3）影片需要经过一个包装的过程，如剪辑、特效、音效、字幕、配音等。经过这一系列的包装后，影片的效果会放大无数倍。

课时作业评价

本课时作业需要学生在剧本创意编写的基础上，结合对英雄人物的理解、情节的分析，小组之间团队合作，互相配合，发挥自己的表演才能，拍摄具有创意的水浒微电影。评价标准见“单元整体作业设计”中的“作业评价”之“水浒微电影制作”评价表。

第 6 课段　水浒英雄我来赞（共 1 课时）

第 7 课时　书写赞歌或小传

课时作业目标

在读书、赏析、表演的基础上，深入理解作品内涵，为自己喜爱的英雄人物写一首赞诗或小传，培养学生的表达能力。

课时作业内容

1. 为自己喜爱的英雄人物写一首赞诗。

2. 为自己喜爱的英雄人物写一篇传记。

以上作业二选一。

课时作业评价

基于前四个课段作业的完成，学生对水浒英雄已有更为深刻的理解与感知。本课时作业借助给水浒英雄写赞诗或传记，能够使学生表达自己独特的阅读感受。评价标准见“单元整体作业设计”中的“作业评价”之“水浒英雄我来赞”评价表。

三、如何评价这个作业①

整本书作业设计既要引导学生自主阅读，针对“这本书”的特点，把“这本书”读薄、读透，也要积累整本书的阅读经验，养成良好的阅读习惯，丰富学生的精神世界。《水浒传》整本书作业设计以多种活动串联，力图通过趣味性、系统化的作业活动使学生深入感知人物形象，体会作品意蕴，对这本书获得更为全面的阅读理解与体验。

《水浒传》作为大部头的阅读书目，学生读起来是有难度的。因此，整个作业以“水浒大讲堂”为情境，以“品人物百态，识英雄好汉”为主题，通过举办“水浒英雄故事会”“绘制英雄图像”“表演英雄剧目”“撰写英雄赞歌”等活动，引导学生自主阅读，让学生读书有目标、有方法、有步骤、想参与。同时，阅读过程中教师有指导、有示例、有解析、有评价，学生有参考、有思考、有合作，以期把复杂的问题简单化，把晦涩的内容趣味化，让学生学会读书，乐于读书。此外，作业设计以读书活动、绘画活动、表演活动等形式逐层推进，让学生在把整本书读薄、读透的基础上，建立自己的思考与感悟，在语文实践活动中提升语言运用、审美创造等能力。

《水浒传》情节生动曲折，塑造了诸多鲜活的英雄人物，要引导学生在通

---

① 点评教师：张静。

读、精读的基础上结合作业逐步推进，教师需留给学生更多的自主探究时间。同时，在进行过程性指导中，要根据学生的阅读情况，适时补充相关知识，提供阅读支架，保证整本书阅读的有效性。

北京市大峪中学　王然林　荀　静

第六章

办诗歌微刊，演青春话剧

第一节

诗歌咏叹社会，意象浸润诗情

——九年级下册第一单元“编创《诗与远方》现代诗歌微刊”整体作业设计

第一部分 作业呈现

一、单元内容简介

本单元由《祖国啊，我亲爱的祖国》《梅岭三章》《短诗五首》《海燕》等诗歌组成。人文主题为“社会咏叹”，单元选篇的体裁主要有新诗、表现时代内容的旧诗以及散文诗，但均属于现代诗歌范畴。单元语文要素为“诗歌阅读能力”，强调“在反复朗读、感受诗歌韵律的基础上，进一步把握诗歌的意象，体会诗人的情感，理解诗中蕴含的哲理”。基于此，以“把握意象，品味诗意，感悟作者情思”为单元核心内容，分层、逐级落实语文核心素养。“自主欣赏”“自由朗读”“自信创作”三个学习任务共同构成“文学作品阅读与创意表达”学习任务群活动，学生体会诗人情思，触摸时代脉搏，进而受到诗歌语言美、韵味美、情思美的熏陶，在语言运用、审美创造的过程中，提高思维能力，树立文化自信。

二、单元整体作业设计

（一）作业目标

1. 创编《诗与远方》现代诗歌微刊的诵诗、唱诗等内容，从声音技巧、媒体配合及身体语言的运用等角度掌握朗诵技巧，聚焦意象，感受诗人的情感，增强文化自信。

2. 创编《诗与远方》现代诗歌微刊的卷首语、结束语、赏诗和画诗等内容，从把握意象，梳理情感基调，品味诗歌的意境美、语言美等方面鉴赏现代诗歌，提高审美鉴赏能力。

3. 完成《诗与远方》现代诗歌微刊的诗歌创作，学习借助典型意象表达独特情感的方法，培养思维能力、审美创造能力和表达交流能力。

（二）作业内容

生活不止有眼前的苟且，还有诗与远方。学校“雅韵共赏”文学社现征集一期以初中教材中的现代诗歌为主要内容，以“诗与远方”为题的现代诗歌微刊。现聘请你为责任编辑，参与诗歌节宣传活动。

生活充满诗意，诗歌装点生活。同学们，诗里有博大、深沉的情感，有悠远、隽永的哲思，有对自然、社会的赞颂，有对理想的追求、对信念的坚守……为留住诗意的生活，书写生活的诗意。我们在这个单元将品读大家笔墨，品鉴诗歌语言，品略意象情感……

让诗歌伴我们走过初三的时光，愿诗意装点我们的枯燥生活，望诗情抚平我们的焦虑，憧憬未来，奔赴远方。

学习支架

微刊也称微杂志，英文名 Vmook。它区别于纸质出版物和数字出版物等传播方式，通过微信或微博，将杂志和书籍合在一起，成为独具魅力的“杂志书”。

组合要素：封面、卷首语、文字、图画、音频、视频、结束语、封底等。

（三）作业评价

《诗与远方》现代诗歌微刊评价量表如下。

要素完整	主题明确	内容充实	语言诗意	配图契合	合作交流	评价等级
呈现少于四个组合要素，无创新，宣传影响力不足。	不能围绕同一主题进行编辑，主题欠明确，能表达情思。	内容较充实，有赏诗、诵诗、唱诗、画诗、写诗等形式。	语言不生动、不形象，欠缺诗意。	图文有一定的联系，能相互关联。	组员不能全部参与任务活动，且只有少部分同学的作品入选微刊。	☆☆☆
组合要素完整，创新性不足，有一定的宣传影响力。	围绕同一主题进行编辑，主题较明确，能表达情思。	内容充实，能选用赏诗、诵诗、唱诗、画诗、写诗等形式，但较单一。	语言生动形象，较有诗意。	图文联系较密切，相互契合。	组员均能参与任务活动，有 1～2 人的作品未入选微刊。	☆☆☆☆

续　表

要素完整	主题明确	内容充实	语言诗意	配图契合	合作交流	评价等级
组合要素完整，兼有创新设计，有广泛的宣传影响力。	围绕同一主题进行编辑，主题明确，能恰当地表达情思。	内容充实，能选用赏诗、诵诗、唱诗、画诗、写诗等多种形式。	语言生动形象，富有诗意。	图文联系密切，相互契合。	组员均能参与任务活动，且每人均有至少一份作品入选微刊。	☆☆☆☆☆

注："要素完整"是指组成微刊的"封面、卷首语、文字、图画、音频、视频、结束语、封底"八个要素齐全。

第二部分 作业说明

一、为什么设计这个作业

（一）设计依据

本单元属于"文学阅读与创意表达"学习任务群。《义务教育语文课程标准（2022年版）》要求此学习任务群要引导学生"在语文实践活动中，通过整体感知、联想想象，感受文学语言和形象的独特魅力""欣赏和评价语言文字作品""尝试创作"。第四学段要求引导学生"运用多种方式交流自己的阅读感受""阅读文学作品""学习欣赏、品味作品的语言、形象等，交流审美感受，体会作品的情感""尝试写诗歌"。因而，"注重培养学生感受、欣赏、品味和评价的能力"是本单元阅读教学的重点；"交流审美感受，体会作品的情感"，从而获得对社会、人生的有益启示，"表达自己独特的体验与思考"则是本单元写作教学的落脚点。

（二）教学内容分析

本单元是初中阶段最后一个完整的“诗歌单元”，力求借助单元学习，从语言、形式、韵律、内容等方面整体把握诗歌这一文学体裁的特点与魅力，学会鉴赏诗歌的一般方法，用自己擅长的方式对诗歌进行演绎和创作。单元组成类型丰富，但均属现代诗歌范畴。手法运用各有侧重，但均使用丰富的意象来表达深厚的情感。

基于上述分析，借助诵读，体会诗歌的韵律、形式、语言等文体特征，挖掘诗歌的音乐美、结构美、语言美；以“把握诗歌意象，体会诗人情感”为学习重点，进而感受诗歌言有尽而意无穷的特点。

（三）学情分析

九年级的学生对现代诗歌这一语言形式并不陌生。经过三年的学习，学生积累了关于阅读诗歌的许多经验。课前，针对七年级上册至九年级上册教材中涉及的朗诵、联想与想象、借物抒情、托物言志、阅读、鉴赏、写作等基础知识、基本能力的掌握情况以及本单元人文主题“社会咏叹”的理解程度、关注度等内容开展学情调研。

调研结果显示，学生可以借助群诗阅读，用抓意象、品意境、悟情思等方法快速阅读现代诗歌，在对比阅读中提升阅读能力；通过诵诗、唱诗、诗配画、诗配曲、评诗、赏诗等形式理解诗歌，在情境活动中提升思维能力；通过仿写、改写及创作小诗，在语言运用中提升创意表达能力。在落实单元教学目标的同时，理解“社会咏叹”的单元价值。

二、怎样完成这个作业

（一）整体框架说明

本单元主题为“诗歌咏叹社会，意象浸润诗情”，借助默读、朗读等形式，把握诗歌意象，领略诗人情思，触摸时代脉搏，感受诗歌的语言美、韵味美及情思美，养成相应的语文素养。

本单元教学分为“自主诵读，梳理意象品诗情”“自主演绎，赏鉴意象解诗意”“自信创作，选定意象传情思”三个课段，以编创《诗与远方》现代诗歌微刊为单元作业任务，打通预习作业与课后作业、课堂教学与课后作业、课时作业与单元作业、单元作业与学段作业的界限，融合诗歌阅读与创意表达，整合听说读写等基本能力，进行“教—学—评”一体化设计。

以下为本单元整体教学的框架图（见下页）。

诗歌咏叹社会，意象浸润诗情

——九年级下册第一单元整体作业设计

基本问题	如何借助诗歌意象，体会作者的情感？						
项目进程	发布任务，明确活动		⇨ 推动任务，落实目标			⇨ 完善任务，展示评价	
学习课段	自主诵读，梳理意象品诗情（共 2 课时）		自主演绎，赏鉴意象解诗意（共 3 课时）			自信创作，选定意象传情思（共 2 课时）	
课时名称	初读感悟	体会情感	我是朗诵家——诵诗	我是歌唱家——唱诗	我是书画家——画诗	我是大诗人——写诗	创作微刊
典型任务	1. 观看传统文化、科技等微刊，总结、讨论现代诗微刊的构成要素。 2. 初读感悟《祖国啊，我亲爱的祖国》《海燕》，讨论核心意象。	1. 自读《祖国啊，我亲爱的祖国》《海燕》，感受不同表现形式。 2. 搜集信息，知人论世。 3. 比读细品，悟情感变化。	1. 自由朗读《短诗五首》《梅岭三章》，讨论探究核心意象及作用。 2. 从本单元诗歌中任选一首，做朗诵设计并撰写设计意图；配乐朗读，评价提升；选取代表，现场比赛、评价。	1. 共商评价标准。 2. 任选一首诗歌，选取合适的音乐，将诗词恰当填入音乐；根据音乐老师指导演唱（可以单人或多人）；组内交流，评价提升，制作视频；优秀作品现场展示，并说明创作意图。	1. 任选一首诗歌，选取相应的意象，发挥联想与想象，设计插图。 2. 组内交流，评价提升。 3. 优秀作品现场展示，并说明创作意图。	1. 我来写诗：选择一个意象，借鉴所学，创作一首能抒发初三这一特殊时间段独特感受的现代诗。 2. 组内交流，评价修改。 3. 优秀作品现场展示评价。	1. 依据评价量表互评，提出修改意见。 2. 以小组为单位，整合编辑微刊。 3. 发布微刊，交流评价。
作业设计	1. 课后作业：自读《短诗五首》《梅岭三章》，初步感知核心意象。 2. 预习作业：（1）读写单元生字词，并写成一段话。（上一课时布置）（2）搜集作者生平经历及写作背景资料。（本课时布置） 3. 单元作业：给《诗与远方》现代诗歌设计封面、封底。	1. 课后作业：（1）必做：自学《短诗五首》《梅岭三章》，根据课下注释及阅读提示，补全意象情感分析表。（2）选做：拓展阅读《可爱的中国》。 2. 预习作业：选择一首背景音乐。 3. 单元作业：给《诗与远方》现代诗歌微刊写一段卷首语。	1. 课后作业：（1）必做：结合评价量表，再次修改“诵诗”作品，或任意选取初中教材中的一首现代诗歌，录制成音频在语文园地分享。（2）选做：选择语文园地中你最喜欢的一个作品，简述理由。 2. 预习作业：学习《经典咏流传》中诗歌演唱形式，学习唱诗的技法。	1. 课后作业：（1）结合评价量表，从音准、旋律、情感等方面再次修改“唱诗”视频作品，或任意选取初中教材中的一首现代诗歌，录制成音频在语文园地分享。（2）梳理初中教材中出现的现代诗歌，将自己喜欢的一首进行抄录，并梳理基本结构。 2. 预习作业：向美术老师请教构图方法。	1. 课后作业：（1）必做：结合评价量表，再次修改“画诗”作品，并制成电子画册在语文园地分享。（2）选做：在语文园地中挑选优秀作品，进行点评。 2. 预习作业：完成仿写练习。	1. 课后作业：（1）必做：结合评价要素，再次修改诗作，并在语文园地分享。（2）选做：通读教材中的现代诗歌，仿照诗歌的形式，给《诗与远方》现代诗歌微刊写结束语。 2. 预习作业：安装并学习微杂志制作软件，不懂的地方向信息技术老师请教。	1. 以小组为单位，将学习过程中的作品进行编排，制成微刊，并分享。 2. 根据评价标准，选出优秀作品并推荐给学校文学社。
核心任务	根据单元所学，编创《诗与远方》现代诗歌微刊。						

（二）作业实施说明

过程分解	第 1 课段	第 2 课段	第 3 课段
课前完成	识记、积累、运用字词。	选配乐，学构图方法。	回顾诗歌结构，仿写。
课堂完成	梳理微刊版块，自主阅读。	诵诗、唱诗、画诗。	写诗、编制微刊。
课后完成	编写卷首语，绘制封面、封底。	根据评价修改、录制编排作品。	编写结束语，修改、完善及推荐作品。

本单元作业是体现单元整体学习要求的综合性、实践性作业。它基于学校文学社征集《诗与远方》现代诗歌微刊的真实情境，设计“责任编辑”真实角色的实践体验型任务活动。因作业成果有实在的用途，学生投入活动的意义感和积极性大为提高。

三个课段中的五个课时作业既有预习作业，又有课后作业；既有学科本身的听说读写训练，又有跨美术、信息技术等学科的综合实践；既有必做作业，又有选做作业；既独立存在，又相互联系。它们共同支撑了单元作业。学生随堂完成单课时作业的同时，也为完成单元作业打下基础。在纵深、支撑、互补中，交流、评价和修正作业成果，从而巩固知识，提升阅读与创意表达能力，养成语文核心素养。

本单元作业是教师依据单元教学的目标以及学生的需求，有目的、有计划地编制并指导学生完成的一种师生双边学习活动；是课堂教学的延伸，有助于巩固、完善和拓展学生在课内学到的知识、技能，并培养学生自主、独立学习的能力。所以，在使用作业时要关注选择性、适恰性，即根据授课群体的具体学情进行调整。必要的时候可给出学习支架、范例，加以引导。

（三）课时作业分解

第 1 课段　自主诵读，梳理意象品诗情（共 2 课时）

第 1 课时　初读感悟

课时作业目标

1. 识记词语并按要求组成文段，丰富语言积累，培养学生正确运用祖国语言文字的能力。

2. 搜集作者生平经历及写作背景资料，培养学生搜集、整理信息的能力。

3. 编创《诗与远方》的卷首语、封面及封底，培养创新思维能力和审美鉴赏能力。

课时作业内容

1. 课后作业。

意象通常是指诗歌中融入作者情感的自然之景或特定物品等客观物象。请根据课上所学，自读《短诗五首》《梅岭三章》，找出其意象，概括意象特点。

诗　歌	典型意象	意象特点
《梅岭三章》		
《月夜》		
《萧红墓畔口占》		
《断章》		
《风雨吟》		
《统一》		

2. 预习作业。

（1）识记第一单元“读读写写”中的生字词，选择自己喜欢的 3 ～ 5 个（其中至少用一个名词），围绕一个主题，条理清晰地写成一段话。字数要求：80 字左右。（此作业在上一课时结束时布置）

（2）了解作者的生平经历并研究其作品的创作背景有助于我们更好地把握诗歌的内容、思想和风格。请大家利用工具书或网络等信息化手段，搜集《祖国啊，我亲爱的祖国》《海燕》的作者生平经历及写作背景资料，完成资料卡。（本课时结束时布置）

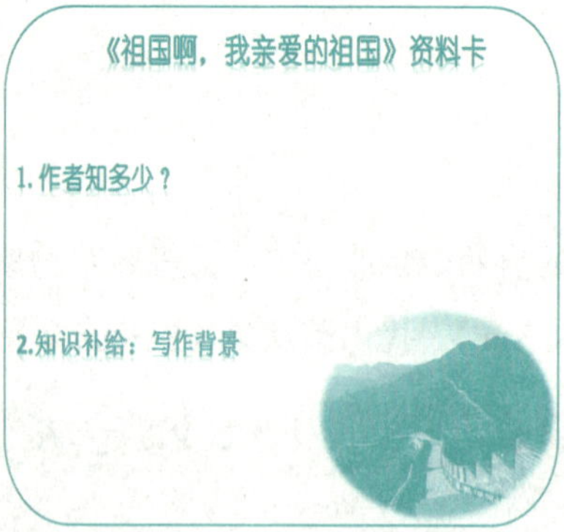

3. 单元作业。

用现代诗歌的形式，给《诗与远方》现代诗歌微刊设计封面、封底。

课时作业评价

本课时共三项作业。作业 1 为课后作业，是对课上所学知识的巩固与拓展。作业 2 中的预习作业（1）在上一课时结束时布置，为本节课的学习做铺垫；预习作业（2）在本课时学习结束时布置，为下一课时的学习做铺垫。作业 3 为单元作业，待单元学习结束后使用。

作业 1：评价标准见下表。

评价内容	评价标准	分　值	评　分
找意象 理特点	选取典型意象	2	
	准确、全面地概括意象特点	2	
合计：			

作业 2：

（1）评价标准见下表。

评价标准	评价等级
按时提交。	☆☆
按时提交，满足要求。	☆☆☆
按时提交，满足要求，语言通顺。	☆☆☆☆
按时提交，满足要求，语言通顺，书写工整。	☆☆☆☆☆

（2）完成即合格。

作业 3：封面、封底评价标准见下表。

评价标准	图文配合	色彩鲜明	主题突出
获得星星数			

注：完成即可获得 1 颗星，最高可得 5 颗星。后同。

第 2 课时　体会情感

课时作业目标

1. 自学《短诗五首》《梅岭三章》，聚焦意象，体会诗人的情感，培养诗歌鉴赏能力，提高审美水平。

2. 拓展阅读《可爱的中国》，通过核心意象感受作者的爱国情怀，增强文化自信。

课时作业内容

1. 课后作业。

（1）必做：诗歌中的意象是融合了作者主观情感的客观物象。请根据课下注释及阅读提示，自主学习《短诗五首》《梅岭三章》，体会意象蕴含的情感，补全九年级下册第一单元意象情感分析表（见下表）。（“典型意象”与“意象特点”在上一课时作业中已完成）

诗　歌	典型意象	意象特点	写作背景	作者情感
《梅岭三章》				
《月夜》				
《萧红墓畔口占》				
《断章》				
《风雨吟》				
《统一》				

（2）选做：拓展阅读《可爱的中国》。

要求：整理并运用初中三年学过的“鉴赏阅读现代诗歌”的方法、策略进行阅读，采用眉批、旁批或总批等形式写下阅读感受。

可爱的中国

方志敏

朋友！中国是生育我们的母亲。你们觉得这位母亲可爱吗？我想你们是和我一样的见解，都觉得这位母亲是蛮可爱蛮可爱的。以言气候，中国处于温带，不十分热，也不十分冷，好像我们母亲的体温，不高不低，最适宜于孩儿们的偎依。以言国土，中国土地广大，纵横万数千里，好像我们的母亲是一个身体魁大、胸宽背阔的妇人，不像日本姑娘那样苗条瘦小。中国许多有名的崇山大岭，长江巨河，以及大小湖泊，岂不象征着我们母亲丰满坚实的肥肤上之健美的肉纹和肉窝？中国土地的生产力是无限的；地底蕴藏着未开发的宝藏也是无限的；废置而未曾利用起来的天然力，更是无限的，这又岂不象征着我们的母亲，保有着无穷的乳汁，无穷的力量，以养育她四万万的孩儿？我想世界上再没有比她养得更多的孩子的母亲吧。至于说到中国天然风景的美丽，我可以说，不但是雄巍的峨嵋，妩媚的西湖，幽雅的雁荡，与夫“秀丽甲天下”的桂林山水，可以傲睨一世，令人称美；其实中国是无地不美，到处皆景，自城市以至乡村，一山一水，一丘一壑，只要稍加修饰和培植，都可以成流连难舍的胜景；这好像我们的母亲，她是一个天姿玉质的美人，她的身体的每一部分，都有令人爱慕之美。中国海岸线之长而且弯曲，照现代艺术家说来，这象征我们母亲富有曲线美吧。咳！母亲！美丽的母亲，可爱的母亲，只因你受着人家的压榨和剥削，弄成贫穷已极；不但不能买一件新的好看的衣服，把你自己装饰起来；甚至不能买块香皂将你全身洗擦洗擦，以致现出怪难看的一种憔悴褴褛和污秽不洁的形容来！啊！我们的母亲太可怜了，一个天生的丽人，现在却变成叫化的婆子！站在欧洲、美洲各位华贵的太太面前，固然是深愧不如，就是站在那日本小姑娘面前，也自惭形秽得很呢！

听着！朋友！母亲躲到一边去哭泣了，哭得伤心得很呀！她似乎在骂着：“难道我四万万的孩子，都是白生了吗？难道他们真像着了魔的狮子，一天到晚的睡着不醒吗？难道他们不知道自己伟大的团结力量，去与残害母亲、剥削母亲的敌人斗争吗？难道他们不想将母亲从敌人手里救出来，把母亲也装饰起来，成为世界上一个最出色、最美丽、最令人尊敬的母亲吗？”朋友，听到没有母亲哀痛的哭骂？是的，是的，母亲骂得对，十分对！我们不能怪母亲好哭，只怪得我们之中出了败类，自己压制自己，眼睁睁的望着我们这位挺慈祥美丽的母亲，受着许多无谓的屈辱，和残暴的蹂躏！这真是我们做孩子们的不是了，简直连一位母亲都爱护不住了！

……

不错，目前的中国，固然是江山破碎，国蔽民穷，但谁能断言，中国没有一个光明的前途呢？不，决不会的，我们相信，中国一定有个可赞美的光明前途。中国民族在很早以前，就造起了一座万里长城和开凿了几千里的运河，这就证明中国民族伟大无比的创造力！中国在战斗之中一旦斩去了帝国主义的锁链，肃清自己阵线内的汉奸卖国贼，得到了自由与解放，这种创造力，将会无限地发挥出来。到那时，中国的面貌将会被我们改造一新。所有贫穷和灾荒，混乱和仇杀，饥饿和寒冷，疾病和瘟疫，迷信和愚昧，以及那慢性的杀灭中国民族的鸦片毒物，这些等等都是帝国主义带给我们可憎的赠品，将来也要随着帝国主义的赶走而离去中国了。朋友，我相信，到那时，到处都是活跃跃的创造，到处都是日新月异的进步，欢歌将代替了悲叹，笑脸将代替了哭脸，富裕将代替了贫穷，康健将代替了疾苦，智慧将代替了愚昧，友爱将代替了仇杀，生之快乐将代替了死之悲哀，明媚的花园，将代替了凄凉的荒地！这时，我们民族就可以无愧色的立在人类的面前，而生育我们的母亲，也会最美丽地装饰起来，与世界上各位母亲平等的携手了。

这么光荣的一天，决不在辽远的将来，而在很近的将来，我们可以这样相信的，朋友！

朋友，我的话说得太噜苏厌听了吧！好，我只说下面几句了。我老实的告诉你们，我爱护中国之热诚，还是如小学生时代一样的真诚无伪；我要打倒帝国主义为中国民族解放之心还是火一般的炽烈。不过，现在我是一个待决之囚呀！我没有机会为中国民族尽力了，我今日写这封信，是我为民族热情所感，用文字来作一次为垂危的中国的呼喊，虽然我的呼喊，声音十分微弱，有如一只将死之鸟的哀鸣。

啊！我虽然不能实际的为中国奋斗，为中国民族奋斗，但我的心总是日夜祷祝着中国民族在帝国主义羁绊之下解放出来之早日成功！假如我还能生存，那我生存一天就要为中国呼喊一天；假如我不能生存——死了，我流血的地方，或者我瘗骨的地方，或许会长出一朵可爱的花来，这朵花你们就看作是我的精诚的寄托吧！在微风的吹拂中，如果那朵花是上下点头，那就可视为我对于为中国民族解放奋斗的爱国志士们在致以热诚的敬礼；如果那朵花是左右摇摆，那就可视为我在提劲儿唱着革命之歌，鼓励战士们前进啦！

亲爱的朋友们，不要悲观，不要畏馁，要奋斗！要持久地艰苦地奋斗！把各人所有的智慧才能，都提供于民族的拯救吧！无论如何，我们决不能让伟大的可爱的中国，灭亡于帝国主义的肮脏的手里！

2. 预习作业。

配乐诵读是文学、音乐、有声语言三位一体的艺术传播形式。请仿照《经典咏流传》中的诗歌演唱或朗诵形式，给本单元的任意一首诗选择一段合适的背景配乐，并简述选择理由。

3. 单元作业。

用现代诗歌的形式，给《诗与远方》现代诗歌微刊写一段卷首语。

学习支架

卷首语是写在杂志扉页处的文章，和结束语相对应，可以写内容介绍、创作心得、读者寄语等。写法无限制，能突出个人风格、个人魅力即可。一般要求短小精悍，以小见大，能起到画龙点睛的效果。

示例：

我喜爱诗歌，

爱它深邃的意境，

爱它真挚的情感，

爱它蕴含的上下五千年文化，

爱它展露的中国五千年艺术。

今天，

我们走进诗歌的世界——

去赏

杜甫忧愤山河碎，

李白超脱行路难，

王维雄奇边塞曲，

苏轼向往婵娟共，

……

去品

沧桑变化，

去叹

过往云烟。

——《我爱古诗词》微刊卷首语

课时作业评价

本课时共三项作业。作业 1 既是对课上所学知识的巩固与拓展，又是上一课时作业的延续。作业 2 为下一课时的学习做铺垫。作业 3 为长周期作业，待单元学习结束后使用。

作业 1：课后作业评价标准见下表。

评价内容	评价标准	分　值	评　分
理意象 品情感	写作背景详尽	2	
	准确感悟作者情感	2	
	认真完成选做作业	1	
合计：			

作业 2：预习作业的评价标准见下表。

评价标准	与诗的内容、情感和谐统一。	节奏、旋律有助于呈现出诗作的美感。	能烘托出和谐的诗意氛围。	能丰富诗歌的表现力和提升诗歌感染力。
获得星星数				

作业 3：卷首语的评价标准见下表。

评价标准	内容合理	语言诗意	书写规范
获得星星数			

第 2 课段　自主演绎，赏鉴意象解诗意（共 3 课时）

第 3 课时　我是朗诵家——诵诗

课时作业目标

1. 借助声音技巧、媒体配合及身体语言等朗诵技巧，有感情地朗诵诗歌，体会诗歌的韵律美，提高朗诵能力。

2. 阅读诗歌，从意象意境、情感基调、语言美等方面鉴赏现代诗歌，体会诗人真挚的情感，提高审美鉴赏能力。

课时作业内容

1. 课后作业。

（1）必做：结合评价量表，再次修改“诵诗”的作品（或任意选取初中教材中的一首现代诗歌，录制成音频在语文园地分享）。

提示

在“诵诗”前，先和同学讨论，修改朗诵脚本，标注语气、节奏、轻重音、快慢和感情等。

学习支架

1. 朗诵脚本设计常用符号及示例：

（1）停连：短停顿用“/”，长停顿用“//”，连读用“⁀”。

（2）重音：重读用“.”，尾音拖长用“——”。

（3）语调：升调用“↗”，调降用“↘”，渐强用“<”，渐弱用“>”。

2. 节奏情感设计示例：

关键诗句	朗诵设计
破旧的老水车 熏黑的矿灯 干瘪的稻穗 失修的路基 淤滩上的驳船	由“破旧的老水车”“熏黑的矿灯”等意象，写出了祖国的贫穷和落后，情绪应是痛苦而沉重的，读时应缓慢低沉。
——祖国啊	诗中的四个“——祖国啊”分别出现在每一节诗歌的结尾，朗读处理不一样。读第一个时，要痛苦沉重而有压抑感；读第二个时，要在沉重中透露出点点希望；读第三个时，要充满希望；读第四个时，要竭尽力量表达希望。

（2）选做：朱自清先生说：“语言不能离开声调，诗文是为读而存在的”。请你从语文园地里分享的作品中选择一个最喜欢的声音作品，从朗诵的技巧、情感的表达、音乐的选配等方面简述理由。字数不少于100字。

2. 预习作业。

学习《经典咏流传》中的诗歌演唱形式，向音乐老师学习唱诗的技巧。

课时作业评价

本课时共两项作业。作业 1 分必做和选做，必做作业既是课上教学活动的纵向接续，又是单元作业的一部分。选做作业是必做作业的拓展延伸。作业 2 是参与下一课时“唱诗”活动的保障。

作业 1：

（1）“诵诗”评价标准如下。

评价维度	评价标准	获得星星数
整体把握	读准字音，清晰流畅。	
停顿重音	停顿正确，重音恰当。	
语速语调	随情感变化抑扬顿挫。	
感情把握	准确把握情感基调，情绪饱满。	
仪表风范	姿态、表情能准确地表达诗歌内容和情感，仪表自然大方。	
恰当配乐	音乐与诗歌感情基调一致。	
修改建议：		

（2）“简述理由”评价标准见下表。

评价标准	准时提交	符合要求	内容合理	评价准确	书写规范
获得星星数					

作业 2：完成即合格。

第 4 课时　我是歌唱家——唱诗

课时作业目标

1. 借助唱歌的形式，对诗歌进行二次演绎，体会诗歌的节奏美、韵律美、意境美，提高审美鉴赏能力。

2. 梳理初中教材中出现的现代诗歌，把握诗歌结构，了解诗歌内容，体会诗人真挚的情感，提高理解诗歌的能力。

课时作业内容

1. 课后作业。

（1）《尚书·尧典》曰："诗言志，歌永言，声依永，律和声。"通过"唱诗"，我们可以在优美的旋律中记诗句、悟诗情、解诗意。请你结合评价量表，从音准、旋律、情感表达等角度，再次修改"唱诗"的作品（或任意选取初中教材中的一首现代诗歌，录制成音频在语文园地分享）。

（2）诗乃文学之祖，艺术之根。我们在初中三年中学过很多篇现代诗歌。请你梳理初中教材中出现的现代诗歌，将自己最喜欢的一首诗抄录在下面的表格中，并以旁批的方式梳理该诗的基本结构。

要求：标注诗歌意象及其所表达的情感。

2. 预习作业。

有人说：诗歌是文学皇冠上的明珠，是一切艺术中最崇高、最完美的一种。完美的诗歌离不开完美的演绎，为了能更准确地用图画演绎诗歌，请你主动向美术老师请教构图方法。

课时作业评价

本课时共两项作业。作业 1 中的课后作业（1）既是课上教学活动的纵向接续，又是单元作业的一部分；课后作业（2）是单元学习的拓展延伸。作业 2 是下一课时参与“画诗”活动的保障。

作业 1：

（1）“唱诗”评价标准见下表。

评价标准	获得星星数
字音准确，清晰流畅。	
音准准确，旋律优美。	
准确把握情感基调，情绪饱满。	
姿态、表情能准确地表达诗歌内容和情感，仪表自然大方。	
音乐与诗歌感情基调一致。	
修改建议：	

（2）“抄诗及理清结构”评价标准见下表。

评价标准	准时提交	字迹工整	结构清晰
获得星星数			

作业 2：预习作业评价标准见下表。

评价标准	准时提交	方法有效	值得推广
获得星星数			

第 5 课时　我是书画家——画诗

课时作业目标

1. 借助典型意象、独特意境体会作者的情感，提高审美鉴赏能力和思维能力。

2. 结合诗意，从图文配合、色彩搭配等角度给诗歌配图，提高创意表达能力和个性化阅读能力。

课时作业内容

1. 课后作业。

（1）必做：诗人常用一系列意象构成特定的意境，形象地抒发情感。请抓住诗歌的意象，发挥想象和联想，结合评价量表，再次修改“画诗”作品，并制作成电子画册在语文园地分享。

（2）选做：浏览语文园地中分享的作品，结合评价标准，选出你认为最能体现该诗意象、意境及作者情感的作品，并进行点评。字数不少于100字。

2. 预习作业。

诗中所描写的意象，有些有下句承接，有些则没有。请任选一题，仿照句子，在下面括号里补写内容，使它们尽可能与原有诗句承接紧密，和谐一致。

1. 我是你干瘪的稻穗，（　　　　　　　　　）；是失修的路基，（　　　　　　　　　）；是（　　　　　　　　），（　　　　　　　　）。

——《祖国啊，我亲爱的祖国》

2. 所有的叶是这一片，所有的（　　　　　）是（　　　　　），繁多是个谎言。

——《统一》

3. 你站在桥上看风景，（　　　　　　　　　　　　　　　　）。

——《断章》

4. 蠢笨的企鹅，胆怯地把肥胖的身体躲藏在悬崖底下；(　　　　)，(　　　　)；(　　　　)，(　　　　)……只有那高傲的海燕，勇敢地，自由自在地，在泛起白沫的大海上飞翔！

——《海燕》

课时作业评价

本课时共两项作业。作业 1 分必做和选做，学生可以根据实际能力及兴趣度进行选择。作业 2 为“写诗”活动做铺垫。

作业 1：

（1）“画诗”评价标准见下表。

评价维度	等　级		
	A	B	C
作品主题	主题鲜明，寓意深刻，健康向上。	主题较鲜明，有寓意，较健康向上。	主题不鲜明，不健康向上。
作品内容	内容充实，意象选择准确。	内容较充实，意象选择较准确。	内容不充实，意象选择不准确。
想象联想	合理。	较合理。	无想象联想。
图文配合	图文契合。	图文基本契合。	图文不契合。
色彩搭配	色彩较分明。	色彩较合理。	色彩不分明。
修改建议：			

（2）“作品点评”评价标准见下表。

评价标准	准时提交	文从字顺	有理有据	书写工整
获得星星数				

作业 2：符合仿写要求即可。

第 3 课段　自信创作，选定意象传情思（共 2 课时）

第 6 课时　我是大诗人——写诗

课时作业目标

1. 模仿借鉴所学诗歌的表现技巧，自由创作诗歌，提高写作诗歌的能力，培养创新思维。

2. 梳理并默读学过的现代诗歌，用诗的形式围绕现代诗歌的意象、主题、价值等内容为《诗与远方》现代诗歌微刊写结束语，培养学生的创意表达能力。

课时作业内容

1. 课后作业。

（1）必做：诗歌是一种很特别的文学体裁，它有一个突出的特点，就是用意象表达情感。请选取典型的意象，结合评价要素，再次修改诗歌作品，来表达你在初三这一特殊阶段的独有情感，并在语文园地分享。

（2）选做：结束语是写在杂志最后的文章，和卷首语相对应，可以写内容介绍、创作心得、读者寄语等。请你通读教材中的现代诗歌，围绕现代诗歌的意象、主题、价值等内容为《诗与远方》现代诗歌微刊写结束语。

建议：使用现代诗歌的形式。

2. 预习作业。

在手机或电脑端安装“名编辑电子杂志大师”软件，根据软件使用教程自主学习，有不懂的地方可以向信息技术老师请教。

课时作业评价

本课时共两项作业。作业 1 分必做和选做，其中选做作业为单元作业。作业 2 为“微刊制作”奠定基础。

作业 1：

（1）“写诗”评价要素见下表。

形　式	适宜性	贴近性	精练性	韵律性	和谐性
内　容	新颖性	真实性	大众性	深刻性	启发性

注：符合要求的画“√”。

（2）撰写结束语参见第 2 课时卷首语的评价表。

作业 2：预习作业评价标准见下表。

评价标准	评价等级
按时安装。	☆☆☆
按时安装，熟练使用。	☆☆☆☆
按时安装，熟练使用，吸引读者。	☆☆☆☆☆

第 7 课时　创作微刊

课时作业目标

1. 编创、交流及分享《诗与远方》现代诗歌微刊，学会用诗歌抒发独特情思，培养创新思维，提高合作交流能力。

2. 根据评价标准推荐优秀微刊作品，感受诗歌魅力，提高鉴赏能力和表达交流能力。

课时作业内容

1. 抒情言志是诗歌的本质特征。一首好诗，其情感能穿透读者的心灵，激起强烈的共鸣。让我们以小组为单位，将在本单元学习过程中积累的优秀作品编辑成微刊，并在班级群内分享吧。

2. 学校“雅韵共赏”文学社现征集一期以初中教材中的现代诗歌为主要内容，以“诗与远方”为题的现代诗歌微刊。现聘请你为推荐官，请你根据“单元整体作业设计”中的“作业评价”相关标准，选出优秀作品进行推荐，并注明推荐原因。

《诗与远方》现代诗歌微刊推荐卡见下表。

推荐作品		完成小组		推荐官	
推荐原因					

课时作业评价

本课时共两项作业，均为课后作业。作业 1 为长周期作业，也是最终的单元作业。作业 2 为评价作业，是向学校文学社推荐优秀作品的重要依据。

作业 1：活动评价标准见下表。

评价维度	评价标准	自评（0～5分）	互评（0～5分）	师评（0～5分）	建　议
内容匹配	所选作业与主题一致。				
入选原因	能紧扣微刊主题。				
	能联系作业具体内容。				
	语言表达清晰流畅。				
小组合作	全员参与，分工明确。				

注：评价赋分说明——优秀 5 分，良好 4 分，合格 3 分，不合格 0～2 分。

作业 2：“推荐卡”评价标准见下表。

评价维度	等　级			
	A	B	C	D
内容	能结合作品具体内容写推荐语。	基本能结合作品具体内容写推荐语。	基本能结合作品具体内容写推荐语。	不能结合作品内容写推荐语。
表达	表达准确，吸引人。	表达较准确，较吸引人。	表达准确，但不吸引人。	表达不准确，不吸引人。

三、如何评价这个作业[①]

课后作业作为巩固课堂教学成果、引导学生进一步向课外延伸学习的重要方式，是教学中不可或缺的重要组成部分。本单元作业设计着眼于实现作业的发展功能，具有以下特点：

（1）科学设计，注重整体规划。立足于“文学阅读与创意表达”学习任务群教学的总体目标以及学段作业目标的要求，将预习作业、课堂作业、课后作业、实践作业进行一体化设计，准确把握作业的难度，提高单位时间内作业质量，在减轻学生负担的同时落实语文核心素养。

（2）提高兴趣，注重言语实践。结合课堂教学内容，充分利用学校、家庭、社会等教育资源，组织微刊编创实践活动。学生在“赏诗”“诵诗”“唱诗”“写诗”等系列活动中，主动发现和解决问题，体验和感受学习生活的乐趣，有效发展实践能力和创新能力。

（3）多维评价，促进自主发展。运用过程评价来评价学生在某个阶段学习的效果，运用纵向评价来促进学生反省自身学习行为，让每个层次的学生都能切身享受到完成作业的成就感。

北京市门头沟区京师实验中学　边海红

① 点评教师：李玉兰。

第二节

玩转戏剧嘉年华，幕后台前展青春

——九年级下册第五单元“戏剧嘉年华”整体作业设计

第一部分

作业呈现

一、单元内容简介

本单元为戏剧“活动·探究”单元，在学校“戏剧嘉年华”的真实情境下组织开展。教材选编了《屈原（节选）》《天下第一楼（节选）》《枣儿》三篇经典戏剧，聚焦戏剧的文学特点，在“阅读中外优秀剧本选段”的基础上，采用“把握戏剧冲突、分析人物形象、品味人物语言”三大剧本阅读策略，“领悟剧本的精髓”，提高学生的鉴赏能力，使之更好地欣赏戏剧作品。戏剧的实践性和学生的能动性，决定了本单元学习不能只停留在文本欣赏层面，而应当走向舞台，“自主选择合适的剧本，分配角色，合作排练，尝试戏剧演出”。这就要求我们进入真实情境，组建剧组，排练汇演，在实践中提高阅读与表达、分工与合作等综合能力。最终，评选出各大奖项并为其撰写颁奖辞，培养学生的语言运用和审美创造能力。

二、单元整体作业设计

（一）作业目标

1. 围读经典剧本，把握戏剧冲突，分析人物形象，理解舞台说明，改编“正·青春”展演剧本，组建戏剧节筹备剧组，提高分析归纳的思维能力，激发审美创造的活动热情。

2. 剧组合作排演，明确分工职责，设计剧宣海报，凝练剧目介绍，反馈工作手记，完成脱稿演绎，在实践中锻炼学生的表达与交流、合作与组织等综合能力，获得青春成长的有益启发。

3. 筹备颁奖典礼，撰写各奖项颁奖辞，梳理排演收获，书写戏剧评论，实现戏剧鉴赏与审美的深化，培养学生的语言运用和思维能力。

（二）作业内容

“舞台小天地，天地大舞台。”舞台上的故事，或令人喜笑颜开，或让人捶胸顿足，凝聚了无尽的悲欢离合；戏剧里的人物，或风采照人，或面目可憎，折射出复杂的人性。为丰富校园文化生活，全面提升当代中学生的核心素养，学校现以“正·青春”为主题，举办校园戏剧嘉年华活动。

活动招募令

春，创出一个明媚的世界，
万物此时萌发成长；
青春，造出一个奋斗的世界，
少年此刻勃发力量。
走过稚嫩的童年，迎来绮丽的青春，
我们有过迷茫与彷徨，有过失意与沮丧，

但更有三思而行的抉择，有乘风破浪的勇气。

启幕校园戏剧嘉年华，走向青春舞台，展现青春风采！

一年一度的校园戏剧嘉年华即将拉开帷幕，请同学们以班级为单位，招募剧组成员，自编自导自演一部以“正·青春”为主题的话剧，展现我们成长过程中独一无二的青春记忆。戏剧嘉年华报名通道正式开启，舞台就在眼前，期待同学们的精彩演绎！

要求：（1）剧本应贴合本届活动主题，且为原创作品；（2）表演时间为 10 ～ 15 分钟，表演人数不限；（3）请自行准备背景图片、配乐、服装、道具等材料；（4）请使用四开纸张，绘制剧宣海报。

（三）作业评价

校园戏剧嘉年华闭幕式暨颁奖典礼，设置“校园奥斯卡荣誉奖”及各大具体奖项。对照各类奖项的评选标准，评选奖项作品及演职剧组，并为其撰写颁奖辞。

要求：

（1）参照“校园奥斯卡荣誉奖”评分标准（见下表），推选“校园奥斯卡荣誉奖”；参照“校园奥斯卡”之“最佳编剧”“最佳演员”“最佳剧务”评选标准，评选各大奖项（其他奖项评选标准见课时作业评价）。

（2）为每一项获奖撰写颁奖辞。

参选剧目：《　　　　》		
评价维度	评分细则	得　分
剧本视角	剧本要素完备，戏剧冲突集中（10 分）； 人物设定恰当，形象立体鲜明（10 分）； 台词符合身份，具有独白设计（10 分）。	

续 表

评价维度	评分细则	得 分
演员表演	准确理解剧本，把握角色的台词、动作等（10 分）； 表演有表现力，仪态契合角色，情感充沛（10 分）； 演员吐字清晰，与他人配合默契，现场效果佳(10分)。	
剧务配合	道具与服装准备充分，准确反映剧目内容（10 分）； 音效与背景画面配合得当，推动剧情发展（10 分）。	
剧宣海报	海报图文并茂，重点突出（10 分）； 剧目介绍全面且有特点（10 分）。	
合计：		

第二部分 作业说明

一、为什么设计这个作业

（一）设计依据

戏剧作为一种重要的文学体裁，以“活动·探究”单元的形式，在初中教材中出现。剧本阅读属于“文学阅读与创意表达”学习任务群，而戏剧排演与戏剧嘉年华活动的举办则涉及“跨学科学习”学习任务群。

《义务教育语文课程标准（2022 年版）》明确指出，学生需要了解戏剧的文学样式；在阅读戏剧作品时，要“欣赏、品味作品的语言、形象等，交流审美感受，体会作品的情感和思想内涵”，进一步培养学生的文学鉴赏能力；可以“组建文学艺术社团，开展相关文化活动”，如举办校园戏剧嘉年华活动，招募剧组成员，记录话剧编排的全过程，真正登上舞台，展示自我；开展校园活动的同时，可以“运用多种媒介发布学习成果”，真正让语文学习促进成长，融于生活。

（二）教学内容分析

本单元教材选编了三部作品，都是学生戏剧学习的典范。三部作品都有引人入胜的故事情节，有相对集中的戏剧冲突，有立体鲜明的人物形象，有富有特色的人物语言，有较为详尽的舞台说明，有耐人寻味的主旨内蕴。但由于创作背景、作者人生经历、故事内容、表现手法等的不同，每篇剧目又具有独特的艺术风格。例如，阅读《天下第一楼（节选）》，重点了解戏剧冲突的展开与人物形象的塑造；学习《屈原（节选）》，着重赏析大段独白，在台词中品味屈原的形象；围读《枣儿》，关注舞台说明中的重要道具，感悟其象征意义和主题内蕴。

在剧本围读、掌握戏剧阅读策略的基础上，进入合作排练、筹备演出，最后依据评价标准，评选各大奖项，完成剧评颁奖辞。整个活动层层递进，从经典剧本阅读到展演剧本编创，再到戏剧表演与评价，真正在活动中提升学生的语文素养。

（三）学情分析

九年级学生虽然在生活中经常接触影视剧等艺术形式，但对于戏剧这种文学体裁还是首次接触。因此，对于戏剧的文体特征尚不熟悉，需要以经典剧本为范例进行学习。此外，由于所选戏剧的创作背景距离学生生活较远，学生对剧中人物的理解可能存在错位，对戏剧主旨的把握有一定的困难。

此阶段的学生思维活跃，表现欲强，对于戏剧排演有兴趣，对于举办活动有热情。教学时可以充分利用这种热情，在语文实践活动中培养学生的语言表达与审美创造能力，使学生对社会历史背景下人物的命运做出思考，树立正确的人生观和价值观。

二、怎样完成这个作业

（一）整体框架说明

本单元主题为“玩转戏剧嘉年华，幕后台前展青春”，通过举办校园戏剧嘉年华活动，以话剧表演的形式，展现学生对戏剧文体的理解和对戏剧艺术的感知，表达自己对青春与成长的独特体验与思考。

本单元教学分为“热身唤醒”“招募剧组”“排练演绎”“颁奖畅谈”四大环节，分别依托“戏剧嘉年华”的开幕式、剧本围读会、校园戏剧节和校园奥斯卡颁奖典礼四大活动举行，打通戏剧阅读与鉴赏、创作与表演、评价与展示之间的关系，让学生在演出与欣赏中感悟戏剧经久不衰的魅力。

以下为本单元整体教学的框架图（见下页）。

玩转戏剧嘉年华，幕后台前展青春

——九年级下册第五单元整体作业设计

学习课段	热身唤醒之 戏剧嘉年华开幕式 （共 1 课时）	招募剧组之 剧本围读会 （共 3 课时）			排练演绎之 校园戏剧节 （共 2 课时）		颁奖畅谈之 校园奥斯卡颁奖典礼 （共 1 课时）
课时名称	戏剧嘉年华开幕式	编剧招募篇	演员招募篇	剧务招募篇	宣传及导演招募篇	班级展演篇	颁奖典礼篇
课时教学设计	开幕式 1. 玩游戏巧热身。 2. 查资料识戏剧。 3. 知剧本找要素。 4. 览剧本初感知。 5. 开幕式明任务。	编剧组 文本《天下第一楼（节选）》 1. 梳理故事情节。 2. 图解戏剧冲突。 3. 挖掘潜台词。 4. 探究作品主题。	演员组 文本《屈原（节选）》《天下第一楼（节选）》 1. 比读剧本识台词。 2. 人物名片初印象。 3. 我给台词写脚本。 4. 声临其境读人物。	剧务组 文本《枣儿》《天下第一楼（节选）》 1. 研读舞台说明。 2. 解读重要道具（“枣”之意象）。 3. 灯控音控设计。	宣传组 1. 编排汇演手册。 2. 设计剧宣海报。 3. 拟定排练计划。 4. 完成舞台构想。 5. 拍照制作花絮。	班级汇演 1. 主持调度串词。 2. 各组抽签展演（剧务配合）。 3. 中场戏曲欣赏。 4. 制定评奖规则。	颁奖典礼 1. 红毯留念，讲述排练收获。 2. 公布悬念，颁发校园奥斯卡。 3. 发起豆瓣剧评。
作业设计	1. 预习作业：戏剧知识。 2. 项目作业：主题写作，准备剧本素材。 3. 选做：即兴舞台，激发想象。	1. 必做：补全提纲，图解《屈原（节选）》冲突。 2. 选做：助读探究《屈原（节选）》之主题。 3. 项目作业：确定冲突，改编展演剧本。	1. 必做：撰写角色自传，把握角色特征。 2. 选做：设计动作，尝试片段表演。 3. 项目作业：完善剧本补独白，招募戏剧好演员。	1. 必做：研读《屈原（节选）》中的道具、音效配乐。 2. 选做：观看话剧。 3. 项目作业：完善舞台说明，完成剧本修改，确定剧务。	1. 必做：完成海报创作和一句话预告。 2. 选做：排练效果反馈单及改进。 3. 项目作业：小组联排，撰写工作手记。	1. 必做：基于剧目介绍，写主持词。 2. 选做：选读剧评相关推荐。 3. 项目作业：依据规则，评选各大奖项。	1. 项目作业：自选话题，书写心得体会。 2. 拓展作业：了解戏曲，感受魅力。

（二）作业实施说明

过程分解	第 1 课段	第 2 课段	第 3 课段	第 4 课段
课堂完成	初识戏剧，初览剧本。	以教材中的三篇经典戏剧为例，掌握剧本阅读三要素。	完成舞台构想与排练计划，最终实现舞台展演。	评选各大奖项，举行颁奖典礼。
课后完成	主题写作，准备素材。	完成剧本编创，组建剧组团队。	分工合作排练。	撰写颁奖辞，梳理活动心得。

本作业设计随课堂教学而行，是相关教学内容的巩固与补充，促进学生展开深度学习，提高其对戏剧的审美鉴赏与创造能力。第 1 课段作业旨在激趣，唤醒学生的内在表达欲望；第 2 课段作业为积累，为精彩剧目打下坚实的剧本基础；第 3 课段作业是保障，切勿将活动单元流为剧本阅读单元；第 4 课段作业为成果，是对本单元学习任务的总结与提升、思考与评价。

第 2 课段分为三个课时，分别聚焦剧本阅读的三大要素。课堂上以经典剧目为例总结阅读策略，课下以其他剧目为材料进行学习效果评价，进而运用到项目作业的剧本编创，实现“理解—内化—迁移”的戏剧学习三部曲。

本单元课时作业分为必做作业、选做作业和项目作业。其中必做作业为基础知识积累和课堂内容深化，选做作业为拓展性作业，项目作业则服务于单元活动的开展。使用时，应结合班级具体学情进行选择。

（三）课时作业分解

第 1 课段　热身唤醒之戏剧嘉年华开幕式（共 1 课时）

第 1 课时　戏剧嘉年华开幕式

课时作业目标

1. 借助工具书和网络，搜集并掌握戏剧相关知识，积累单元重点字词。
2. 自由选择即兴表演的戏剧角色活动，激发学生的想象力和表演热情。
3. 以“正 · 青春”为主题写作，完成剧本素材积累。

课时作业内容

1. 预习作业。

（1）搜集戏剧知识，了解剧本要素。

戏如人生，百态纷呈。同学们，校园戏剧嘉年华即将拉开帷幕，让我们一起走进戏剧世界，领略它经久不衰的魅力吧！请查阅资料，搜集戏剧相关的知识，摘录要点，课上与同学们分享。

戏剧知多少

1. 戏剧是指以________等形式达到叙事目的的舞台表演艺术的总称。

2. 戏剧三大体裁是悲剧、喜剧和正剧，基于不同视角戏剧的分类不同。

（1）按表现形式分为________________________________。

（2）按题材内容分为________________________________。

（3）按篇幅规模分为________________________________。

剧本知多少

1. 剧本是戏剧演出的文本依据，由台词和舞台指示组成，以代言体为主。剧本的三要素分别为________、________、________。

2. 戏剧台词一般包括对白、________和旁白。

3. 没有冲突就没有戏剧。

（2）自读文本，积累字词。

通读三篇戏剧课文，随文勾画“读读写写”中的字词，在课文旁边标注易错字和个人不理解的词语，借助注释和工具书，识记其写法和含义。

易错字词大集合

重点词语释义

国殇：	拜手：
诡谲：	稽首：
踌躇：	囫囵：
睥睨：	湘妃竹：
哗众取宠：	东六西四：
蹑手蹑脚：	五子行：

2. 选做作业：即兴舞台，激发想象。

在校园戏剧嘉年华举办期间，你可以选择参与任意的即兴表演，唤醒内心的表演热情，激发个人表演潜能，开拓联想、想象空间。

（1）椅子变形记：将你的椅子想象成拉杆箱、小船、旋转木马、超市购物车、魔法扫帚等物件，并以其为道具展开表演。

（2）情境扮演：假如你是拥挤的公交车上的一个人或物，请发挥联想和想象，表演它所处的状态，让其他同学猜一猜你所扮演的角色。

（3）请以"笔、树叶、篮球"为创作元素，创作一段即兴表演，讲述一个合理的故事。

3. 项目作业：主题写作，准备剧本素材。

舞勺之年，及笄之际，青春旅途，不可复制。不管它是迷茫的、孤独的、不安的，还是欢腾的、炽热的、理想的，这都是记忆深处最闪亮的日子。同学们，请以"正·青春"为主题，自拟题目，自选内容，完成一篇记叙文，记录你的青春成长故事。

课时作业评价

本课时作业 1 为基础性作业，需全员参与。评价标准见下表。

评价标准	评价等级
未按时提交，书写脏乱，内容有大量错误。	待提高
按时提交，书写较工整，内容有少量错误。	合格
按时提交，书写工整，内容准确无误。	良好
按时提交，书写工整、美观，内容准确无误。	优秀

作业 2 为即兴舞台，学生只要能够按要求完成表演即可。如果有特别有创意的表演，可以采访学生，让其讲述自己表演的心路历程。

作业 3 为青春主题的记叙文写作，为后期的剧本改写积累素材。因此本次习作更强调故事性、曲折性。具体自评维度如下。

1. 习作的叙事要素是否完整？
2. 故事情节是否波澜起伏，有一定的矛盾或冲突？
3. 你所写的事件是否能够展现你对青春的理解，同时推动你的成长？

第 2 课段　招募剧组之剧本围读会（共 3 课时）

第 2 课时　编剧招募篇

课时作业目标

1. 围读经典剧本，补全剧本提纲，把握故事情节，聚焦戏剧冲突。
2. 深入写作背景，探究经典戏剧的主题和思想，明确戏剧的时代价值。
3. 从戏剧冲突的维度改编习作，编创剧本，提高学生的语音运用能力。

课时作业内容

1. 必做作业：补全提纲，图解《屈原（节选）》冲突。

浏览三篇经典戏剧剧本，补全剧本提纲，了解课文大致内容，为深入探究奠定基础。同时，仿照课堂上绘制的《天下第一楼（节选）》戏剧冲突图，理清《屈原（节选）》中的人物关系，梳理并绘制戏剧冲突图。

剧目	时间	地点	主要人物	故事情节	主要矛盾
《天下第一楼（节选）》					
《屈原（节选）》					
《枣儿》					

示例——《天下第一楼（节选）》戏剧冲突图：

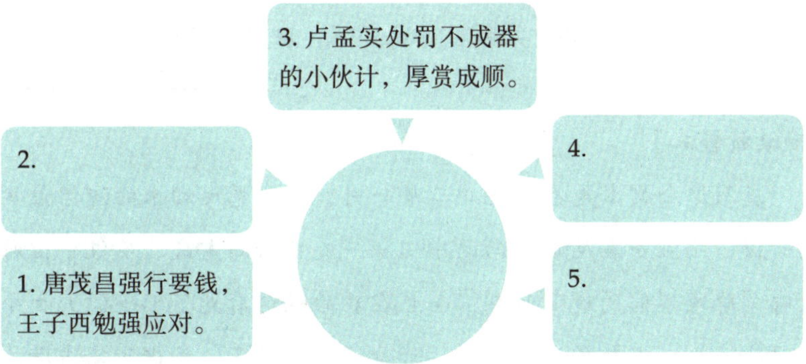

《屈原（节选）》戏剧冲突图

2. 选做作业。

想要深入理解人物，需要关注作者的人生经历及剧本写作背景。请阅读下面的助读材料，谈谈《屈原（节选）》的主题及剧作的时代意义。

【助读材料一】

屈原至于江滨，被发行吟泽畔，颜色憔悴，形容枯槁。渔父见而问之曰："子非三闾大夫欤？何故而至此？"屈原曰："举世皆浊而我独清，众人皆醉而我独醒，是以见放。"渔父曰："夫圣人者，不凝滞于物，而能与世推移。举世皆浊，何不随其流而扬其波？众人皆醉，何不哺其糟而啜其醨？何故怀瑾握瑜，而自令见放为？"屈原曰："吾闻之，新沐者必弹冠，新浴者必振衣。人又谁能以身之察察，受物之汶汶者乎？宁赴常流而葬乎江鱼腹中耳。又安能以皓皓之白，而蒙世之温蠖乎？"乃作《怀沙》之赋。于是怀石，遂自投汨罗以死。

——司马迁《史记》

【助读材料二】

我写这个剧本是在一九四二年一月，国民党反动派的统治最黑暗的时候，而且是在反动统治的中心——最黑暗的重庆。不仅中国社会又临到阶段不同的蜕变时期，而且在我的眼前看见了不少的大大小小的时代悲剧。无数的爱国青年、革命同志失踪了，关进了集中营。代表人民力量的中国共产党在陕北遭受着封锁，而在江南抵抗日本帝国主义的侵略最有功劳的中共所领导的八路军之外的另一支兄弟部队——新四军，遭了反动派的围剿而受到很大的损失。

——郭沫若《序俄文译本史剧〈屈原〉》

3. 项目作业：确定冲突，改编展演剧本。

无冲突不戏剧，请找出你第 1 课时习作作业中的矛盾与冲突，围绕戏剧冲突，将记叙文改写成一部戏剧剧本。不限幕数与场次，应当长短适宜，演出时长不超过 15 分钟。注意：剧本要素要齐全，矛盾冲突要集中。

课时作业评价

作业 1 为课堂内容的迁移，评价标准见下表。

评价标准	评价等级
内容有大量错误，语言表达混乱，书写脏乱，未按时上交。	待提高
内容有少量错误，语言表达不清晰，书写较工整，按时上交。	合格
内容基本准确，语言表达较清晰，书写工整，按时上交。	良好
内容准确无误，语言表达清晰流畅，书写工整、美观，按时上交。	优秀

作业 2 为经典剧本主题理解的深化，由于涉及课外文段及文言文阅读，因此对不同层次的学生评价要求不同。较为优秀的学生，能够结合工具书理解文段大致含义，并概括出剧目的主旨和时代价值；中等层次的学生能够在教师帮助下，获得剧目主旨的启发；待提高层次的学生，能够感受戏剧的时代价值。能达到以上效果的，均认为已达成目标。

作业 3 为剧本改写，评价标准见下表。

情　节	冲　突	语　言	评价等级
情节不合理或无变化。	无戏剧冲突。	语言不流畅，错别字及语病影响正常阅读。	不合格（1～3 分）
情节合理，有一定的起伏。	戏剧冲突较明显。	语言较流畅自然，存在三处以内的错别字或语病。	合格（4～6 分）
情节合理，一波三折。	有集中的戏剧冲突。	文从字顺，流畅自然。	优秀（7～10 分）

第 3 课时　演员招募篇

课时作业目标

1. 围读经典剧本，撰写角色自传，把握台词内涵和其动作属性，充分理解人物形象。

2. 从人物语言的维度，开展第一次剧本修改，增加人物独白，提高学生的审美创造能力。

课时作业内容

1. 必做作业：撰写角色自传，把握角色特征。

从三篇戏剧中选择一个令你印象深刻的人物，圈画出这个人物的相关台词，揣摩角色特点，并为其撰写角色自传。200 字左右。

学习支架

何为角色自传

角色自传是演员创造人物形象的一种方法。通过书写人物小传，为所扮演的人物思想、性格、情感、气质等寻找生活依据，形成原因的设想，如家庭、经历、学历、好友、亲属及特殊事件的影响。有了这些设想，演员对人物理解就会加深，有利于自己的表演。

2. 选做作业：设计舞台动作，尝试片段表演。

剧本是戏剧演出的文本依据，因此台词具有动作性的特点。阅读三篇经典剧目，仿照示例，依据台词设计人物动作，并批注在教材上。选择两处你认为设计得最好的，记录在下面的横线上。借助该片段台词与动作设计，尝试戏剧的片段表演。

示例：

卢孟实（台词摘录）皇上都在日本租界当了寓公了，这规矩早该改改了。

（动作设计）卢孟实坐在太师椅上，笑着环视众人，微微摇头。

1. ________（台词摘录）________________________________。

（动作设计）________________________________。

2. ________（台词摘录）________________________________。

（动作设计）________________________________。

3. 项目作业：完善剧本补独白，招募戏剧好演员。

相信同学们的“正·青春”主题剧本已经初现雏形，下面开始我们的第一次修改完善吧！本次修改的方向是剧本中的台词。请你展开想象，站在角色的立场上修改台词，添加内心独白，使人物语言更加鲜活。

要求：

（1）台词符合人物身份及特点；

（2）根据剧本，添加一处人物内心独白；

（3）（选做）人物语言要有地域特色［如《天下第一楼（节选）》的人物语言要富有浓郁的北京特色和鲜明的行业特点，充满生活气息］。

课时作业评价

作业 1 改编自《天下第一楼（节选）》课后第四题，将自己转化为剧中人物，以自传的方式进行人物评述与分析。自评与互评的维度如下。

1. 是否符合剧本人物基本情况与形象特点？
2. 是否以第一人称讲述人物故事和他的行为？
3. 是否在人物自传中关注角色心理与情感的变化？

作业 2 依据台词设计动作，动作合理、符合人物身份与语境即可。

作业 3 为剧本的第一次修改，主要针对台词修改，评价标准见下表。

人物形象	身份特征	形式多样	语言表达	评价等级
形象单薄，无个性。	台词不符合人物身份与特征，也不合理。	未按要求添加人物独白。	语言生硬且枯燥。	不合格（1～3分）
人物较鲜活，个性较突出。	台词基本符合人物身份与特征，较为合理。	有人物独白，但对形象塑造影响不大。	语言较流畅、自然。	合格（4～6分）
鲜活立体，个性突出。	台词十分符合人物身份与特征，恰当合理。	至少有一处恰当的、有利于形象塑造的独白。	语言流畅，文辞优美。	优秀（7～10分）

第4课时　剧务招募篇

课时作业目标

1. 围读经典剧本，研读经典剧目对道具、布景、配乐等的选择，理解舞台说明对塑造人物及推进情节上的作用。

2. 从舞台说明的维度进行剧本第二次修改，形成要素完整的剧本，并完成剧组成员的招募。

课时作业内容

1. 必做作业：研读《屈原（节选）》中的道具及音效配乐。

课堂上，我们研读了《枣儿》中的重要道具“枣儿”，知道了它的象征意义。请你找一找其他两篇剧目中不可或缺的道具或物象，说说它们的作用。

示例：

《屈原》第五幕第二场中，屈原被囚禁于东皇太一庙时，外面“雷电交加，时有大风咆哮”。这里的“雷电、大风”是不可或缺的物象，作者借屈原之口，通过对雷、电、风的歌颂，表达了对光明和力量的向往。屈原渴望用战斗来摧毁黑暗，展现出屈原大无畏的精神；作者亦是要为祖国和人民坚持斗争，流露出作者的豪情与壮志。

2. 选做作业：观看话剧。

推荐人民艺术话剧社排演的话剧作品《茶馆》《屈原》，有条件的同学可以观看整部话剧或其片段。

3. 项目作业：完善舞台说明，完成剧本修改，确定剧务。

同学们，你们的“正・青春”主题剧本修改进展如何？今天是我们的第二次修改完善，方向是剧本中的舞台说明。请结合课堂所学，进一步完善你们的剧本吧！

要求：

（1）剧本中要有必要的舞台说明。

（2）语言表述应完整、凝练、准确。

（3）可以设计富有特色的舞台说明（如《枣儿》以童谣开篇和结束）。

课时作业评价

作业 1 中学生找到剧目中的任意关键道具或物象均可，能够从故事情节、人物塑造、主旨体现等方面展开叙述即可。

作业 3 为剧本的第二次修改，主要针对舞台说明，评价标准见下表。

完整性	语言表达	个性特色	评价等级
无舞台说明。	表述不完整，不准确。	无特色。	不合格（1～3 分）
只有必要的舞台说明。	表述欠完整，较准确。	有一定的特点。	合格（4～6 分）
有恰当的舞台说明。	表述完整、凝练且准确。	有鲜明的特色。	优秀（7～10 分）

第 3 课段　排练演绎之校园戏剧节（共 2 课时）

第 5 课时　宣传及导演招募篇

课时作业目标

1. 完成剧宣海报创作和一句话预告，进行戏剧宣传。

2. 剧组成员依据不同岗位，填写相关工作手记，随时记录戏剧排练的过程和问题；小组合练时填写排练反馈单，不断改进排练中的不足。

课时作业内容

1. 必做作业：完成海报创作和一句话预告。

如何让更多的人选择观看你们组的戏剧？如何用一张海报、一句台词抓住人们的眼球？请小组成员继续思考，完善课堂所提出的剧宣海报设想，并设计一句话的剧目宣传，用于海报展示和预告片的制作。

2. 选做作业：排练效果反馈单及改进。

小组合练能够看到每一位工作者的状态和表演的整体效果，容易发现戏剧亮点，亦容易找到排练尚存在的问题。请你以观众的视角观看戏剧排练，并填写戏剧排练反馈单，提出改进措施。

戏剧排练反馈单			
整体感受			
剧目亮点		现存问题	
改进措施			

3. 项目作业：小组联排，撰写工作手记。

台上一分钟，台下十年功。请同学们自行招募剧组，分工合作，认真排练。每个剧组中至少要有编导（也可分为导演和编剧）、演员、剧务，在排练过程中各司其职，并记录过程。

要求：

（1）剧组全员参与戏剧排练。

（2）根据你在剧组中的分工，选择对应的工作手记，记录排练过程。

（3）认真排练，反复合练。

导演手记 ____月____日			
头脑风暴区	工作进度区		
对剧本立意的阐述： 对戏剧矛盾的把握： 对剧中人物的分析： 对服装、道具、布景、音乐等要求： 其他排练想法：	时间	排练内容	备注

演员手记 ____月____日		
排练时间	排练内容	排练心得 （台词熟悉度、人物理解、舞台走位、现存问题等）

剧务手记 ____月____日					
排练时间	道 具	服 装	背景音	布 景	其 他

课时作业评价

为了具体地、多维地、发展地看待学生的成长，我们对各个职位的工作手记进行了描述性评价。例如导演手记评价标准如下表。

评价内容	评价等级
不能完成导演的任务。	待提高
对剧本立意、主题思想、时代背景等方面的阐释笼统，对剧中主要人物的认识片面或不准确，对剧中矛盾冲突理解不够深刻，对表演、美术、化妆等要求不具体，无指导意义。	合格
对剧本立意、主题思想、时代背景等方面有一定的阐释，能分析剧中主要人物，能理解并把握剧中矛盾冲突，对表演、美术、化妆等有一定的构思和要求。	良好

续　表

评价内容	评价等级
对剧本立意、主题思想、时代背景等方面有充分阐释，能透彻分析剧中主要人物，能充分理解并把握剧中矛盾冲突，对表演、美术、化妆等有具体的构思和要求。	优秀

第 6 课时　班级展演篇

课时作业目标

1. 撰写戏剧展演主持词，梳理展演活动流程。

2. 依据评选标准，展开组间评价，评选出校园奥斯卡各大奖项。

课时作业内容

1. 必做作业：基于剧目介绍，写主持词。

- 各剧组：提供100字本组剧目介绍，力求突出小组特色，用于主持串词。
- 主持人：结合各组剧目，编排展演顺序，撰写主持串词，调动现场氛围。
- 活动调度人员：联系音乐教师，选择中场戏剧欣赏片段，并协调各组节目。

2. 选做作业：推荐阅读。

剧评家冯叔鸾认为："评剧最难，无戏学知识者，不足以评剧；无文学知识者，不足以评剧；看戏不多，不足以评剧；戏情不熟，不足以评剧。"可见，评剧需要深厚的戏剧知识、文学储备及艺术理解。下面是一些经典剧目和关于戏剧的文章，同学们可以有选择地阅读。

推荐阅读：《雷雨》（曹禺）、《茶馆》（老舍）、《哈姆雷特》（莎士比亚）；《谈戏剧》（梁漱溟）、《戏海拾贝——戴平戏剧评论选》（戴平）、《戏剧与影视评论》。

3. 项目作业：依据规则，评选各大奖项。

我们的戏剧展演活动已经结束，接下来将依据评价标准，推选出"校园奥斯卡荣誉奖""最佳编剧奖""最佳演员奖""最佳剧务奖"等各大奖项。大奖究竟花落谁家？敬请期待吧！

最佳编剧评选标准见下表。

奖　项	主题思想	情节冲突	人物台词	舞台说明
最佳编剧奖	主题明确有深度，思想积极向上。	情节合理，有集中的戏剧冲突。	形象鲜活，符合人物身份及特点。	表述完整、准确。
提名入围奖	主题明确，较为健康向上。	情节较为合理，戏剧冲突较为明显。	形象较鲜活，基本符合人物身份及特点。	表述较完整、准确。
未入围作品	主题不明确，或思想不够健康向上。	情节不合理，或无戏剧冲突。	形象单薄，不符合人物身份及特点。	表述不完整或不准确。

最佳演员评选标准见下表。

奖　项	台词功底	人物理解	肢体语言	整体表现
最佳演员奖	吐字清晰，感情充沛。	形象突出，把握准确。	自然、大方、得体。	富有表现力。
提名入围奖	吐字较清晰，感情较丰富。	形象较突出，把握基本准确。	基本自然，较得体。	有一定的表现力。
未入围演员	吐字不清晰，无感情投入。	不理解人物，或不能准确把握。	不自然、僵硬。	缺乏表现力。

最佳剧务评选标准见下表。

奖　项	道　具	服　装	布　景	音　乐
最佳剧务奖	道具选择恰当。	服装选择恰当。	布景布置恰当。	配乐、音效恰当。
提名入围奖	道具选择较恰当。	服装选择较恰当。	布景布置较恰当。	配乐、音效较恰当。
未入围人员	无道具或不恰当。	无服装或不恰当。	无布景或不恰当。	无配乐、音效或不恰当。

课时作业评价

作业1主持词的撰写，将全部小组的剧目按一定顺序做简单介绍即可，语言流畅自然，能渲染活动气氛更好。

作业3需要按照评价标准，公平、公正、公开评选。评选结果汇总整理后，在最后一课时的颁奖典礼上进行颁奖。

第4课段　颁奖畅谈之校园奥斯卡颁奖典礼（共1课时）

第7课时　颁奖典礼篇

课时作业目标

1. 为获奖作品及剧组撰写颁奖辞，使学生在校园戏剧嘉年华活动中学有所获。

2. 自选话题，回顾总结校园戏剧嘉年华的剧本阅读与排演活动，书写个人心得体会，提高学生的语言语用能力。

课时作业内容

1. 项目作业：自选话题，书写心得体会。

校园戏剧嘉年华就要落下帷幕了，你是否还意犹未尽呢？请从以下话题中任选其一（也可自选话题），结合自己在活动中的体验，写一篇习作，谈谈单元学习后你对戏剧的认识。快点动笔写起来吧！

（1）无冲突，不戏剧。

（2）印象最深的角色。

（3）舞台说明不只是“说明”。

（4）“好戏”是配合出来的。

（5）不可或缺的剧务工作者。

……

学习支架

什么是戏剧评论

戏剧评论是以戏剧作品及其演出、戏剧理论等为评论对象的文章，包括戏剧的文学剧本、演员表演、化妆布景、音响效果、音乐演奏、灯光照明、舞台调度等。评论中要强调突出戏剧的舞台性艺术特征的分析、对社会现实生活的反映，以及在观众中所产生的思想反响和艺术效果。

撰写评论时，一方面可以就剧本的题材、主题、人物、情节（戏剧冲突）、艺术形式等各个方面展开评论，也可以找到具体的切入口，如对某个场景、某个人物等进行评论。另一方面，也可以对演出实践中导演、演员、舞台设计等展开全面评论，还可以就某个具体问题展开评论，如导演的设计，某处情节的改动，演员对某个人物的塑造、某个动作的设计、某处台词的设计，舞台布景，服装设计，道具设计等。

2. 拓展作业：了解戏曲，感受魅力。

分组搜集我国传统五大戏曲剧种资料，并以小组为单位，绘制手抄报或展板，在班级作业栏中介绍与展示，增进学生对我国戏曲常识的了解，感受戏曲丰富的内涵与悠长的韵味。

提示

中国的戏曲与希腊的悲剧和喜剧、印度梵剧并称为世界三大古老的戏剧文化，经过长期的发展演变，逐步形成了以“京剧、越剧、黄梅戏、评剧、豫剧”五大戏曲剧种为核心的中华戏曲百花苑。

资料搜集可以参考以下维度：某剧种的经典剧目、代表演员、典型流派、流行地区、唱段（唱词）摘录、观后感受等。手抄报或展板介绍至少包括四个维度。

课时作业评价

作业 1 是学生首次尝试写戏剧评论，不求面面俱到，只要就某一个具体的问题谈出自己的心得、体会即可，评价标准见下表。

视角选择	个人观点	评述内容	语言表达	评价等级
不能就某具体问题探讨。	没有个人观点。	文章内容未结合剧本阅读与戏剧活动。	表达不准确或混乱。	待提高
聚焦不明显，泛泛而谈。	个人观点不清。	文章内容简单结合剧本阅读与戏剧活动。	表达欠准确、不清晰。	合格
能够聚焦具体问题简要探讨。	有较明确的观点。	文章内容能够结合剧本阅读与戏剧活动展开。	表达较为准确、清晰。	良好
能够聚焦具体问题深入探讨。	有明确的观点。	文章内容紧密结合剧本阅读与戏剧活动。	文从字顺，表达准确、清晰。	优秀

作业 2 为小组作业，可以从以下几个方面进行自评与互评：

（1）主题鲜明，内容充实，整个版面至少包括四个维度；

（2）版面整洁，编排得当，设计合理，整体美观；

（3）文字工整，图文并茂，插图能够反映主题且不喧宾夺主；

（4）具有本组独特的创意。

三、如何评价这个作业①

本单元作业设计旨在让学生于真实情境的语文实践活动中运用语言，发展思维，培养审美创造能力，具有基础扎实、实践性强、注重评价等特点。

第一，基础扎实。根据课前学情调研，学生对于戏剧演出热情高涨，但对于剧本阅读却认为枯燥乏味，半数以上的学生不能深入理解剧本内容和人物形象。基于此，设计了“剧本围读会”课堂活动，从剧本三要素（矛盾冲突、人

---

① 点评教师：张静。

物语言、舞台说明）着手，引导学生掌握剧本阅读策略，进而迁移运用到课后作业中，内化为各组的剧本改编和剧本修改，提高学生的语言运用能力。

第二，实践性强。本单元的学习容易被处理为剧本阅读课，使活动流于形式或不举办活动，这与教材编写的初衷相悖。而本作业以校园戏剧嘉年华的举办为线索，从开幕式到戏剧节活动，再到最后的颁奖典礼，贯穿单元始终，保障活动落到实处。此外，学生在开展戏剧排演的过程中，容易泛泛地排练而缺乏计划和指导，本作业设计能够提供支架，让小组的戏剧排演有抓手、可操作。

第三，注重评价。在戏剧演出之后还设计了“校园奥斯卡颁奖典礼”，一方面是对接教材最后一个任务“演出与评议”的评议部分，引出单元习作任务；另一方面是让学生形成评价与反思的习惯，用评选各项大奖等方式发展学生思维，给予学生肯定。

在作业实施中，可能存在少数学生不参与任何剧组活动、学生不理解剧本内涵就自由发挥演绎、课堂氛围过于活跃而秩序欠佳等情况。教师还需在个人的单元教学与作业布置过程中，依据班级实际情况，调整教学与作业内容。

北京市第八中学永定实验学校　李　云

后　记

本书是我们作业研究团队至少两年的理论学习和教学实践的成果集结。

转入北京教育学院中文系后，由于工作的需要和自己的兴趣所至，我开始研究教学评价。2021 年初，中文系开设了两个“作业设计和试卷编制”专题班。随着“双减”政策的出台，作业研究也成为热点。2022 年我把专题班的主题聚焦于“初中语文作业的设计与反馈”。作为这些专题班的负责人，我和学员一起学理论、去实践，最终形成近百个作业设计案例及数十种作业可视化工具。我们还成功申请到“提升中学语文教师作业设计与实施能力的实践研究”院级重点课题。学员在各级作业设计比赛中也取得不俗成绩。这些都是我们编写本书的实践“底气”。

参与编写这本书的老师大部分都是专题班的学员，很多案例也改编自专题班的培训成果。书中的单元作业设计从初稿到终稿，至少经过四五次较大的修改。这期间，我们还进行了数次集体研讨、个别指导以及线上沟通，不少学员还把自己的设计用到实际教学中去检验效果。所以本书所呈现的都是比较成熟和实用的单元作业设计案例。

感谢北京教育学院的李怀源老师，给我们作业研究团队提供了成果梳理和展示的机会。感谢华东师范大学出版社的卢风保老师，从专业的出版视角给我们提出诸多建设性的意见。感谢责任编辑薛菲菲老师，她细致、认真的专业精神让本书增色很多。

感谢参与本书案例指导和点评的北京市门头沟区新桥路中学的宋淑英、北京市门头沟区教育研修学院的杜甫权和李玉兰等三位教研员，他们给团队提供了完备的组织保障。感谢十位执笔创作的一线教师，他们是李云、张贺、王琢、王然林、荀静、杜海鹰、范爽、边海红、高梦伟、韩文英，这期间的辛苦不言而喻，但我相信各位老师在写作过程中也收获颇丰。

感谢正在阅读本书的“您”，您的认可是对我们团队付出的努力最大的肯定。因为能力所限，书中难免有疏漏，希望能够得到您的批评指正。非常感谢！

张 静

2024 年 1 月

图书在版编目（CIP）数据

基于学习任务群的单元整体作业创意设计．初中语文／张静，李怀源主编．
—上海：华东师范大学出版社，2024. — ISBN 978-7-5760-5416-3

I. G633

中国国家版本馆 CIP 数据核字第 2024MZ9835 号

大夏书系｜语文之道

基于学习任务群的单元整体作业创意设计（初中语文）

主　　编　张　静　李怀源
策划编辑　卢风保
责任编辑　薛菲菲
责任校对　杨　坤
封面设计　淡晓库

出版发行　华东师范大学出版社
社　　址　上海市中山北路 3663 号　邮编 200062
网　　址　www.ecnupress.com.cn
电　　话　021-60821666　行政传真　021-62572105
客服电话　021-62865537
邮购电话　021-62869887
地　　址　上海市中山北路 3663 号华东师范大学校内先锋路口
网　　店　http://hdsdcbs.tmall.com/

印 刷 者　北京密兴印刷有限公司
开　　本　700 × 1000　16 开
印　　张　23
字　　数　350 千字
版　　次　2024 年 9 月第一版
印　　次　2024 年 9 月第一次
印　　数　4 100
书　　号　ISBN 978-7-5760-5416-3
定　　价　78.00 元

出 版 人　王　焰